エリア・スタディーズ
195
NATO（北大西洋条約機構）を知るための71章
広瀬佳一〔編著〕
明石書店

はじめに

NATO（北大西洋条約機構）がにわかに注目を集めたのは、2022年2月にロシア・ウクライナ戦争がはじまってからであろう。ウクライナはNATO加盟国ではないのに、NATOは機構としても各加盟国としても、間接的に戦っているといえるほどの支援をウクライナに対して行っている。詳細は第Ⅵ部、第Ⅶ部をお読みいただきたいが、支援のための協議や調整、情報提供、武器援助など幅広い範囲にわたって、関わりをもっている。そのために、いったいNATOとは何なのか、そもそも冷戦が終わったのになぜ軍事同盟のNATOが残っているのか、といった疑問をよく耳にするようになった。また、プーチンがウクライナへの武力侵攻を開始するにあたって、NATO拡大を「諸悪の根源」と言い放ったこともあり、良くも悪くもNATOは注目されているといえよう。

そもそもNATOは欧州大西洋（ユーロアトランティック）の国家間協力ではあるが、EU（欧州連合）のような地域統合ではないし、「バルカン」や「コーカサス」のような、地理的・歴史的なつながりの深いひとまとまりの地域でもない。その意味では、「エリア・スタディーズ」シリーズのテーマとして取り上げられることに、訝しく思われる向きもあるかもしれない。

しかし、少なくとも冷戦期の欧州大西洋は、ソ連との対立において政治的・軍事的に一つのまとまった「エリア」とみなすことができた。また冷戦後、NATOは、EUと連動しつつも相互補完的な形で「自由で一体となったヨーロッパ」（ブッシュ大統領）を支える機構となっていた。ソ連とその軍事同盟であったワルシャワ条約機構が解体されたために、中・東欧は安全保障の「真空地帯」と化しており、集団防衛（北大西洋条約第5条）ばかりでなく、民主主義、自由や法の支配といった価値の擁護（同条約序文）を行う機構でもあったＮＡＴＯには、冷戦後に求心力が生まれていた。その後２０２２年にロシア・ウクライナ戦争がはじまると、フィンランドやスウェーデンのような非同盟・中立国までをも引きつけるなど、ＮＡＴＯは欧州大西洋の安全保障を支える屋台骨となっているのである。

ＮＡＴＯが過去のさまざまな同盟と異なるのは、事務総長をトップとする事務局機構だけでなく、軍事委員会のもとで戦略級司令部、戦術級司令部のような独自の指揮機構を持っている点である。さらにＮＡＴＯは国家間協力でありながら、独自の予算やアセット（装備）も有している。こうしたＮＡＴＯの独自性は第Ⅰ部で扱われる。

ついで少し歴史をひもといて、その起源に遡る。そもそもＮＡＴＯは冷戦初期に、ソ連を脅威として12カ国により結成された。ところがそのなかには軍隊を持たないアイスランドや、およそヨーロッパではソ連から最も地理的に遠いポルトガルが入っていた。そうした謎については第Ⅱ部で解き明かされる。そのほか西ドイツ再軍備とＮＡＴＯ加盟、スペインのＮＡＴＯ加盟がそれぞれどのように実現したのか、逆にフランスはいかにしてＮＡＴＯ軍事機構から脱退したのかなども、この第Ⅱ部でカバーされる。

冷戦期に最強の同盟とされたＮＡＴＯであるが、冷戦が終わりソ連が消滅すると、その存続には疑問符さえ付けられるようになる。実際に、東側の同盟であったワルシャワ条約機構も解散となった。

冷戦後ヨーロッパの新しい環境においてＮＡＴＯがどのように適応していったのかを扱ったのが第Ⅲ部である。そこで中心的機能となったのが国際的な危機管理活動であった。第Ⅳ部は、ボスニア、コソボ、アフガニスタン、リビア、イラクなど、冷戦期には思いもよらなかった域外の国々の紛争に関与するようになったＮＡＴＯの活動とその意味を振り返る。

こうした機能の拡大に加えて、ＮＡＴＯは冷戦後に徐々にヨーロッパの加盟国を増やした。もともと12カ国ではじまったＮＡＴＯは冷戦終了時に16カ国となっていたが、それが２０２２年までに30カ国となり、まもなくスウェーデン、フィンランドを加えて32カ国となろうとしている。新たに加わった国は、それぞれどのような認識と論理でＮＡＴＯ加盟を目指したのかを各国の専門家に解説していただいたのが、第Ⅴ部である。またこの部では、ロシア・ウクライナ戦争勃発後でも、ＮＡＴＯ加盟とは一線を画すスイス、オーストリア、アイルランドなど中立国の認識と論理をも扱う。

ＮＡＴＯの機能の拡大や構成国の拡大は、基本的に「欧州大西洋地域は安定しており通常戦力による脅威を受けていない」（２０１０年のＮＡＴＯ戦略概念）という国際環境のなかで行われた。しかし２０１４年のクリミア併合以降、ウクライナ危機がはじまり、やがて２０２２年２月にロシアによる全面侵攻にいたった。古典的と言ってもいいような通常戦力による戦争である。このロシア・ウクライナ戦争にＮＡＴＯは「かつてないほどの結束」（バイデン大統領）を示しているとされているが、それでは加盟各国においては、いったいどのような議論が展開され、いかなる対応がなされているのか、これを各国の専門家に解説していただいたのが第Ⅵ部である。

またロシア・ウクライナ戦争は、ＮＡＴＯそのもののあり方にも強い影響を与えた。ＮＡＴＯの戦略や戦力が変更を余儀なくされたのである。とりわけロシア、ウクライナに隣接する加盟国は、NATOによる集団防衛の一層の保証を求めた。その結果、NATOは2022年の新しい戦略概念で、ロシアを正式に脅威として認定するとともに、防衛態勢の強化を誓約した。このように、戦争が及ぼしたNATOの集団防衛態勢の見直しを中心に扱ったのが第Ⅶ部である。

最後の第Ⅷ部は日本とNATOの関係に焦点を当てた。日本とNATOの協力関係は、2001年の「9・11」同時多発テロ以降、グローバルなテロへの対処という形で本格的にはじまった。危機管理における国際協力である。しかしロシア・ウクライナ戦争は、ルールに基づく秩序を武力で破り、現状を変更しようとする国と民主主義国との戦いでもある。中国を念頭に、自由で開かれたインド太平洋を重視する日本にとって、NATO協力の重要性の次元は、テロ対処より一段上がったことになる。岸田文雄総理が2022年6月に日本の総理として初めてマドリードでのNATO首脳会議に出席したのは、その象徴であった。この部では、NATOとの協力が、日本の安全保障のみならず、広くインド太平洋の安全保障にどのような意味を持つのかを扱う。

近年、日本とNATOの関係が制度的にも深まりつつあるのは、たとえばNATO本部に陸上自衛官がパートナー国幕僚として派遣されたり、NATO国防大学に自衛官が留学したりすることからもわかるだろう。さらに2018年には、ベルギーのブリュッセルにNATO日本政府代表部が設置された。こうした経緯を踏まえ、NATO本部に派遣されている陸上自衛官と、NATO国防大学留学後にNATOとの連絡官を兼務している在ベルギー防衛駐在官（航空自衛官）に、それぞれコラムでNATO本部での仕事ぶりやNATO国防大学での学びについて語っていただいたのも、本書のささやかな特徴である。

以上に加えて、本書は付録資料として、巻頭に、拡大ＮＡＴＯの地図、ＮＡＴＯ機構図、ヨーロッパの地域機構図、ＮＡＴＯの任務一覧と略語表を配した。さらに巻末には、ＮＡＴＯ・ヨーロッパ安全保障を知るための日本語文献リストのほか、北大西洋条約、歴代ＮＡＴＯ主要幹部の一覧とＮＡＴＯ・ヨーロッパ安全保障主要年表を収録した。ぜひ積極的に活用していただければ幸いである。

本書は第Ⅰ部から通読していただく必要はまったくなく、むしろ読者の興味と関心にあわせて、あちこち飛ばしながら読んでいただきたいと思っている。そのためどの章も、独立した内容を持った構成となっている。本書の執筆陣は、それぞれの分野の第一線の専門家であり、日本におけるＮＡＴＯ関係の研究者をほぼ網羅していると自負している。

ロシア・ウクライナ戦争と今後のヨーロッパ秩序に深く関わりのあるＮＡＴＯについて、本書を通してより多くの方が理解を深めていただければ、執筆者一同、これ以上の喜びはない。最後に、本書の企画を立ち上げてくださったのみならず、編集作業をも取り仕切ってくださった明石書店代表取締役社長の大江道雅氏、編集実務において、迅速かつ的確な作業をしてくださった兼子千亜紀氏の、並々ならぬ情熱と支援に深く感謝申し上げたい。

２０２３年2月　まもなく2年目に突入する戦争を前に

編著者　広瀬 佳一

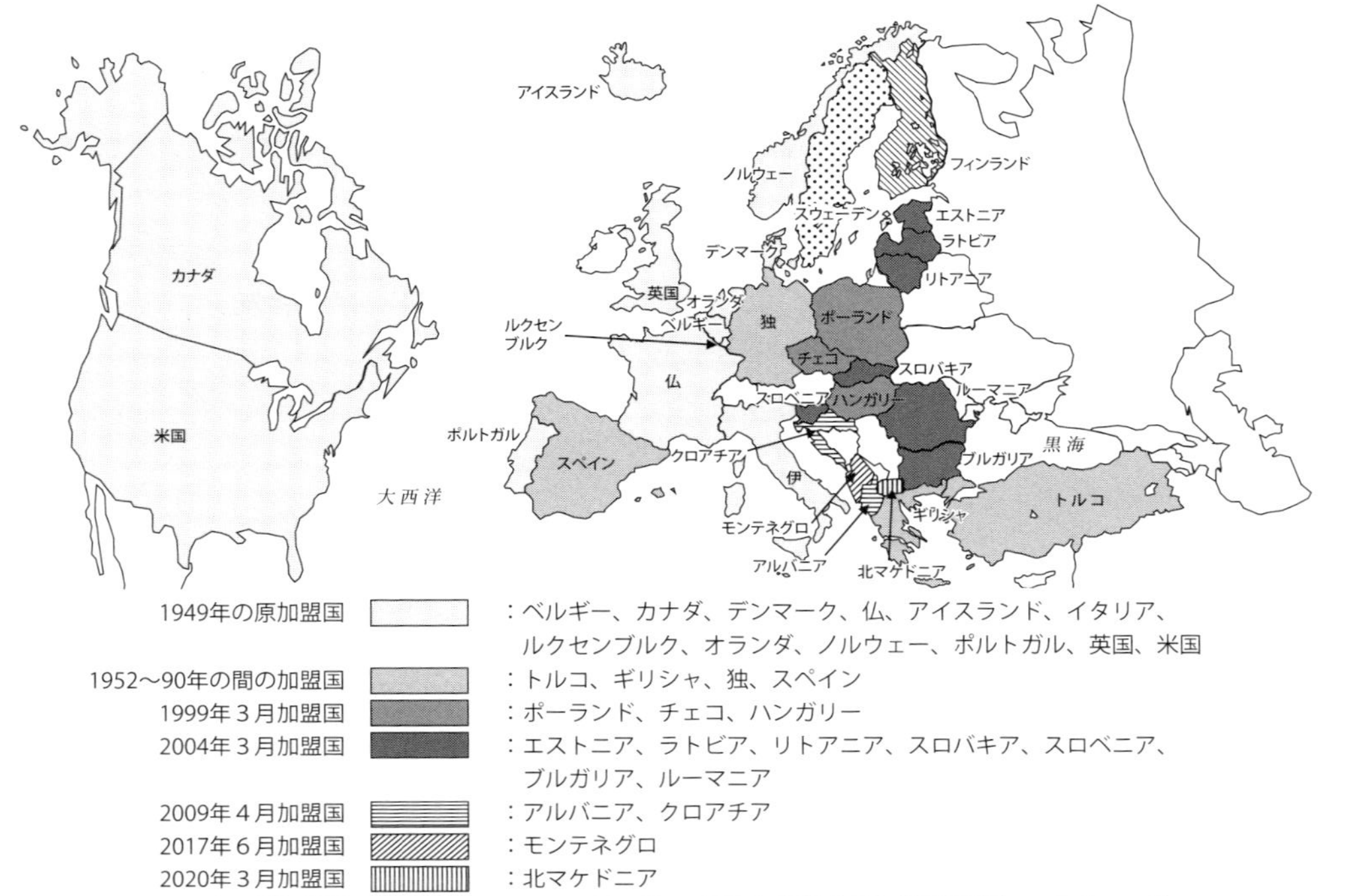

巻頭資料①　NATO 加盟国（2024年3月現在）

出所：外務省欧州局政策課「北大西洋条約機構（NATO）について」2022年7月、3頁を一部改変

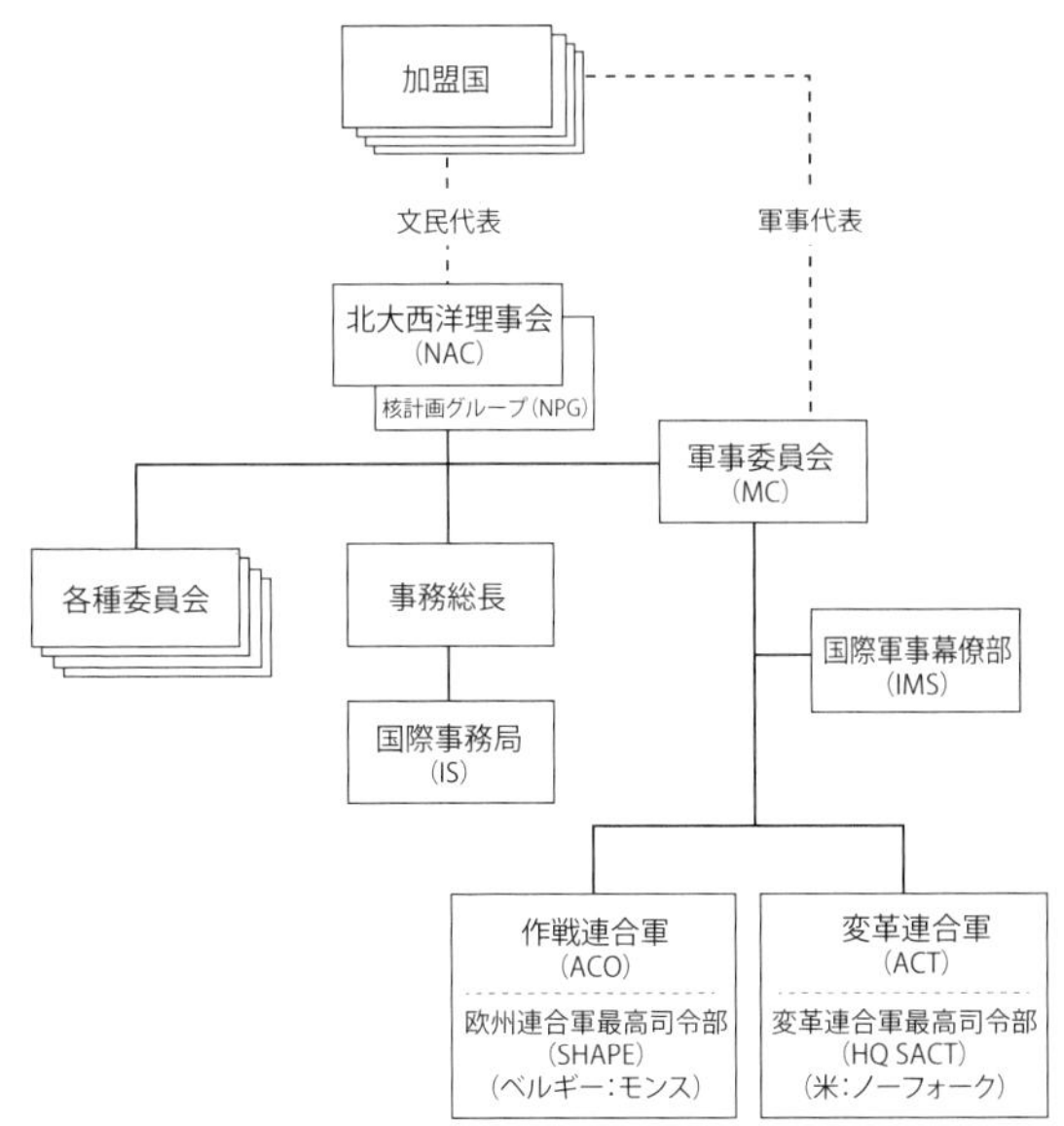

巻頭資料②　NATO の機構（2022年4月現在）

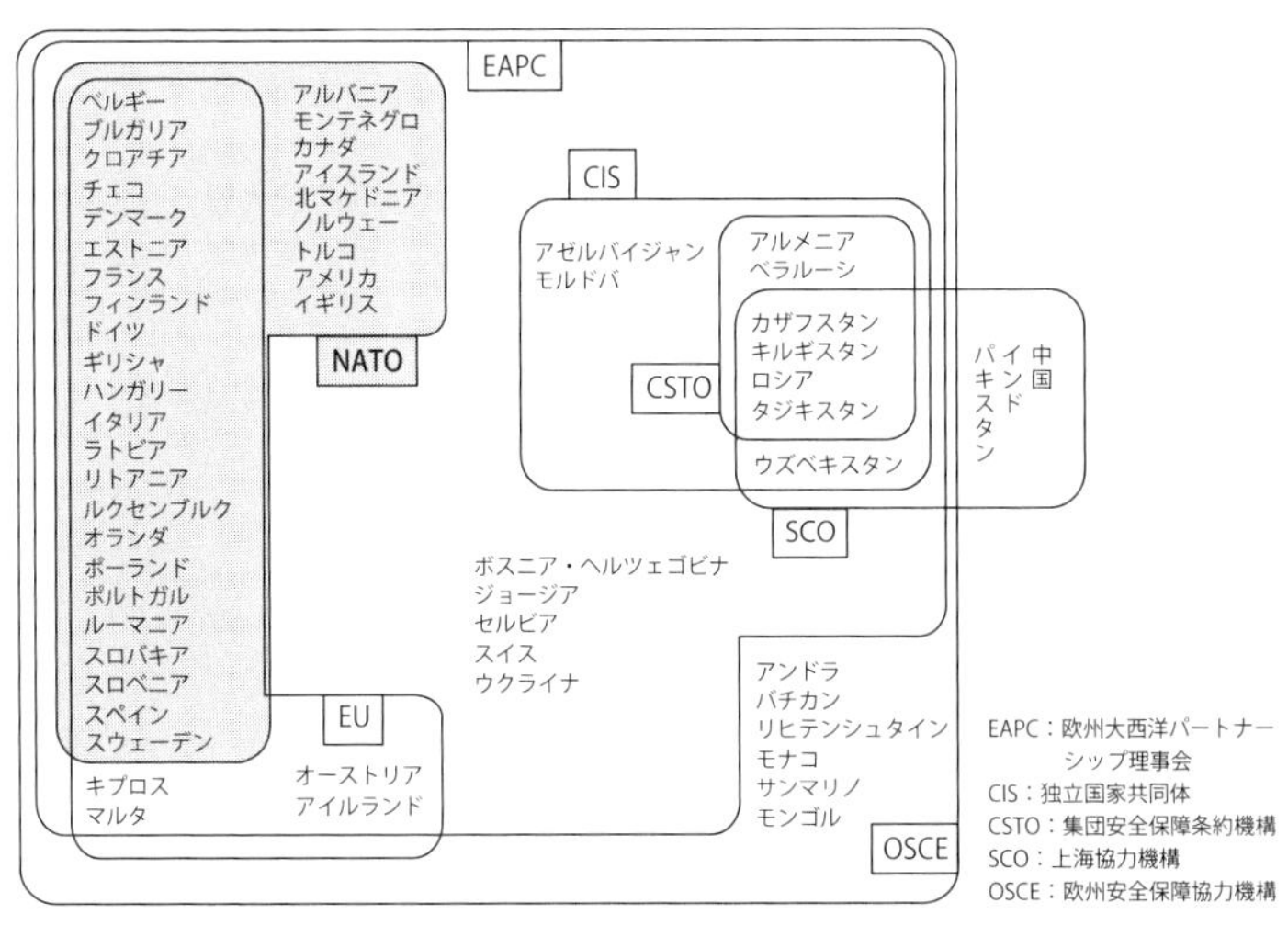

巻頭資料③　ヨーロッパの地域機構（2024年3月現在）

巻頭資料④　NATO が従事している主なミッション・オペレーション
（2024年3月現在）

ミッション・オペレーション	期間	派遣先（国および地域）	目的	参加国
コソボ治安維持部隊（KFOR）	1999年〜	コソボ	コソボの治安維持	アルバニア、ブルガリア、カナダ、クロアチア、チェコ、デンマーク、ドイツ、ギリシャ、ハンガリー、イタリア、ラトビア、リトアニア、モンテネグロ、北マケドニア、フィンランド、ポーランド、ルーマニア、スロベニア、スウェーデン、トルコ、イギリス、アメリカ（以上、NATO 加盟国22）、アルメニア、オーストリア、アイルランド、モルドバ、スイス（以上、パートナー国5）
「シー・ガーディアン」作戦	2016年〜	地中海	地中海の安全監視・維持、テロ対策、能力構築支援	加盟国海軍によるローテーション
NATO イラク任務（NMI）	2018年〜	イラク	イラクの治安部隊への能力構築支援および訓練	全加盟国およびオーストリア、オーストラリア
アフリカ連合（AU）に対する支援	2005年〜	ソマリア	AU の平和維持部隊への教育・訓練支援および航空輸送・海上輸送による支援	加盟国空軍ほか
領空監視（バルト三国）	2004年〜	エストニア、ラトビア、リトアニア	加盟国の領空警戒・監視	加盟国空軍によるローテーション
強化された領空監視	2014年〜	エストニア、ラトビア、リトアニア、ポーランド、ルーマニア、ブルガリア		加盟国空軍によるローテーション
領空監視（東アドリア－西バルカン）	2021年〜	スロベニア、アルバニア、モンテネグロ、北マケドニア		ハンガリーとイタリア（スロベニア領空）、ギリシャとイタリア（アルバニア領空とモンテネグロ領空）、ギリシャ（北マケドニア領空）
領空監視（アイスランド）	2008年〜	アイスランド		加盟国空軍によるローテーション
領空監視（ベネルクス）	2017年〜	ベルギー、ルクセンブルク、オランダ		ベルギー、オランダ

巻頭資料⑤　略語一覧

A2/AD	Anti-Access/Area Denial	接近阻止・領域拒否
ACO	Allied Command Operation	作戦連合軍
ACT	Allied Command Transformation	変革連合軍
AFSC	Alliance Future Surveillance and Control	同盟としての未来の監視統制
AGS	Alliance Ground Surveillance	同盟地上監視計画
ANP	Annual National Programme	年次国家プログラム
ANZUS	Australia, New Zealand, United States Security Treaty	オーストラリア・ニュージーランド・アメリカ合衆国安全保障条約
AOR	Area Of Responsibility	責任地域
APEC	Asia-Pacific Economic Cooperation	アジア太平洋経済協力
ARF	ASEAN Regional Forum	ASEAN 地域フォーラム
ASEAN	Association of South-East Asian Nations	東南アジア諸国連合
AU	African Union	アフリカ連合
AUKUS	Australia - United Kingdom - United States	米英豪安全保障協力
AWACS	Airborne Warning and Control System	早期警戒管制機
BMD	Ballistic Missile Defense	弾道ミサイル防衛
CCDCOE	Cooperative Cyber Defence Centre of Excellence	サイバー防衛協力センター
CFE	Treaty on Conventional Armed Forces in Europe	欧州通常戦力条約
CFSP	Common Foreign and Security Policy	共通外交・安全保障政策
CIS	Commonwealth of Independent States	独立国家共同体
CJTF	Combined Joint Task Force	共同統合任務部隊
CoE	Council of Europe	欧州評議会
COIN	Counterinsurgency	反乱鎮圧作戦
CSCE	Conference on Security and Cooperation in Europe	欧州安全保障協力会議
CSDP	Common Security and Defence Policy	共通安全保障・防衛政策
CSTO	Collective Security Treaty Organization	集団安全保障条約機構
CVTF	Covid-19 Task Force	Covid-19任務部隊
DDR	Disarmament, Demobilization, and Rehabilitation	武装解除・動員解除・社会復帰
DPC	Defence Planning Committee	防衛計画委員会
EAPC	Euro-Atlantic Partnership Council	欧州大西洋パートナーシップ理事会

EC	European Community	欧州共同体
ECSC	European Coal and Steel Community	欧州石炭鉄鋼共同体
EDC	European Defence Community	欧州防衛共同体
EDF	European Defence Fund	欧州防衛基金
EDTs	Emerging Disruptive Technologies	新興・破壊技術
EEC	European Economic Community	欧州経済共同体
eFP	Enhanced Forward Presence	強化された前方プレゼンス
EI2	European Intervention Initiative	ヨーロッパ介入イニシアティブ
EOP	Enhanced Opportunities Partners	高次の機会が提供されるパートナー
EPC	European Political Cooperation	欧州政治協力
ERI	European Reassurance Initiative	ヨーロッパ再保証構想
ESDI	European Security and Defence Identity	ヨーロッパの安全保障と防衛における主体性
ESS	European Security Strategy	EU 安全保障戦略
EU	European Union	欧州連合
FOIP	Free and Open Indo-Pacific	自由で開かれたインド太平洋
FYROM	Former Yugoslav Republic of Macedonia	旧ユーゴスラビア連邦マケドニア共和国
GLCM	Ground Launched Cruising Missile	地上発射型巡航ミサイル
ICBM	Intercontinental Ballistic Missile	大陸間弾道ミサイル
ICT	Information and Communication Technology	情報通信技術
IFOR	Implementation Force	和平履行部隊
IMS	International Military Staff	軍事幕僚部
INF	Intermediate-range Nuclear Forces	中距離核戦力
IPAP	Individual Partnership Action Plan	国別パートナーシップ行動計画
IPCP	Individual Partnership and Cooperation Programme	国別パートナーシップ協力計画
IS	International Staff	国際事務局
ISAF	International Security Assistant Force	アフガニスタン国際治安支援部隊
ICI	Istanbul Cooperation Initiative	イスタンブール協力イニシアティブ
JEF	Joint Expeditionary Force	合同遠征軍
KFOR	Kosovo Force	コソボ治安維持部隊
MAP	Membership Action Plan	加盟のための行動計画
MBFR	Mutual and Balanced Force Reduction	中部欧州相互均衡兵力削減交渉
MC	Military Committee	軍事委員会
MD	Mediterranean Dialog	地中海対話
MLF	Multilateral Force	多角的核戦力
NAC	North Atlantic Council	北大西洋理事会
NACC	North Atlantic Cooperation Council	北大西洋協力理事会

NADGE	NATO Air Defence Ground Environment	NATO 防空管制組織
NAGSMA	NATO Alliance Ground Surveillance Management Agency	NATO 同盟地上監視管理庁
NAPMA	NAEW&C Progamme Management Agency	NATO 早期警戒管制機プログラム管理庁
NAPMO	NAEW&C Programme Management Organization	NATO 早期警戒管制機プログラム管理機構
NATO	North Atlantic Treaty Organization	大西洋条約機構
NFIU	NATO Force Integration Units	NATO 部隊統合調整室
NFZ	No-Fly Zone	飛行禁止区域
NMI	NATO mission Iraq	NATO イラク任務
NORAD	North American Aerospace Defense Command	北米航空宇宙防衛司令部
NPG	Nuclear Planning Group	核計画部会
NRC	NATO= Russia Council	NATO ロシア理事会
NRF	NATO Response Force	NATO 即応部隊
NSIP	NATO Security Investment Programme	NATO 安全保障投資プログラム
NTM-I	NATO Training Mission-Iraq	NATO イラク訓練任務
OEF	Operation Enduring Freedom	不朽の自由作戦
OSCE	Organization for Security and Cooperation in Europe	欧州安全保障協力機構
PESCO	Permanent Structured Cooperation	常設軍事協力枠組み
PfP	Partnership for Peace	平和のためのパートナーシップ
PJC	Permanent Joint Council	常設合同理事会
PRT	Provincial Reconstruction Team	地方復興支援チーム
QMV	Qualified Majority Voting	特定多数決
Quad	Quadrilateral Security Dialogue	日米豪印戦略対話（クアッド）
R2P	Responsibility to Protection	保護する責任
RAP	Response Action Plan	即応行動計画
RSM	Resolute Support Mission	確固たる支援任務
SACEUR	Supreme Allied Commander Europe	欧州連合軍最高司令官
SACT	Supreme Allied Commander Transformation	変革連合軍最高司令官
SALT	Strategic Arms Limitation Talks	戦略兵器制限交渉
SCO	Shanghai Cooperation Organization	上海協力機構
SDI	Strategic Defense Initiative	戦略防衛構想
SEEBRIG	South-Eastern Europe Brigade Multinational Peace Force	南東欧旅団
SFOR	Stabilization Force	平和安定化部隊
SHAPE	Supreme Headquarter, Allied Power Europe	欧州連合軍最高司令部

SLBM	Submarine-Launched Ballistic Missile	潜水艦発射弾道ミサイル
SNOWCAT	Support of Nuclear Operations With Conventional Air Tactics	通常航空戦術による核作戦支援
SOF	Special Operations Forces	特殊作戦部隊
SSR	Security Sector Reform	治安部門改革
TTC	U.S.-EU Trade and Technology Council	米 EU 貿易技術評議会
UNHCR	United Nations High Commissioner Refugee	国連難民高等弁務官事務所
UNPREDEP	United Nations Preventive Deployment Force	国連予防展開軍
UNPROFOR	United Nations Protection Force	国連防護軍
VJTF	Very High Readiness Joint Task Force	高度即応統合部隊
WEU	Western European Union	西欧同盟
WPO	Warsaw Pact Organization	ワルシャワ条約機構

NATO（北大西洋条約機構）を知るための71章

III　冷戦の終焉

Ⅳ　冷戦後の危機管理

Ⅴ　冷戦後の拡大をめぐって

Ⅵ　ウクライナ危機とNATO主要国の対応

Ⅶ　集団防衛への回帰――今後のＮＡＴＯ

Ⅷ 日本とNATO

I

NATOとは どのような組織か

1

機構と意思決定

★同盟のしくみ★

NATOは、加盟国の文民代表による北大西洋理事会(NAC)を最高意思決定機関とする同盟である。一方、軍事的側面については、加盟国の軍事代表からなる軍事委員会の下に独自の指揮系統のもとで統合軍事機構を有するなど制度化の度合いが高く、世界の他の軍事同盟とは顕著な違いをみせている(巻頭資料②参照)。

北大西洋理事会は通常、加盟国の常設大使により週1回開催されるほか、必要に応じて年2回程度、加盟国の外相による会議や国防相による会議が行われ、最も重要な問題については年1回程度、加盟国の首脳会議が開催される。なお、報道ではNATO外相会議、NATO首脳会議と記載されることが多いが、形式的にはこれらはいずれも北大西洋理事会ということになる。

この北大西洋理事会と同じレベルで、ヨーロッパに置かれている戦術核の問題を協議する機関が核計画グループ(NPG)である。ただしフランスは独自の核戦力への固執から、当初より参加していない。このほかに統合軍事機構の戦力計画および運用に関する協議機関として防衛計画委員会(DPC)が置かれていた。フランスは1966年にNATO軍事機構から脱退したため、防衛計画委員会への参加も停止した。しかし冷戦後の１９９２年に、ユーゴスラビア紛争勃発を受けてアドリア海の武器禁輸作戦を実施した際に、フランスも艦艇を派遣したため、作戦運用をめぐる意思決定の場を防衛計画委員会からフランス代表の出席する北大西洋理事会に移した。さらにフランス軍がボスニア紛争やコソボ紛争でのＮＡＴＯの作戦に参加したため、作戦運用上の意思決定は引き続き北大西洋理事会で行われることが慣例となった。その後、２００９年にフランスが軍事機構に復帰したのを機に防衛計画委員会は廃止となり、その機能は正式に北大西洋理事会に吸収された。

北大西洋理事会や核計画グループ（ＮＰＧ）の議長を務め、加盟国間の調整を行うのがＮＡＴＯ事務総長である。ＮＡＴＯ事務総長は伝統的にヨーロッパの加盟国の政治家から輩出される（巻末資料②参照）。これは軍事的なトップである欧州連合軍最高司令官（ＳＡＣＥＵＲ、巻末資料③参照）がアメリカから出されることとバランスをとっている。

ＮＡＴＯ事務総長は冷戦後に、その役割と権威が増大する傾向にある。これは、冷戦期のような二極対立構造が崩れ、加盟国間でその置かれた地理的環境や歴史的経緯などのため脅威認識が多様化し、ＮＡＴＯとしての意思決定を行う際に加盟国間の調整の必要性が従来より増しているからである。さらに冷戦後のＮＡＴＯは軍事的側面だけでなく、協調的安全保障のような政治的側面が増えていることも、事務総長の役割拡大の要因となっている。そのことを反映して冷戦期には外相や国防相経験者が多かった事務総長に、冷戦後は首相経験者が就任することが増えている（巻末資料②参照）。

北大西洋理事会の意思決定はコンセンサス方式となっている。これは、実際の議場での票決をともなわないという意味で、厳密には「全会一致」とは異なる。また、地域統合である欧州連合（EU）が多くの領域について特定多数決方式をとっていることとも大きな違いである。

コンセンサス方式では、もしある案件について明確に反対の国がある場合は、事務総長に対して公式の書簡を送付したうえで調整が行われる（「静かな手続き」）。この方式により、加盟国は同盟としての結束を示すために、反対表明を手控えることもある。たとえば1999年のコソボ紛争においては、同じ正教国のギリシャがNATOによるセルビア空爆に賛成ではなかった。しかしギリシャは、同盟としての結束と連帯を優先して、明確な反対の意思表示を行わずコンセンサス成立を妨げなかった。

他方、2003年2月に、イラクのフセイン政権による大量破壊兵器保有の疑惑が深刻化するなかで、アメリカがNATOによるトルコ防衛態勢の支援措置をとることを求めた際には、コンセンサス成立は難航した。フランスが、そうした措置を認めることは、国連による査察実施を妨げることになるのみならず、イラクへの武力介入を事実上認めることになるとして事務総長に反対の書簡を送付した。アメリカはそこで窮余の策として、トルコ防衛支援の問題を、防衛計画委員会で協議するよう求めた。先述のようにフランスは1966年に軍事機構から脱退（2009年に復帰）しており、防衛計画委員会に参加していなかったのである。防衛計画委員会はトルコ防衛支援をコンセンサスで承認し、早期警戒管制機（AWACS）、ペトリオット・ミサイルなどの部隊の展開が行われた。

また近年では、2022年2月のロシア・ウクライナ戦争勃発により、それまでNATOのパートナーでありながら歴史的に中立・非同盟政策をとってきたフィンランドとスウェーデンが、NATO加盟を申請したケースも挙げられる。加盟申請から正式加盟までの期間がロシアに対して脆弱となることを懸念したNATOは、6月のマドリード首脳会議で加盟招聘を決定したうえで、加盟国による批准を迅速に行うとの方針で臨んだ。しかしトルコが、フィンランドとスウェーデンにおけるクルド人武装組織の保護を理由に加盟招聘に反対をしたため、マドリード首脳会議前日までトルコに対する説得と交渉が行われた。その結果、北欧2カ国がクルド人武装組織に対する法規制を見直すことを決めるとともに、アメリカがF16戦闘機のトルコへの輸出を認める姿勢を示したこともあり、最終的にトルコは反対を撤回し、加盟招聘のコンセンサスが成立した（第39章参照）。

このように、ソ連がほぼ唯一の脅威であった冷戦期と異なり、冷戦後には加盟国の利害が拡散してきたため、意思決定に際して事前の調整がしばしば必要となり、コンセンサスが迅速に形成できないケースが出てきた。しかしNATOが民主主義国の同盟である以上、「意見の相違にもかかわらず、話し合いを通してコンセンサスを形成できることこそがNATOの強さと成功の表れ」（ストルテンベルグ事務総長）との評価は妥当のように思われる。

（広瀬佳一）

2

共通予算と軍事費

★NATOのコストは？★

NATO加盟国の負担共有（burden-sharing）については、NATOとしての共通予算と、加盟各国の軍事費との二つに分けて考える必要がある。

共通予算とは、NATOとして保有している指揮機構、通信ネットワークやパイプライン等の共用インフラ、共通アセットの早期警戒管制機（AWACS）や無人航空機などをカバーしているもので、加盟各国から一定の割合で拠出されているNATO共通予算によりまかなわれている。

NATO共通予算の内訳は大きく文民予算、軍事予算、NATO安全保障投資プログラム（NSIP）の三つに分類されている。文民予算とはNATO本部や事務局の事務管理費、人件費、施設費等に充当されるほか、「平和のためのパートナーシップ（PfP）」などパートナーシップのプログラム運営費をもカバーしている。軍事予算は三つの内訳の最大のもので、国際軍事幕僚部、各司令部の運営・維持管理費をカバーするほか、早期警戒管制機（AWACS）や無人航空機の費用なども負担している。NATO安全保障投資プログラム（NSIP）はNATOのインフラ・後方支援関係の経費に充当されるもので、指揮統制通信ネットワークのための設備とソフトウェア、兵站施設、港湾・空港施設、訓練施設、燃料・弾薬備蓄施設等の建設・維持をカバーしている。

ＮＡＴＯ共通予算の負担割合は、ＮＡＴＯ上級財務委員会（Senior Resource Board）で決定されており、負担比率はおおむね各国のＧＤＰなど経済力を反映している。しかし後述するようにアメリカのトランプ政権において負担の不均衡が大きな政治問題となった際、共通予算の負担割合も一部見直しが行われ、２０２１年よりヨーロッパ加盟国とカナダの負担割合を上げる一方で、アメリカの比率を従来の約22％からドイツと同率の約16％に下げることが決定された（表参照）。

なお、ロシア・ウクライナ戦争勃発により、ＮＡＴＯは、ロシアと隣接する諸国でのプレゼンスを強める新たな戦力モデルを策定中で、そのなかで、共通予算を２０３０年までに大幅に増額することが決まっている。増額により、前方での備蓄装備やインフラ整備に予算があてられる予定である。

一方、加盟国の軍事費は、それらすべてがＮＡＴＯに対する貢献ではないものの、作戦が行われる

表　NATO 共通予算の負担割合（2021～2024年）

加盟国	
アルバニア	0.0908
ベルギー	2.1043
ブルガリア	0.3656
カナダ	6.8789
クロアチア	0.2955
チェコ	1.0558
デンマーク	1.3116
エストニア	0.1248
フランス	10.4913
ドイツ	16.3444
ギリシャ	1.0573
ハンガリー	0.7595
アイスランド	0.0642
イタリア	8.7812
ラトビア	0.1595
リトアニア	0.2566
ルクセンブルク	0.1693
モンテネグロ	0.0291
オランダ	3.4506
北マケドニア	0.0778
ノルウェー	1.7771
ポーランド	2.9861
ポルトガル	1.0491
ルーマニア	1.2279
スロバキア	0.516
スロベニア	0.2276
スペイン	5.9908
トルコ	4.7266
イギリス	11.2823
アメリカ	16.3444
合　計	100.0000

出　所：https://www.nato.int/nato_static_fl2014/assets/pdf/2021/8/pdf/210813-NATO_common_funded_budgets-2021.pdf

とすればその重要な資源となるだけに、軍事負担をみる目安となる。そうした事情を反映してNATOは、加盟国に対して2024年までにGDP比2%を軍事費支出にあてるよう求めている。

もともとNATO加盟国の軍事費における負担共有の不均衡という問題は、冷戦期から存在していた。たとえば1950年代には、アメリカが大量報復戦略を採用して核戦力を増強させたことに便乗して、ヨーロッパ加盟国は通常戦力の補強を怠っているとアイゼンハワー大統領が不満を漏らしていた。しかし、60年代に入ってケネディ政権がヨーロッパの通常兵力の役割と比重を拡大した柔軟反応戦略を採用すると、負担不均衡問題は鎮静化に向かった。70年代以降はヨーロッパ側もソ連の脅威を強く認識していたため、高い軍事費対GDP比水準を保っていた。たとえば1989年時点でもヨーロッパNATO加盟国の軍事費対GDP比平均は3・1%で、ルクセンブルクを除くと各国はGDP比2%をはるかに超えていた。しかし冷戦の終焉とともに、ヨーロッパ諸国では「平和の配当」として軍事費の削減が進んだのであった。

そもそもGDP比2%という基準はどこから出てきたのか。これは、2004年に7カ国のNATO加盟が実現する際の基準の一つとして、NATOと加盟候補国の間の非公式協議において登場した。その算定根拠は、実際の安全保障上の必要性から出されたものではなく、1991年から2003年の加盟国軍事費の中央値が2・05%であったことに由来している。やがて2006年のNATO国防相会議において、この2%基準の達成が加盟国の努力目標として正式に掲げられた。

しかしこの基準も、2008年に発生した世界的な金融危機の影響により、各国が緊縮財政政策を採ったために達成できなくなっていた。そのようなタイミングで勃発したのがロシアによるクリミア併合であり、ＮＡＴＯは、２０１４年のウェールズ首脳会議の共同宣言において、同基準をあらためて確認した。すなわち、現に基準を突破している国はその状態を継続し、２％にいたっていない国は今後10年以内の２％基準達成に向けて努力するというものである。また、軍事費の内訳についても、研究開発を含む主要装備品支出充当率を20％基準とすることが求められていた。

しかし、２０２１年までは加盟国の軍事費は伸び悩んでおり、主要装備品支出20％については21カ国が達成していたものの、肝心のＧＤＰ比２％基準を達成したのは、アメリカ以外にはわずか７カ国（ギリシャ、ポーランド、イギリス、クロアチア、エストニア、ラトビア、リトアニア）にすぎなかった。

なお、この軍事費対ＧＤＰ比という指標については、いくつかの批判が寄せられている。第一に、各国とも軍事費がそのままＮＡＴＯへの貢献になるわけではない。たとえばアメリカはＧＤＰ比３・57％（２０２１年）を誇っているが、これはヨーロッパだけでなく、中東からアフリカ、アジアまで米軍のグローバルな展開の費用を広くカバーしているわけで、欧州大西洋へのコストが果たして２％に達しているのかは自明ではない。第二に、すでにみたように２％という数値が恣意的で、国際環境の変化やそれに基づく必要費用の算出など、具体的な算定根拠に基づいた数値ではない。第三に、紛争の根本原因である貧困に対する開発援助や難民支援など、現代の安全保障を考えるうえで不可欠な非軍事的側面の負担が考慮されていない。

こうした批判にもかかわらず、２０２２年２月のロシア・ウクライナ戦争勃発という事態のため、ドイツをはじめ多くのヨーロッパ加盟国では、軍事費を増額し、ＧＤＰ比２％を前倒しで達成する動きがみられている。

（広瀬佳一）

3

変化し続ける軍事機構

★NATOの屋台骨としてのしくみ★

NATOは巨大な軍事同盟機構であり、世界最大の軍事組織と呼ぶことができる。事実、NATO加盟国軍隊の合計は約350万人（軍属含む）であり、世界で最も強力な同盟と呼ばれる。その一方で、NATOは同盟固有の軍事力をできるかぎり常備せず、加盟国から拠出される戦力を一元的に運用する統合軍的な性格を有している。また、NATOにおける軍事機構は、北大西洋理事会（NAC）で行われる重要な政治決定を軍事面で補佐するとともに、その決定された事項を軍事的に執行する責任を負っていることが特徴として挙げられる。

NATO軍事機構のトップに位置する軍事委員会（MC）は、文民機構である国際事務局（IS）と並んで、NACを軍事面から直接補佐する役割が与えられている。MCは、全加盟国の参謀総長や常駐軍事代表から構成され、そのトップである軍事委員長は、通常3年で交代し、基本的に、アメリカ以外の国の参謀総長から選出される。また、MCを事務的に支える軍事幕僚部（IMS）は多国籍の軍人から構成されており、NATO本部内においてISなどとの連絡調整業務を担っている。

また、NACによる決定を執行するのは、MCの下にある二つの戦略軍である。一つは、ＮＡＴＯが実施する作戦の計画と実行責任を有する作戦連合軍（ＡＣＯ）であり、もう一つが、ＮＡＴＯが取り組む「変革（Transformation）」を牽引する変革連合軍（ＡＣＴ）である。

ＡＣＯは、ＮＡＴＯが実施する陸、海、空、サイバー、宇宙に関する作戦すべてに対して、責任を負っている。そのなかでは、欧州連合軍最高司令部（ＳＨＡＰＥ）を指揮する欧州連合軍最高司令官（ＳＡＣＥＵＲ、米欧州軍司令官が兼任）を頂点として、作戦運用全般を担う部隊（運用レベル）と陸海空の各機能を所管する部隊（戦術レベル）が配置されている。

各国参謀長等による軍事委員会（2022年5月19日）（NATO 提供）

実際の作戦運用においては、三つの統合軍司令部が中心となって、各々の責任地域（ＡＯＲ）での軍事作戦を指揮する。また、戦術レベルでは、陸海空の各軍種固有の機能別司令部が、統合軍に対して必要な戦力や情報を提供する役割を担っている。その他に、後方補給、情報通信、サイバー、宇宙などに特化した司令部がＮＡＴＯ域内に独立して存在し、ＮＡＴＯとして、あらゆる種類の作戦を実施し得る体制が整備されていることがわかる。

ＮＡＴＯによる軍事面での「変革（Transformation）」は、冷戦

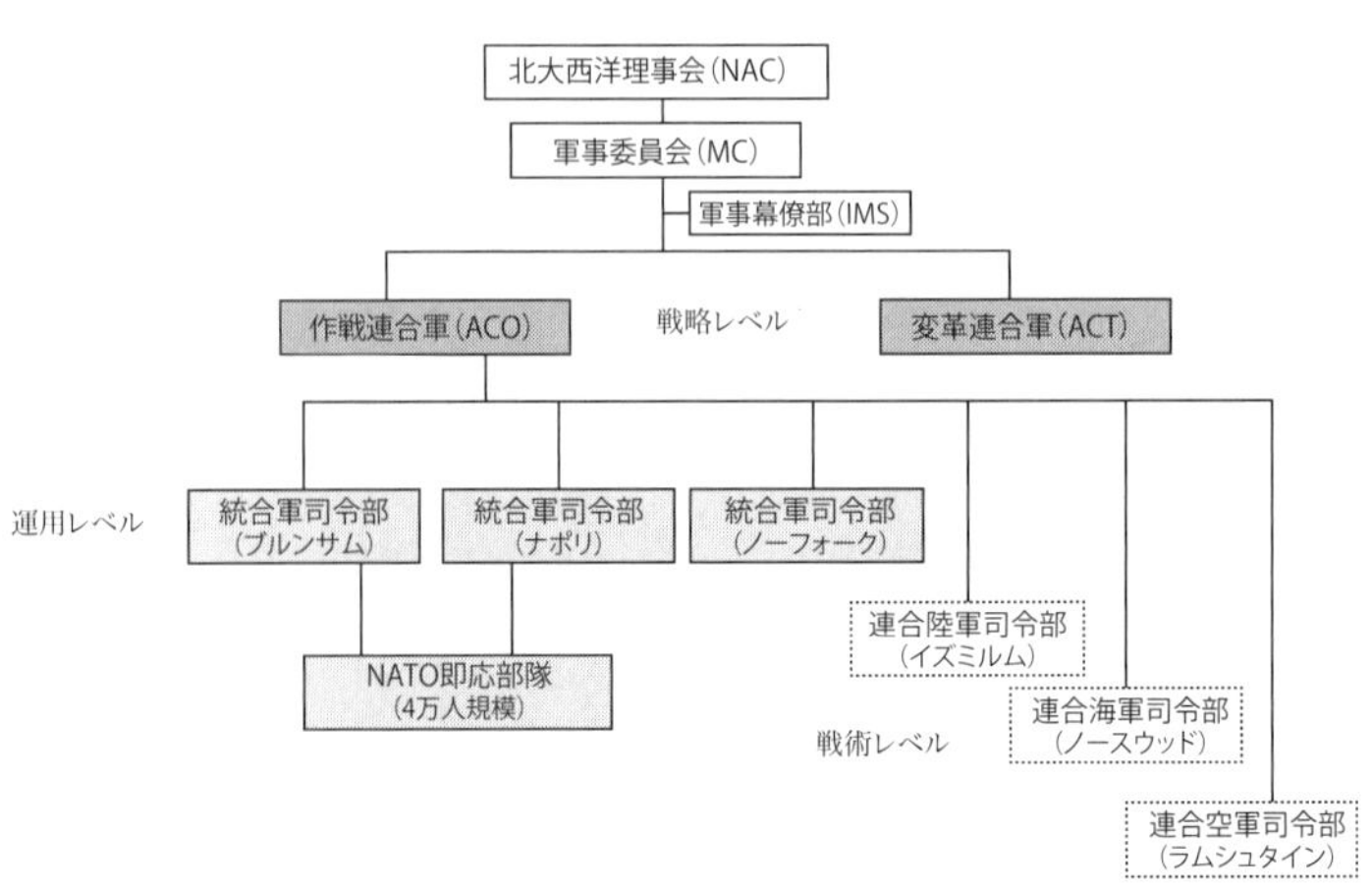

図　NATO主要軍事組織図

終焉後におけるNATO体制の再構築が求められるなかで、1999年3月からのコソボ紛争時の空爆作戦を通じて浮き彫りになった、米欧間の軍事的な能力格差を解消する取り組みとして始められた。そして、この変革を推進する戦略軍がACTであり、加盟各国およびパートナー国から新領域に係る作戦コンセプトの情報収集や意見交換などを通じて、将来のNATOの作戦計画を立案するのに必要な調査研究を行っている。

また、この変革を象徴するものとして、NATO即応部隊（NRF）の存在が挙げられる。2002年、脅威の多様化や事態推移の加速化に対処するため、NATOは、加盟国から拠出される陸、空、海、特殊作戦部隊（SOF）で構成された最大4万人規模の即応部隊の創設を決定し、これまでも、アフガニスタンでの避難民支援や大統領選挙支援に加え、災害支援、教育訓練、演習などの幅広い分野で活用してきた。

そして、2022年、NRFは、今回のロシアによるウクライナ侵攻を契機に、段階的対応計画（Graduated

Response Plans）の下で、はじめて実戦配備の任務に就いたが、新たな戦略概念に定められたＮＡＴＯ全体の抑止力と防衛力をより高める流れのなかで、早くも、２０２３年に改編される予定である。それは、事態発生後に10日で展開される10万人規模の即応部隊と、10日から30日以内で戦力化される20万人程度の準即応部隊から構成される新たな体制へ移行することに加えて、ＳＨＡＰＥによる集団防衛計画や指揮・統制面における主導性を一層強めることを目的とした戦力再編の一環である。そもそも多国籍部隊であるＮＲＦは、その編成後にＮＡＴＯの直接的な指揮権の下に置かれることになっているが、今回のＳＨＡＰＥの権限強化によって、脅威の多様化や被害の激甚化に対して、より柔軟かつ的確に対処することが可能となるであろう。それは、多国間軍事同盟としての抑止力と防衛力の実効性を高めるに違いない。

基本的に独自の戦力を有することがないＮＡＴＯは、作戦の所要に応じて軍事能力（アセット）を多国間で拠出する枠組みを有しており、アフガニスタンでの国際治安支援部隊（ＩＳＡＦ）のような長期間継続する作戦にも対応するために大規模な戦力の編成を行う能力を有している。具体的に、新たな作戦を開始するに当たっては、ＮＡＣの決定に基づき、加盟国、関係国の軍事代表者をＳＨＡＰＥに招集し、「戦力造成（Force Generation）」と呼ばれる作戦遂行に必要な人員や機材を拠出するための調整会議を開催することが慣例となっている。この調整会議の結果をもって、ＮＡＴＯとしての作戦準備が開始され、作戦に参加する各国は拠出される戦力の国内調整に入ることになる。なお、作戦規模が大きな場合や即時対応が求められる作戦の場合は、枠組み国家（framework nations）が指定され、他の作戦参加国よりも主導的な立場を期待される。

今後の軍事機構上の課題としては、ＮＡＴＯは、新たな戦略概念の策定を受けて、軍事的な即応態勢の再整備を図り、抑止と防衛の能力向上が最優先の任務となるなかで、実際に運用を担当するＡＣＯと変革を担当するＡＣＴの協力、連携が一層求められるであろう。また、２０２２年6月に開催されたマドリード首脳会議において、中国は、ＮＡＴＯにとって敵ではないが「同盟体制全体に影響を及ぼす挑戦（systemic challenges）」と位置づけられ、ＮＡＴＯ防衛区域における中国海軍艦艇に対する警戒監視活動や中国人民解放軍の脅威見積もりの策定など、ＡＣＯを中心として、新たな軍事的対応を迫られることになるであろう。さらに、宇宙空間やサイバー領域における脅威への対処、気候変動などのグローバルな課題への挑戦など、今後も、それらに対応するＮＡＴＯの変革が停止されることはなく、時代に応じて、ＮＡＴＯ軍事機構がその姿を変化させ続けることは避けられない宿命であると考える。

（長島　純）

4

NATOが共有する作戦能力

――★ウクライナ周辺でも活動するNATOのアセット★――

NATOは独自の作戦部隊を持っておらず、基本的に、作戦運用に必要な軍事能力はそれぞれの加盟国から提供を受けることになっている。しかし、警戒監視や情報収集のように、平時から必要とされる作戦機能については、同盟として独自の資産（アセット）と設備が共有されている。NATOが共有するアセット（以下、共有アセット）の代表例としては、「NATOの空中の目」といわれる、E－3早期警戒管制機（E－3 AWACS）やRQ－4D無人航空機（グローバルホーク）が挙げられる。

AWACSは、1970年代後半からNATOとして運用が開始され、1992年から95年のボスニアでの飛行禁止区域設置、2002年のアメリカ同時多発テロへの5条任務に基づく緊急派遣、アフガニスタンにおける国際治安支援部隊（ISAF）への作戦支援、国際テロ組織ISILとの戦いに際しての航空管制など、危機管理や平和支援活動において活躍してきた。その高い作戦支援能力は、E－3機体上部のドーム状アンテナによる長距離レーダー機能、半径920kmにも及ぶ広大な監視エリア、8時間以上にわたる航続時間などによって証明され、このAWACSを3機同時飛行させれば、全中央ヨーロッパを

NATOが保有するAWACS（E-3A）（NATO提供）

警戒監視することが可能となる。現在、NATOが所有する14機のAWACSは、1機あたり16人の多国籍搭乗員によって日々運用されているが、技術の進歩や脅威の多様化に応じて、常に機体能力を向上し続ける必要があり、計画的に、操縦性能や電子機器に関する近代化計画が進められている。これらの近代化プロジェクトは、同盟内の関係16カ国が参加する多国籍協力（NAPMO）の枠組みで決定され、オランダに所在するプログラム管理庁（NAPMA）が計画の執行を行っている。

一方、RQ－4Dグローバルホークは、無人航空機であり、主に地上の監視、偵察、情報収集に活用されている。全幅35mの大型の機体には、衛星通信用のアンテナ、レーダー、電子光学／赤外線センサーを搭載し、広域にわたる捜索・監視活動に加え、移動目標の識別も可能である。これらは、NATOの同盟地上監視計画（AGS）を構成する最先端の情報、監視、偵察機能であり、高高度から地上の状況をデータとしてリアルタイムで伝えることで、指揮官の適切な意思決定に貢献している。AWACSと同様に、このAGSシステムは、NATO全加盟国のうち、取得や維持にかかわる15カ国から支出される共通資金に基づいて維持され、NATOのAGS管理庁（NAGSMA）が日常的な運営を行っている。この新しいAGSシステムは、2021年2月から運用が始まったばかりであるが、36時間の長い滞空時間を誇ることから、AWA

CSとともに、現在もウクライナ領空付近における情報収集活動の中心的役割を果たしている。

NATOに共通アセットが存在する理由は、まずは、軍事同盟としての抑止力と防御力を適時適切に発揮させるためであり、情報収集や警戒監視において日頃から作戦連合軍下での訓練を通じて統合的な作戦能力の向上に寄与することが期待されている。

また、共通アセットから常続的に収集される作戦運用に係る情報が、データとしてNATOの共有システムに蓄積されることで、全加盟国は、このシステムにアクセスすることを通じて、これらの情報の恩恵を等しく享受することになる。これは、同盟国間の情報ギャップが生じることを回避し、同盟としての一体性を高めることに結びつく。

さらに、NATOが進める変革のなかで、同盟間での能力ギャップの発生を未然に防ぐため、相互運用性を図る取り組みが各所で行われている。そこで重視されているのが、AWACS部隊にみられる多国籍部隊の存在であり、それは同盟としての団結と協力の象徴であるばかりでなく、人的、技術的交流を通じた同盟全体の能力の均一化につながることが期待される。そのため、これらの搭乗員は、自国でAWACSを運用する軍出身者ばかりでなく、幅広い国籍、特技の隊員

AWACS機内において警戒監視等を行うオペレーター（NATO提供）

NATO RQ-4D無人航空機（NATO提供）

から構成されることになっている。

これからの共通アセットをめぐる喫緊の課題としては、ＮＡＴＯ共通予算の増額の可能性が挙げられる。基本的に、ＮＡＴＯは、ＡＷＡＣＳやＲＱ－４Ｄ／ＡＧＳを除けば、固有の軍隊や装備品を有さず、また、集団安全保障に係る5条任務以外の作戦に参加する場合も諸経費は参加国が負担するルールになっている。しかしながら、同盟内の重要インフラ、各司令部や関係機関の維持運営費などの固定費は共通予算から支出されることになり、加盟各国が自国の国内総生産（ＧＤＰ）の規模等に応じて負担する。現在、２００６年のＮＡＴＯ国防大臣会合において、ＧＤＰの最低２％を防衛費にあてることが約束され、各国はその増額努力を続けているが、他方で、高技術化にともなう経費増や経済状況の変化のなかで、共通予算を増額することは容易ではない。さらに、新たな戦略概念（２０２２年）のなかでも、ＮＡＴＯの抑止力と防衛力を大幅に強化し、即応機能を重視するために、ＮＡＴＯとしての直接的な指揮統制能力を増大させる方向性が示されているが、それは、将来的に共通予算の拡大の必要性を意味する。その結果として、同予算の効率的、効果的使用が一層厳しく求められるなかで、同盟内で、共通予算の増額が政治問題化する可能性がある。

最後に、将来的な課題としては、２０３５年に引退する予定の現有ＡＷＡＣＳの後継システムとして検討が具体化しつつある「同盟としての未来の監視統制（ＡＦＳＣ）」プロジェクトが挙げられる。これは、情報を収集して共有するために相互に接続する新しい技術と空中、地上、宇宙、また無人システムを組み合わせて、新たな警戒監視システムを作ろうとするものである。そして、その先には、複数の独立した戦闘単位としてのシステムをネットワークで結合して、個々の装備品を足し合わせただけでは実現できない融合的な統合システム、いわゆる、システム・オブ・システムズ（System of Systems）としての能力を最大限発揮するという目標が設定される。ＮＡＴＯによる人工知能（ＡＩ）や量子技術などの新興・破壊的技術の実装化への挑戦が、これからのＮＡＴＯ変革の中心的役割を担うＡＦＳＣプロジェクトにおいて実を結ぶことになるのか、関心を持って見守ってゆきたい。

（長島　純）

5

任務・作戦と軍事演習

★危機管理から集団防衛へ★

NATOは冷戦期にはもっぱら集団防衛のための演習を行ってきたが、冷戦後に危機管理分野に機能を拡大したことで、数多くの任務や軍事作戦を実施するようになった。2022年現在で、コソボでの平和活動、地中海の海上警備活動、イラクでの訓練支援、アフリカ連合（AU）に対する支援、五つの地域での領空警戒・監視（バルト三国、ブルガリア・ポーランド・ルーマニア、アドリア海東部と西バルカン、アイスランド、ベネルクス）など、NATOは9あまりの任務を実施している（巻頭資料④参照）。

このほかにも、すでに終了した主な任務や作戦として、ボスニアでの平和活動（IFOR／SFOR）、北マケドニアでの武装解除、ソマリア沖海賊対処、アフガニスタンでの治安活動（ISAF／RSM）、リビアでの空爆などがある。ボスニアの任務は、その後、治安の改善とともにEUの部隊に継承されており、ソマリア沖の海賊対処も現在はEUの海上部隊が実施している。ISAF／RSMには全加盟国が参加し、最大時には13万人以上の大規模な作戦となっていたが、バイデン政権の決断により2021年8月に終了した。

こうした任務のほか、集団防衛態勢を強化し潜在的な脅威を

表１　加盟国東翼の防衛強化態勢（2022年10月現在）

	期間	派遣先（国および地域）	目的	参加国
強化された前方プレゼンス（eFP）としての戦闘群展開	2016年～	エストニア	ロシア周辺加盟国の監視・防衛強化	イギリス（主導国）、デンマーク、フランス、アイスランド
		ラトビア		カナダ（主導国）、アルバニア、チェコ、イタリア、モンテネグロ、北マケドニア、ポーランド、スロバキア、スロベニア、スペイン
		リトアニア		ドイツ（主導国）、ベルギー、チェコ、アイスランド、ルクセンブルク、オランダ、ノルウェー
		ポーランド	ロシア、ウクライナ周辺加盟国の監視・防衛強化	アメリカ（主導国）、クロアチア、ルーマニア、イギリス
	2022年～	スロバキア	ウクライナ周辺加盟国の監視・防衛強化	チェコ（主導国）、ドイツ、オランダ、スロベニア
		ハンガリー		ハンガリー（主導国）、クロアチア、トルコ、アメリカ
		ルーマニア		フランス（主導国）、ベルギー、ポーランド、アメリカ
		ブルガリア		ブルガリア（主導国）、アルバニア、アメリカ

抑止するために、ロシア、ウクライナと隣接する加盟国において実施されているのが、エストニア、ラトビア、リトアニアとポーランドへの大隊規模の戦闘群派遣による「強化された前方プレゼンス（ｅＦＰ）」である。２０２２年２月のロシア・ウクライナ戦争勃発により、新たにスロバキア、ハンガリー、ルーマニア、ブルガリアへも戦闘群が派遣されている（表1参照）。これは「加盟国のあらゆる領土を防衛する決意がある」（ストルテンベルグ事務総長）というＮＡＴＯの強いメッセージの表れである。

一方、こうした任務や作戦のほかに、ＮＡＴＯは毎年、定期的に軍事演習を行っている。冷戦期と異なり冷戦後の軍事演習は多種多様なものとなった。

一般に軍事演習は、部隊の即応能力、戦闘能力、兵站能力等を検証するために実施されるが、多国間同盟の場合、それらに加えて軍事的相互運用能力を向上させることで、同盟の結束力の強さを示し、脅威に対する抑止力を提供するという役割がある。

NATOの軍事演習という場合、厳密にはNATO主要司令部主催の演習と、特定のNATO加盟国主催の演習（に他の加盟国が参加する演習）とに分けることができる。さらに、これらの演習はその形式により、LIVEXと呼ばれる部隊演習、CPX／CAXと呼ばれる指揮所・司令部演習、Exercise Studyと呼ばれるセミナーの3種類に分けられる。

NATO司令部主催の部隊演習は、90年代のバルカン半島や2003年からのアフガニスタン（ISAF）でNATOが危機管理活動に従事したことを反映して、2013年ごろまでは、演習目的は捜索・救難活動のような相互協力の確認と、テロ対処や平和維持活動のような危機管理が中心であった。集団防衛のシナリオに基づく部隊演習は、2013年11月にバルト三国とポーランドで約6000人を動員して実施されたSteadfast Jazzが実に十数年ぶりであった。その後、2014年に1万3000人を動員したポーランド、リトアニアでの演習（Noble Justification 14）、2015年の1万3000人を動員したエストニアでの演習（Steadfast Javelin 15）、2018年の冷戦後最大規模（5万人以上）の演習（Trident Juncture 18）、2021年の9000人によるSteadfast Defender 2021など、NATO司令部主催の演習では、集団防衛型の演習の比重が大きくなっていた。これは、2014年のロシアによるクリミア併合やドンバス紛争など、ウクライナ危機の影響であった。なお、核共有枠組み（第11章参照）に基づく在欧戦術核の演習（Steadfast Noon）も、2014年以前より毎年実施されている

表2　NATO 司令部別の主な演習のコードネーム一覧

コードネームの最初の一語	計画立案を行う司令部
STEADFAST	欧州連合軍最高司令部（SHAPE）/ 作戦連合軍司令部（ACO）
TRIDENT	変革連合軍司令部（ACT）
BRILLIANT	統合軍司令部（ブルンサム）
NOBLE	統合軍司令部（ナポリ）
FORCEFUL	統合軍司令部（ノーフォーク）
COMBINED	統合支援・強化司令部
RAMSTEIN	連合空軍司令部（ラムシュタイン）
LOYAL	連合陸軍司令部（イズミルム）
DYNAMIC	連合海軍司令部（ノースウッド）

（主催司令部別のコードネームは表2参照）。

集団防衛型の演習の主な目的は、ＮＡＴＯ即応部隊（ＮＲＦ）の訓練であった。ＮＲＦとは、１９９９年の戦略概念で危機管理が正式任務となったことを受けて、２００２年のプラハ首脳会議において創設された部隊で、危機管理、災害救援、加盟国住民救出などの任務が想定されていた。しかし２０１４年のクリミア併合を受けて、ＮＡＴＯはあらためて即応能力の高い戦力編成の必要性を痛感させられた。その結果、ＮＲＦは４万人に増員され、集団防衛が主任務であることが明確にされたうえで、その中核的な部隊として、高度即応統合部隊（ＶＪＴＦ）が創設された。これは、１個旅団規模で48時間から72時間以内に展開し増援する部隊として編成されていた。またＶＪＴＦの前方展開をスムーズに受け入れるために、エストニア、ラトビア、リトアニア、ポーランド、ルーマニア、ブルガリアなどに、約50名ずつからなるＮＡＴＯ部隊統合調整室（ＮＦＩＵ）が設置された。そうしたＮＲＦの稼働体制、即応態勢を強化するために、集団防衛シナリオでの演習が増加したわけである。

２０２２年のロシア・ウクライナ戦争勃発は、加盟国の不安をさらに高めた。そのためＮＡＴＯはＮＲＦのさらなる改編に着手した。新しい戦力態勢は、２０２３年以降に整備される予定である（第3章、第65章参照）。

（広瀬佳一）

コラム1

NATOで勤務するということ

冨永麻美

日本は2014年からNATOに自衛官を派遣しており、私は4人目の派遣要員として、ブリュッセルに所在するNATO本部において2年の任期で勤務している。NATOは非加盟国との間で様々なパートナーシップの枠組みを設けており、日本との間では、「国別パートナーシップ協力計画（IPCP）」のもと、日本とNATOが互いに関心のある分野で協力を進めていくことに合意し、NATOへの自衛官の派遣もその協力の一環として行われている。

NATO本部での私の配属先は、国際軍事幕僚部の協調的安全保障局という部署で、NATOとパートナー国、また、NATOと国際機関（国連、EU等）との協力や交流を促進する役割を担っている。NATOは30の加盟国（2022年7月現在）から構成されているが、私の所属する班も例外なく多国籍で、直属の上司はイタリア軍大佐、同僚はカナダ、クロアチア、チェコ、トルコなどの加盟国の将校である。最近ではNATO・EU合同で年次会議を開催し、この会議に向けて、同僚とともに会議の進め方を考えたり、会議資料を作成したりした。これまでの自身の自衛官としての経験に照らすと、馴染みの薄い内容も多く、それらを理解し、英語で資料を作成するのはとても骨が折れることであった。幸いにも私の所属する部署は、仕事の性質上、ロシアによるウクライナ侵攻の影響はあまり受けていないが、ウクライナへの人道支援物資等を調整する部署はとても忙しそうにみえる。ウクライナへの支援物資はまだまだ足りないのだという。

NATO本部においては、私のほかにもパートナー国の要員が勤務しており、NATOに加盟したい、NATOから学びたい、NATOとの関係を深めたい等、それぞれの国がそれぞれの思惑を持って派遣している。パートナー国からの要員同士は自然と親しくなるのだが、なかでも、アゼルバイジャン、ウクライナの将校は、自国に領土問題を抱えていることもあるからか、日本の北方領土問題にも興味津々だ。また、NATOは近年、アジア太平洋地域の四つのパートナー国（日本、オーストラリア、韓国、ニュージーランド）との関係を強めている。そのため、同じアジア太平洋地域から派遣されているオーストラリア、韓国の将校とは共通の話題も多くあり、私はよくNATO本部内にあるカフェで彼らとの会話を楽しんでいる。

パートナー国というNATOの「外」から派遣されている私にとって、NATOの「中」で加盟国の要員と一緒に仕事をすることは、想像していたよりも難しい。なぜなら、加盟国の要員とは立場が厳格に区分されている面があるからである。また、自国の安全保障とNATOが密接に結びついている加盟国の要員と、パートナー国の要員とでは、NATOに関する知識や経験に差があることも否めない。しかしながら、積極的に彼らと交流を持ち、自己の知識や彼らとの信頼関係を深めていくことで、そのギャップを埋めていくことは可能である。それによってNATOにおける日本の存在感を高めていくことができれば、NATOへの自衛官の派遣は意義あることといえるだろう。

パートナー国の同僚とともに（左端が筆者）（筆者提供）

II

冷戦期の展開

6

NATOの起源

★いかにアメリカを巻き込むか★

第二次世界大戦が終了し、1945年のヤルタ会談、ポツダム会談という二つの首脳会議により戦後秩序に関する米英ソの枠組み作りが進み、国際連合が創設された。しかし1940年代後半は、政治的に米ソ間で相互に対する不信感が生まれ、それが徐々に拡大する時代でもあった。この時期、西側にとっての緊急の課題は、第一に、戦争で荒廃した西欧諸国を建て直すため経済的にアメリカと結びつきを強めること、第二に、ソ連の脅威に対抗して西欧とアメリカで集団防衛の取り決めを行うこと、の二点であった。

第一の側面については、1947年に発表されたアメリカの対ヨーロッパ大規模経済援助としてのマーシャル・プランと、ギリシャ・トルコに対する軍事援助としてのトルーマン・ドクトリンの果たした役割が大きかった。そして、第二の側面が米欧同盟の結成であった。

しかし米欧同盟には、アメリカの抵抗が大きかった。戦争が終わるとすぐに台頭してきた伝統的な孤立主義、国連創設による新しい世界秩序への期待、戦後になっても植民地を維持しようとするヨーロッパの旧態依然とした態度への嫌悪から、アメリカは平時のヨーロッパ諸国との同盟構築に躊躇したのである。ナチス・ドイツを打倒したばかりのアメリカ社会にとって、大西洋をはさんで遠く隔たったソ連は、いかに赤軍が大規模に東欧に駐留していようとも、同じ大陸で地続きの西欧諸国と違って、軍事的にまだ深刻な脅威とは認識されていなかった。

こうした雰囲気を変えたのが、１９４８年の二つの事件であった。一つは2月のチェコスロバキアでの共産党による政権奪取であった。戦後に東欧各国が次々に共産化されるなか、戦前からの集団安全保障の信奉者であったベネシュ大統領の名声とともに、東と西の架け橋として高い評価を得ていた小国チェコスロバキアに対する共産主義勢力のクーデターは、その地理的な近さとともに、共産主義イデオロギーの西側への浸透を恐れる西欧諸国に衝撃を与えた。イギリス、フランス、ベルギー、オランダ、ルクセンブルクはこうした情勢に対して、3月にブリュッセル条約を締結し集団防衛のための西方同盟（Western Union）を結成した。

もう一つが１９４８年6月のベルリン封鎖で、ソ連は自国の占領地区内に島のように浮かぶ西ベルリンへの全道路、鉄道、河川の封鎖、電力供給の停止により、西ベルリンを完全に孤立させた。国境沿いにはソ連軍が待機するなど、東西関係は一触即発にまで追い込まれたのであった。

ソ連に対する脅威認識がこうしてヨーロッパのみならずアメリカでも高まると、１９４８年を通して米欧同盟構築の動きは展開をみせはじめた。条約批准権のあるアメリカ上院も、「バンデンバーグ決議」（１９４８年6月）により、国連憲章の枠内での同盟を認める用意があることを示した。この決議は、国連憲章第51条の集団的自衛権に基づく安全保障条約を締結することで、国連強化に役立たせるよう上院が行政府に促すという趣旨のもので、西欧防衛へのアメリカの関与を求めるトルーマン政権（および西欧諸国）の思惑と、国連をないがしろにするのではなく強化するという姿勢を打ち出したいアメリカ議会の思惑とを、ともに反映したものであった。これによって集団的自衛権に基づく北大西洋地域の多国間同盟への道が開かれたのであった。

１９４９年４月にワシントンにおいて北大西洋条約が締結された（巻末資料①参照）。北大西洋条約の特徴は二つあり、一つはソ連に対する集団防衛（北大西洋条約第５条）であったが、もう一つ、国連憲章の目的に従いながら、民主主義、法の支配や自由の価値を擁護する（前文）という価値共同体の側面も有していた。原加盟国はアメリカ、イギリス、フランス、カナダ、オランダ、ベルギー、ルクセンブルク、ノルウェー、ポルトガル、デンマーク、アイスランド、イタリアの12カ国であった。

北大西洋条約に署名するアチソン米国務長官。その左はトルーマン大統領（1949年4月）（NATO 提供）

これらの国の北大西洋条約参加への動機は、西欧諸国を支援する立場のアメリカ、カナダを除くと、それぞれ異なっていた。それらは大きく三つに分けられた。第一が、ソ連の直接の軍事的脅威にさらされていると認識していた国で、イギリス、フランス、ベルギー、オランダ、ルクセンブルク、ノルウェーがこのカテゴリーに入った。第二が、対ソ軍事戦略上の要衝を領土としている国で、アイスラ

図　大西洋をめぐるNATOとソ連の対峙（筆者作成）

ンド、ポルトガル（アゾレス諸島）、デンマーク（グリーンランド）がこれに該当した。これらの国（自治領）は、ソ連との全面戦争の際には、大西洋の中継地点あるいは補給・後方支援拠点となることが見込まれていた（図参照）。第三が、内政面での左傾化によって国内秩序が不安定となり、政治的脅威にさらされ支援が必要であった国で、イタリアがこれに該当した。第一の動機、第二の動機が脅威に対する集団防衛であるとすると、第三の動機こそ、価値共同体への参加という意味合いの強いものであった。この第三の動機は、冷戦後に大きく注目されることになった。

その後、トルーマン・ドクトリン（１９４７年）に基づく軍事援助により政治的混乱が収まりつつあったギリシャと、ソ連の直接的な脅威にさらされていたトルコを１９５２年に加盟国として迎え、ＮＡＴＯは最初の拡大を果たした。やがて１９５５年に西ドイツの再軍備とＮＡＴＯ加盟が行われると、ソ連は強く反発し、ワルシャワ条約機構（ソ連、東ドイツ、ポーランド、チェコスロバキア、ハンガリー、ルーマニア、ブルガリア、アルバニア）を設立した。この条約の前文には、まさしく西ドイツの再軍備とＮＡＴＯ加盟への動きが、結成の理由であることが明記されていた。東西の軍事的対峙の構図が全面的に姿を現したのである。（広瀬佳一）

7

集団防衛と集団安全保障

★「国連憲章の内、拒否権の外」★

集団防衛（Collective Defence）は、日本ではなぜか集団的自衛権（Collective Self-Defence）と呼ばれることが多い。いずれにせよ、防衛ないし自衛を集団的に行う、あるいは行おうとすることである。本書が扱うＮＡＴＯ存立の基盤としているのがこれである。他方、集団安全保障（Collective Security）とは、20世紀の2回の世界大戦を経るなかで最初は国際連盟として、次に（そして現在にいたるまで）国際連合として実現されている国際安全保障秩序のあり方で、それまで国際安全保障秩序の基盤であった勢力均衡という考え方に取って代わったものである。一言でいうと、侵略などによって国際の平和をかき乱した国に対しては国際社会として軍事を含む必要な制裁を加えること、あるいはそのような約束があることによって国際の平和を維持しようとするものである。そして、その前提には各国が本来は主権的行為の範疇である軍事力の行使を慎む、という前提がある。

集団防衛と集団安全保障はともに国連憲章のなかに規定されている。ただ、集団安全保障は「第7章」として包括的に言及されることが多く、個別の条文としてふれられることはほとんどない。第7章全体を通じて、脅威の認定から非軍事的ないし軍事的手段を含む制裁の諸段階が規定されている。軍事的手段は、国連としてのものと国連加盟国によるものが言及されている（第42条）。

集団防衛については同じ第7章のなかの最後の条文である第51条である。「この憲章のいかなる規定も、国際連合加盟国に対して武力攻撃が発生した場合には、安全保障理事会が国際の平和及び安全の維持に必要な措置をとるまでの間、個別的又は集団的自衛の固有の権利を害するものではない」。この直後に続く、その措置（集団防衛の発動）を行った際には「直ちに」国連安全保障理事会に報告すべし、との文言とあわせ読むと、集団防衛条項は、国連を中心とする国際安全保障秩序のなかでは、あくまでも但し書き的な扱いではあることが明瞭となる。論者によっては、同条項は「同盟の事由に連なる集団安全保障体制の鬼子である」とすらされる（大沼保昭『国際法』東信堂、2005年、555頁）。ただ、いずれにせよ集団防衛も国連憲章第7章の枠内で言及されていることに相違ない。

ここで注意を要するのが、国連憲章第8章の「地域的取極」である。この「地域的取極」は、国連安保理によって制御される国際安全保障秩序を地域的に補完するもので、NATOも地域的な枠組みであることから、これに誤認されることがある。しかし、NATOはこの「地域的取極」ではない。その根拠は、主に二つ挙げることができる。第一に、NATOの設立条約である北大西洋条約には、その第5条で国連憲章第51条に関する言及があるのみ（つまり第8章への言及はない）である。第二に、「地域的取極」であった場合には、国連憲章第53条に「(…)いかなる強制行動も、安全保障理事会の許可がなければ、地域的取極に基いて又は地域的機関によってとられてはならない」と規定されているため、この規定に縛られるならば、NATOも安保理決議なくしていかなる独自の軍事行動（強制行動）も実施できなくなる。前段で述べたとおり、NATOの中核的任務である集団防衛は、直接的には安保理の統制外であるため、これと矛盾する。他方、同じヨーロッパの安全保障枠組みでも、たとえば欧州安全保障協力機構（OSCE）は前身の欧州安全保障協力会議（CSCE）だった時代の1992年のヘルシンキ首脳会議にて「CSCEは国連憲章第8章で言うところの地域的取極である」と宣言され、それ以降もその理解が継承されている。興味深いのがEUで、これも安全保障政策を展開するが、こちらは国連憲章第8章に言及して自らを位置づけてはいない一方で、これまでのところ、対外的な軍事活動を実施する際にははっきりと国連安保理決議を根拠とするか、あるいは受入国側の招請を受けての活動となっている。

結果的に、集団安全保障と集団防衛はハイブリッド的に国際安全保障秩序を形成したとする見方も可能である。冷戦期を通じて、基本的に集団安全保障が国連設立時の構想どおりには機能しなかったなかで、集団防衛はNATOとワルシャワ条約機構がにらみ合う事実上の勢力均衡を裏打ちするものとなった。冷戦後も、各国の安全保障上の連帯を最終的に担保しているのは集団防衛の約束である。集団防衛のためにこそ、安全保障能力は集積され、様々な（敷衍的な）展開をも可能にしている。集団安全保障が、国際安全保障において、普遍的国際機構としての国連の包括性と（そこから生じる）正統性を有するとすれば、集団防衛は実効性をもたらしているといえるだろう。国連憲章への集団防衛条項導入の経緯等についてはここでは立ち入らないが、少なくとも集団防衛は（条文構成上）国連の安全保障機能のなかに立ち位置を与えられている。集団防衛は、NATO創設にも尽力したバンデンバーグ米上院議員の言葉を借りれば「（国連）憲章の内、拒否権の外」なのである。

このようなハイブリッド的安全保障秩序はあくまでも結果論であって、設計的なものではない。実際に、集団安全保障を司る国連と集団防衛条項を中核とするＮＡＴＯの協力体制がどうなっているかといえば、これがまったく一筋縄ではいかない。そもそも、ＮＡＴＯは国連を中心とする国際安全保障秩序のなかに積極的に位置づけを与えられている存在ではない。国連憲章中に存在する集団防衛条項に依拠して、関係各国が構築している枠組みがＮＡＴＯであるという、いわば間接的な関係である。このことが典型的に表れているのがアフガニスタンでの展開である。

アフガニスタンでは、ピーク時では13万人規模にまで達した平和維持部隊をＮＡＴＯが展開するという、冷戦時のＮＡＴＯの姿、あるいは国連ＰＫＯの姿からは想像もつかない状況が発生した。ただし、アフガニスタンに展開された国際治安支援部隊（ＩＳＡＦ）の直接の設立根拠となった２００１年12月の国連安保理決議１３８６号をみても、ＮＡＴＯへの言及はみられない。これは、少なくとも当初ＩＳＡＦを展開したのはＮＡＴＯではなく有志国連合であったためであり、また、その後ＮＡＴＯが展開するようになって以後も、あくまでもＩＳＡＦに参加する有志国連合がＮＡＴＯを活用するという形式をとったためである（ＩＳＡＦについては第25章参照）。

国連とＮＡＴＯの関係は、アフガニスタンの経験を経ても、なお安定的なものとなったとは言い切れない。確かに、国連安保理決議は正統性を、ＮＡＴＯ関与は実効性を担保した。同時に、大きく異なる安全保障枠組みとしてのあり方は、国連憲章の枠内にかろうじてつなぎ止められつつ、日々緊張もはらんでいる。それでも、これまでの展開では、双方が相互の必要性を慎重に、あるいは結果的に認めあって折り合いをつけているハイブリッドな国際安全保障の姿がみられる。

（小林正英）

8

軍事機構化と戦略

★拡大抑止の起源★

ＮＡＴＯ軍事機構は、世界最大の規模を誇る多国間の常設メカニズムである。そのグローバルなネットワークは長期にわたるアフガニスタンやウクライナといった紛争地支援に今も活用されている。こうしたＮＡＴＯ軍事機構はすでに冷戦初期の１９５０年代に着手され、冷戦終結後も維持され、現在にいたっている。ここではＮＡＴＯがどのように統合軍事機構を形成していったかを４期に分けて概観したい。第１期は、１９４９年のＮＡＴＯ創設から翌50年の朝鮮戦争勃発の時期であり、この極東の危機による冷戦の「軍事化・世界化」を特徴とする。第２期は、アメリカを中心とした西欧防衛の制度化の時期であり、主な論点は西ドイツ再軍備によるＮＡＴＯ「前方防衛」の確立であった。第３期は、ドイツ連邦軍のＮＡＴＯ編入と、これに対抗するワルシャワ条約機構軍の新設であり、いわゆる「１９５５年体制」が東西分断を固定化させてゆく。そして第４期は、度重なる核危機を管理するため、ＮＡＴＯが柔軟反応戦略を採用して戦略的安定性を模索する時期である。それでは各期の動きをみてみよう。

第１期のＮＡＴＯ創設は、孤立主義の伝統が根強いアメリカの転換点となった。ソ連によるベルリン封鎖が継続するなか、1949年4月に北大西洋条約（巻末資料①）が調印された。その第5条では同盟としての集団防衛が規定され、米軍の輸送力や補給支援による戦略抑止が重視された。こうした戦略抑止の重視は、アメリカの統合参謀本部の悲観論を反映したものであった。当時アメリカは、ソ連軍の圧倒的優位に対して欧州防衛は不可能であり、戦端が開かれれば欧州大陸から撤退して、数年後に「再上陸」する構想を有していた。

こうした制約を一変させたのが1950年6月の朝鮮戦争勃発であった。極東の危機は米ソ冷戦の「軍事化」と「世界化」を進め、NATOは創設わずか1年で共同防衛へと舵を切った。象徴的であったのは、南北朝鮮と東西ドイツという分断国家の存在であった。北朝鮮の南進によって朝鮮半島が武力統一されるリスクに直面したNATO諸国は、次は東ドイツが統一に向けて西進するとの「戦争の恐怖」を認識した。また1950年秋には中国の人民義勇軍が朝鮮戦争へ参加し、ソ連も北朝鮮への軍事支援を拡大した結果、アメリカは軍事的後退を余儀なくされる。

こうしてNATOは西欧防衛を同盟の中心的な任務として位置づける必要に迫られ、欧州連合軍を常設するという歴史的決定がなされることとなった。これが第2期の始まりであり、主な論点は三つあった。第一に、当面、アメリカ主導で欧州大陸の防衛態勢を整えることであった。そのため欧州連合軍最高司令官には、第二次世界大戦でノルマンディー上陸作戦を指揮したアイゼンハワーを任命した。NATO軍の最高司令官の下には陸軍4個師団が追加派遣され、在欧米軍は2個師団（10万人）の態勢から、のちに6個師団（30万人）へと大幅強化されることとなる。第二に、アメリカの相互安全保障協定（MSA）に基づく装備移転を加速化させ、ヨーロッパ各国の国防力を再構築することであった。これはアメリカ製の装備品がNATO標準になることを含意した。こうした西欧諸国による防衛態勢を整えるのと並行して、西ドイツの再軍備を実現することであった。これが第三の論点であり、最も政治的に複雑なものであった。当時、NATOは仏独国境であるライン川以東での「前方防衛」を目標として掲げていた。この時点でソ連の地上軍175個師団に対し、NATOの常備部隊は26個師団しかなく、前方防衛に必要とされる65個師団を大きく下回った。軍事的にみれば、この劣勢を挽回する鍵は西ドイツ再軍備であったが、政治的にみれば、ナチス・ドイツによる長期間の占領を経験したフランス他の反対が根強く、まずヨーロッパの復興と統合が最優先されたのであった。

第3期は、東西ドイツを最前線としたNATOとワルシャワ条約機構の軍事的対峙を特徴とする、ヨーロッパの「1955年体制」が確立する時期である。その時期を象徴したのが核拡大抑止の登場であった。第2期にNATOが重視した米軍増派、西欧諸国への軍事援助、西ドイツ再軍備に共通するのは、NATOが通常戦力の強化を目指した点であった。しかし1953年にアメリカに誕生したアイゼンハワー政権は、一転して、「大量報復」を軸とした核エスカレーション戦略を採用した。これはアメリカの陸海空軍で同盟国を直接的に防衛するというものではない。3年に及ぶ朝鮮戦争は核エスカレーションの恐れはあったものの実際に核兵器が使われることなく、制限戦争として終了した。これを受けてアメリカは、自ら優位を誇る戦略爆撃機や戦術核兵器などを重視し、NATOが拡大抑止によってソ連の侵略行為を未然に防止することをうたい上げた。

こうした楽観的な見通しは、1960年代に入りベルリンやキューバという核危機が連続し、アメリカの核優位が疑問視されるなかで、修正を余儀なくされる。こうして第4期としてNATOは米欧間の安全保障を結びつけることを模索する。出発点となったのはアメリカの戦略変更であり、これを受けてＮＡＴＯは米ソ間の戦略的安定性を基礎とした相互抑止へと転じる。ＮＡＴＯが採用した柔軟反応戦略は次の三つの柱からなる。第一に、ヨーロッパでの紛争に対して通常戦力による「前方防衛」を追求する。第二に、この水準を超えて戦術核レベルへ移行しても同盟として戦争の局地化を目指す。第三に、これを超えてグローバルな核戦争にエスカレートしてもアメリカは非脆弱な戦略核で報復する。多段階のエスカレーション戦略を追求することにより、ＮＡＴＯはワルシャワ条約機構の奇襲攻撃に対する拡大抑止を目指した。

こうして欧州大陸と北米との戦略的連携（カップリング）が出現した。その後、ＮＡＴＯは冷戦終結までの約20年間にわたり、この柔軟反応戦略を堅持した。そしてソ連邦が崩壊した後も米欧同盟はこの戦略態勢を保持し続けることとなる。

（吉崎知典）

9

トルコのNATO加盟

★脅威への対抗★

トルコがNATO加盟に積極的であった理由は二つに大別できる。一つ目は、トルコ共和国建国以来、トルコ政府が目標としてきた欧米列強と同様の強い国家を作り上げるために西洋化を推し進めるという政策である。二つ目は、地続きで国境を接するソ連への脅威認識の高まりである。こちらは特に第二次世界大戦末期から顕著となった。トルコはトルーマン・ドクトリンおよびマーシャル・プランの援助対象国であったが、集団防衛機構であるNATOへの加盟を安全保障の確保のために切望した。

トルコのソ連に対する脅威認識は1945年の3月と6月に実施されたトルコ・ソ連間の中立・不可侵条約の継続に関する協議から高まりだした。両国は1925年に中立・不可侵条約を結んだが、二代目大統領、イスメト・イノニュを中心とするトルコ政府は、スターリンが領土拡大のために南下政策を行うことを危惧しており、条約の改正には乗り気ではなかった。この危惧は6月7日に行われた協議でより強いものとなった。なぜなら、ソ連のモロトフ外相はトルコ政府に対して、①ロシアが1921年にトルコに譲渡したカルスとアルダハンの返却、

②トルコ海峡（地中海と黒海を結ぶダーダネルス海峡とボスポラス海峡）にソ連の基地を建設することへの同意、③トルコ海峡の通行に関して、1936年に締結されたモントルー条約を刷新することへの合意、という要求を突きつけたからである。トルコ政府はソ連の要求を拒んだが、同年10月にソ連がブルガリアに対して軍部を動員し、衛星国家化（中小国が周辺の大国に主権を制限され、その支配下に入る）したことを受け、より一層脅威認識を高めた。しかし、こうしたソ連の強い圧力は、かえってトルコを西側に接近させることとなった。

西側諸国を中心とする集団防衛の傘下に入ることを積極的に推し進めたトルコ政府の面々は、戦間期の1942年8月から44年7月にかけて外相を務め、当時はフランス大使であったヌマン・メネメンジオール、1947年10月から1950年5月まで外相を務めたネジメッティン・サダク、当時アメリカ大使を務めていたヒュセイン・ラーウプ・バイドゥルであった。トルコは1947年3月時点からすでにトルコ、ギリシャ、エジプトによる東地中海の平和と安全保障のための条約締結をイギリスに打診していた。さらにメネメンジオールは同年8月にはこの地中海条約案にアメリカも加わるべきであると主張した。しかし、アメリカはこの案に賛同しなかった。翌1948年にはギリシャが地中海条約の案をさらに発展させ、ギリシャ、トルコ、イタリア、すべてのアラブ諸国を含む協商とすることを提唱した。しかし、第一次中東戦争の勃発でアラブ諸国は地中海条約から切り離され、トルコ、ギリシャ、イタリアはイギリスとアメリカを巻き込もうとしたが、結局失敗に終わった。みてきたようにトルコ政府は、ソ連に対抗する条約もしくは協商のためにはイギリスとアメリカという西側の大国の参加が不可欠と考えていた。この背景には、1930年代に中小国を中心としたバルカン協定がイタリアやドイツの侵攻を防げなかった過去の教訓があったと推察できる。

1948年3月には、西ヨーロッパにおける経済的、社会的及び文化的協力並びに集団的自衛のための条約、通称「ブリュッセル条約」がイギリス、フランス、ベルギー、ルクセンブルク、オランダの5カ国間で締結された。ブリュッセル条約の主要な目的はソ連の封じ込めではなく、ドイツの再軍備を防ぐことであったが、ブリュッセル条約の締結は、トルコやギリシャに同様の集団防衛機構の設立をより一層希求させた。バイドゥルとサダクはアメリカ政府高官に積極的な働きかけを行った。バイドゥルは5月11日に当時国務長官であったマーシャルと会談し、ブリュッセル条約の締結は、アメリカが西ヨーロッパの安全保障を中心に考えていることを明確にし、ソ連政府にトルコを攻撃してもアメリカから反撃を受けないという考えを想起させる可能性があると懸念を表明した。加えて、西側の一員としてソ連に対抗しようとしているトルコ国民のモラルの低下を招くことも付け加えた。このころから、次第にトルコは地中海条約の締結よりも、ブリュッセル条約をトルコ、ギリシャ、イランに拡大させることを提案するようになった。

トルコとギリシャの加盟議定書に署名するNATO原加盟国（1951年）（NATO提供）

一方、アメリカは1948年7月にブリュッセル条約加盟国にカナダを加えたメンバーで会談を行い、ブリュッセル条約とは異なる、仮想敵国をソ連とした大西洋の安全を保障する機構を構築することを表明した。この決定によって１９４９年４月に発足したのがＮＡＴＯであった。トルコはＮＡＴＯの原加盟国になることを希求したが、１９４８年12月16日に、アメリカ政府からトルコ大使館に、トルコはＮＡＴＯの原加盟国になることができないという趣旨の電報が届けられ、トルコの願いは退けられた。

しかし、１９５０年６月25日に勃発した朝鮮戦争が状況を変化させる。トルコは７月25日に４５００人からなる旅団を朝鮮半島に派兵することを発表した。トルコはこの派兵により、７０６名の死者、２１１１名の負傷者、１６８名の行方不明者、２１９名の捕虜を出したが、朝鮮戦争における貢献は確実にトルコのＮＡＴＯ加盟を前進させた。そして、１９５１年９月21日の北大西洋理事会（ＮＡＣ）でトルコはギリシャとともにＮＡＴＯへの加盟が承認された。そして、翌１９５２年２月18日に両国は正式にＮＡＴＯ加盟を果たした。

（今井宏平）

10

西ドイツのNATO加盟

★冷戦の軍事化★

1949年4月に北大西洋条約が署名されたとき、西ドイツという国はいまだ存在していなかった。すでに米英は、ソ連と協力しての全ドイツの4カ国管理をあきらめ、西側三国、英米仏の占領地域だけを国家として発足させるという決断を下していた。西ドイツの憲法にあたる基本法が、1949年5月23日に施行され、国家としての西ドイツは発足した。しかし、この国家は、まだ完全に占領下に置かれ、非武装化されていた。したがって、当時の西ドイツがNATOに加盟するということは、想像することすら難しかった。

西ドイツ国家の発足は、ドイツの力を利用することなく戦後ヨーロッパの復興は不可能である、という事実の承認でもあった。戦後ヨーロッパを復興させるためにアメリカがマーシャル・プランを構想したとき、ドイツがその一部となることは必然であった。ドイツを弱体化させ、痛めつけた状況に置いたままでは、戦間期ヨーロッパの二の舞になりかねなかった。しかし、同時にヨーロッパが平和に復興していくためには、ドイツがヨーロッパにとって再び脅威とならないことが必要であった。

このために考案されたのが、欧州統合という枠組みであった。

現在のEUにまでいたる欧州統合の原点には、国家とは違うレベルにガバナンスのしくみを置くことによって、ドイツの力をヨーロッパ全体の公益のために使えるようにする、という発想があった。そのための最初の試みが、1950年5月のシューマン・プランとそこから発展した欧州石炭鉄鋼共同体（ECSC）であった。これは西ドイツの石炭鉄鋼という産業上重要な資産を、超国家的な機構の下に置くことで、ヨーロッパ全体のために使おうという試みであった。

この欧州統合の動きが始まるや否や世界を襲った大波が、1950年6月に始まった朝鮮戦争であった。朝鮮戦争のショックはヨーロッパに波及し、南北に分断された朝鮮半島で起こったのと同様の戦争が、ヨーロッパにおいても起こるのではないかとの懸念が拡大した。朝鮮戦争を機にアメリカの世界戦略は、西ヨーロッパや日本の経済を復興させて西側陣営の一員とするということを超えて、これらの部分を軍事的にも強固な西側の一部とすると同時に、世界中で共産主義勢力の拡張に対抗していくことに変質していった。そのなかで、これまで経済復興にとどまっていた日独の占領政策も変更された。早期に主権回復をさせると同時に、アメリカの同盟内での再軍備が急がれるようになった。

日本再軍備の準備は、朝鮮半島に派遣された米軍の穴を埋めるために、警察予備隊の形で1950年8月に始まるが、西ドイツ再軍備も、ほぼ同時期に議論が始まった。日本の占領においてはアメリカが突出した存在であったため、日本の主権回復、再軍備は日米安全保障条約という枠組みにはめ込むことで、急速に行われた。しかし、西ドイツの場合は、西側3カ国がより平等な立場での占領であり、特に隣国フランスは、自らの気に入らない条件での対独政策に対する事実上の拒否権を持っていた。フランスを筆頭とするヨーロッパ諸国に脅威感を抱かせないため、立ち上がったばかりのECS

Cの「共同体」モデルが、西ドイツ再軍備にも適用されることになった。シューマン・プランから半年も経たない1950年10月24日、仏首相ルネ・プレヴァンが「プレヴァン・プラン」を発表し、超国家的な欧州軍の構想が動き出した。ECSCと同じ、ドイツ、フランス、イタリア、ベネルクス三国の計6カ国で、1952年5月27日に欧州防衛共同体（EDC）を設立するパリ条約が締結された。軍隊を持つ以上、西ドイツは外交・防衛に関する主権を取り戻すことが前提であり、このための「ドイツ条約」という主権回復条約とセットになっており、この条約もボンで署名された。

当初から、EDCの実現可能性については多くの疑問が呈されていた。軍事の専門家は概して懐疑的であったが、西ドイツを再軍備させるべしという圧力は強かった。戦争の記憶が生々しいうちに再出発するドイツ軍を、超国家的な多国籍枠組みのなかに封じ込める、という外交的要請が先に立ち、EDC構想は推し進められた。1950年10月には中国が朝鮮戦争に参戦し、戦況が厳しさを増していた。一刻も早くヨーロッパにおける防衛状況を改善する必要があり、そのことが外交交渉を後押ししたことは間違いない。米軍の勢力が朝鮮半島に割かれており、その穴を埋めるためにも西ドイツの再軍備は必要であった。

しかし、やがて朝鮮半島の戦況は膠着状態に陥り、1953年3月のスターリンの死を経て同年7月には休戦協定が締結された。この時期はまさにEDCを創設するパリ協定の批准手続きが各国で進んでいる時期であったが、緊張緩和につれて西ドイツ再軍備への切迫感もやや薄れ、結局EDCは1954年8月30日に仏国民議会に否決されたことにより、葬り去られることになった。今日にいたるまで、防衛問題は共同体化が最も困難な政策領域であり、50年代に一気に超国家的欧州軍を作るという構想自体に無理があったことは、今から振り返れば明らかである。

この過程を経て、ヨーロッパにおける西ドイツ再軍備も、日本と同様にアメリカの同盟のなかに入れることで対処する案が実現することになった。急ピッチで西ドイツの再軍備、主権回復、そしてNATO加盟を同時に実現するための外交交渉が行われ、1954年10月23日にパリ諸条約として署名された。これが各国での批准を経た後、1955年5月5日に発効し、西ドイツは主権を回復し、NATO加盟国となった。欧州統合の側面は、西欧同盟（WEU）に西ドイツが加盟し、そこで軍備管理を行うことで補完された。WEU加盟を決めた改正ブリュッセル条約への附属議定書において、西ドイツは領域内でABC（核・生物・化学）兵器を製造しないことを表明した。このように、西ドイツのNATO加盟は、東側との戦いのために防衛力を上げつつも、隣国にとって西ドイツが脅威にならないように、枠組みに工夫が凝らされていた。

西ドイツの主権回復とNATO加盟が実現するとすぐに、西欧6カ国は再び経済統合の設計図を作るために参集した。1957年3月に署名されたローマ条約は、欧州経済共同体（EEC）と欧州原子力共同体（EURATOM）の二つの共同体を設立した。欧州統合により防衛問題を解決しようとする試みは、この後もしばらくは残り、NATOの核抑止力案でもう一度共同体モデルが模索されることになった（第11章参照）。

（岩間陽子）

11

核共有とNPG

★同盟と拡大抑止★

ＮＡＴＯは、ヨーロッパ大陸における東側の脅威から同盟諸国を防衛するために作られた。そのＮＡＴＯにとって、冷戦期間中ずっと付きまとった問題は、対峙しているワルシャワ条約機構軍の方が、通常兵力においてははるかに優勢だということであった。兵力でも戦車の数でも、当初はＮＡＴＯがはるかに劣勢であり、この条件下で、どうやって領域防衛をするか、というのがＮＡＴＯの課題であった。

これに対して、１９５３年に登場する米アイゼンハワー政権が出した結論が、いわゆる「大量報復戦略」であった。ワルシャワ条約機構軍の大規模侵攻に対しては、ＮＡＴＯ側は戦争の早い段階で、核兵器を大量に投入して防衛する、という前提に立つことによって、戦争を抑止しようとする戦略であった。朝鮮戦争が休戦にいたり、軍隊も国家財政も「平時」に回帰させたいという強い機運がアメリカにあり、核兵器に頼ることで兵員と予算を節約したいという動機があった。

１９６１年までのアイゼンハワー政権期に、核兵器に関連する諸技術が大きく進歩した。当初の核兵器は、爆撃機に乗せて、目標の上空まで行って落とすタイプであった。しかし、60年代初頭には、核兵器を目標まで運ぶ「運搬手段」が激増した。戦闘機、火砲などに加え、ミサイルの飛距離が伸び、これらに小型化された核弾頭搭載が可能になった。アイゼンハワー政権は、ヨーロッパとアジアの前線に、開発されたばかりの防衛用の戦術核を次々と配備していった。60年代に核兵器は、大きく二つのグループに分けられるようになった。「戦略核」と「非戦略核」(戦術核ともいう)である。戦略核とは、敵の中枢に届くことができる核であり、60年代末には、従来の長距離爆撃機に加えて、潜水艦発射の弾道ミサイル(SLBM)と、大陸間弾道弾(ICBM)が主要な運搬手段になった。これに対して「非戦略核(戦術核)」は、自国領域に迫る敵に対して、相対的に近距離で領域防衛用に使うものであった。

「核共有」の話が出始めるのは、1957年10月4日のスプートニク・ショックが直接のきっかけである。ソ連が人類初の人工衛星を飛ばせてみせたこの日は、人工衛星時代、そしてICBM時代の幕開けであった。それまで戦場から遠く離れていたアメリカ本土が、ソ連のICBMの射程内に入ったということであり、これによりNATOの核抑止に対する信頼が動揺した。アメリカ本土がICBMの射程内に入ったということは、西欧防衛のためにNATOが戦術核を使用すれば、アメリカ本土へのソ連のICBMによる核報復の可能性が出てきたということであった。アメリカは、自国が核攻撃を受ける危険を冒してまで、西欧防衛のために核を使うのか。スプートニクが突きつけたのは、この疑問であった。

すでに前年のスエズ危機で、アメリカに対する不信感を強めていたフランスは、ここから独自核開発の道を進みはじめた。これに対してイギリスは、数年かけて英米間の特別な核の関係を築いた。イギリスは、アメリカとの緊密な協力のもとに原子力潜水艦を建造し、それに搭載するポラリス・ミサイルもアメリカから入手し、最終的にポラリスに乗せる核弾頭のみを自国で開発した。こうして英仏は、外交的には違う枠組みながら、独自核を手に入れた。

このような事態を受けて、さらに多くの諸国が核兵器入手に走るのではないか、という懸念がNATO内でも広く持たれた。そのためには、NATOの核抑止への信頼性を回復させる必要性があった。このためにいくつかの方法が模索された。一つは戦術核に関して、戦時に遅滞なく使えるように、ヨーロッパ正面にあらかじめ「備蓄」しておく必要が主張され、そのためNATOの核備蓄制度が始められた。これはアメリカの戦術核兵器を前方に備蓄しておくものであったが、これを、戦時には同盟国も使えるようにしようという試みが始まった。

アメリカの核兵器は米国原子力法により、平時は他国に管理を移譲することは許されない。しかし、戦時になれば別であるという理解のもと、平時は同盟国がミサイルや戦闘機などの運搬手段を保持して、ダミーの弾頭で訓練し、戦時になれば米軍の核兵器を供与されて使用する、という制度が50年代後半に始まった。これが今「核共有」と呼ばれているものの起源である。ただし、当時はそのようには呼ばれていなかった。当時は、「NATO核備蓄」と呼ばれていた。

これとは別に「戦略核」を、ヨーロッパの同盟国で共有しようという案が持ち上がった。アメリカの核が信頼できないならば、核保有国が増えるよりは、NATOの複数国で共同の核抑止力を保有する方がよい、という案であった。西ドイツ再軍備の際の欧州防衛共同体（EDC）案を彷彿（ほうふつ）とさせるが、これが多角的核戦力（MLF）と呼ばれる案になり、60年代後半までNATO諸国の間で交渉が続いた。当初案は、複数国で共同運用される潜水艦にポラリス・ミサイルを搭載するものであった。その後、様々な案が出された。

結局ＭＬＦは実現することなく、ＮＡＴＯはモノとしての核兵器を共有するのではなく、核に関する情報を共有することに解決案を見出した。これが核計画グループ（ＮＰＧ）であり、準備段階を経て、１９６６年12月に発足した。ＮＰＧの発足とＭＬＦの断念は、核不拡散協定（ＮＰＴ）の交渉と密接に関連していた。キューバ危機を経て、米ソ間には核戦争を避けること、核保有国が増えないことは、共通の利益であるとの認識が強まった。特に西ドイツが核保有国にならないことは、ソ連や複数のワルシャワ条約機構諸国にとって強い関心事であった。このため、ＮＰＴ交渉においては、既存のＮＡＴＯの核制度は容認するが、共同の形であっても、核保有国が増えるような新たな制度は導入しない、核保有国はこれ以上増やさない、ということで米ソ間に了解が取りつけられた。

結果としてＮＡＴＯには、情報を共有するＮＰＧと、戦術核をヨーロッパの前線に備蓄しておき、戦時になったらそれを同盟国に使用させる核備蓄制度が残った。後者が今日ＮＡＴＯの「核共有」として知られている制度である。冷戦期に多数あった運搬手段は、冷戦後は戦闘機のみに減少され、弾頭はＢ61のみになった。２０２２年現在、約１００発のＢ61が、欧州６カ所の基地に備蓄されていると推定されている。実際にそれを搭載する戦闘機を運用しているのは、ドイツ、イタリア、オランダ、ベルギーの４カ国であり、トルコは弾頭を保管する基地を提供している。

（岩間陽子）

12

フランスの「偉大さ」を求めたドゴール外交

★「演出された自立」★

第五共和制の創立者シャルル・ドゴールの外交の真骨頂はしばしば自立外交と称され、その象徴がフランスのNATO軍事機構からの脱退だ。そしてこの自立外交を支えた理念は「フランスの偉大さ」の復権だった。それは大戦前のフランスの対独宥和政策の失敗や米英への従属を強いられた戦中・戦後第四共和制の追随外交に対する自らの苦い経験から来たものだった。

それは第五共和制が発足直後の1958年9月、ドゴールがアイゼンハワー米大統領とマクミラン英首相に宛てた書簡に明らかだった。この書簡でドゴールは、NATOの組織改革と活動範囲の拡大を要請した。つまり、NATOの運営は米英の独占ではなく、フランスを加えた米英仏三頭管理体制によって行われるべきこと、またNATOの防衛範囲をフランスの影響圏であるアフリカを含む地域にまで拡大することをドゴールは訴えたのである。ドゴールの真意はフランスが西側の大国の一角を担うことにあった。

しかしアイゼンハワーはドゴールの要望を拒絶した。ドゴールの望むようなNATOのあり方をアメリカは望まなかったからである。そうしたなかでドゴールは1959年1月末に、フランスの防衛委員会が仏地中海艦隊の指揮権を取り戻すことを決定し、核兵器管理については、米英仏三国による常設核管理グループの設立を提案した。

結局、ドゴールは１９６６年２月21日、フランスのＮＡＴＯ軍事機構からの離脱を発表した。その内容は、①ＮＡＴＯにおける多国間軍事協力協定と米軍駐留協定の破棄、②代替措置としての仏軍の西ドイツ駐留協定など加盟各国との個別の二国間協力協定締結、③フランスのロカンクールにある欧州連合軍最高司令部（ＳＨＡＰＥ）とフォンテンブローの中部欧州連合軍司令部（ＡＦＣＥＮＴ）に配備した軍隊の完全撤退（ＳＨＡＰＥはその後ベルギーのモンス近郊のシャストーに、ＡＦＣＥＮＴはオランダに移動）、④軍事委員会と常設グループへの不参加であった。

しかし、この一連の措置は指揮権をめぐるフランスの完全主権の回復が目的なのであって、ＮＡＴＯへの協力を否定したことを意味したわけではなかった。よく誤解されるのだが、その後もフランスは依然としてＮＡＴＯの一員であることに変わりはなかった。フランスの真意はそのＮＡＴＯ軍事機構からの離脱であって、大西洋同盟そのものを否定したわけではなかった。したがってその後も、フランスはＮＡＴＯとの共同軍事行動に参加した。しかし参加の決定はあくまでもフ

1960年にパリ近郊（ポルト・ドーフィヌ）に完成したNATO本部（NATO提供）

ランス自身の意思によるものであって、米英の決定に自動的に従うのではないという点がポイントであった。

離脱の発表に先立って、ドゴールはすでにフランスの地中海艦隊をNATO大西洋連合軍司令部から引き揚げさせ、またアルジェリアから引き揚げてきたフランス軍師団をNATO連合軍司令部に復帰させなかった。仏北大西洋艦隊はNATO大西洋常設艦隊司令部から撤収しており、大西洋連合軍司令部から仏将校は引き揚げていた。その代替措置としてフランスはより対等な関係構築のための米仏軍事条約締結を提案していた。ドゴールはNATOの枠ではなく、米・西独・伊各国との二国間条約の集積としての集団防衛体制を思い描いていた。

NATO軍事機構からの離脱に際して、仏外務省は、その理由として①NATO成立当時の東西軍事衝突の脅威はすでになくなっていること、②西欧各国は復興していること、③アメリカが核戦力を独占する時代は去り、ソ連の核戦力との間で均衡がみられること、④ヨーロッパはもはや国際対立の焦点ではなくなっているという見方を明らかにしていた。

ドゴールの決定に対して同盟各国のうち最も激しく反発したのはイギリスとオランダであった。イタリアはNATOと親米姿勢の維持を確認したが、フランスと対立することは避けようとした。西ドイツではドゴールの決定は驚きをもって迎えられた。他方でカナダ・ポルトガル・ノルウェーは慎重な姿勢を示していた。ジョンソン米大統領は、ドゴールの離脱記者会見の翌々日、「フランス領土に連合軍が駐留することがフランスの主権侵害になるとは驚きだ」と語り、反発をあらわにした。

ドゴールの決定の結果、1年以内にアメリカ・カナダはフランス国内の30基地から撤退、両国軍兵士2万7000人とその他3万7000人が西ドイツとベネルクス諸国に移動した。1966年10月初め、フランスはワシントンに本部がある軍事委員会常駐代表を引き揚げた。NATO国防大学もパリからローマに移転し、欧州連合軍最高司令部（SHAPE）と中部欧州連合軍司令部（AFCENT）も前述のようにフランスから撤退、移転した。

しかし結果的にフランスのNATO軍事機構からの脱退は、正しい意味でのフランスの自立を実現したわけではなかった。1967年8月にはアイユレ・フランス陸軍参謀総長とレームニッツア欧州連合軍最高司令官との間で協定が締結され（アイユレ＝レームニッツア協定）、戦時におけるフランス軍のNATOとの協力を定めたが、フランス軍の参加は自動的ではなく、フランス政府の決定によるものとするという条件つきであった。この立場は、1967年12月に発表された「アイユレ論文」のいわゆる「全方位戦略」として有名となった。それは自立核を支えにフランスの外交選択の「絶対的自由」を意図したものであった。しかし、ドゴールが「自立した核」をいくら主張してもアメリカの核抑止力には遠く及ばなかった。先制攻撃を仕掛けることはできても第二撃力、報復力は脆弱であった。「独自の核による自立」は「虚構」の論理だった。

筆者はドゴール外交を「演出された自立」と呼んでいる。というのは、NATO離脱以前の1961年に、米仏は核兵器技術に関する情報交換のための秘密協定を締結していた。さらに、1977年ヴァランタン＝ファバー（Valentin=Ferber）協定によるNATOとの協力、それ以外にも空軍の協力に関する諸協定などがあり、フランス軍が2009年に復帰したころにはフランスはNATO諸機構の80％に代表を送っており、欧州連合軍最高司令部には100人の将官が働いていた。フランスは上級政策決定機関にも参加していた（北大西洋理事会、経済委員会、政治委員会、防空警戒管制システム〔NADGE〕、広域通信システム、科学委員会など）。NATO諸機構とは別に、西ドイツやアメリカとの二国間の軍事演習も継続されていた。軍事機構を離脱した後も、フランスとNATO軍の連携は維持されていたのである。

しかしドゴールの強引な「自立外交」の論理の背景にはフランス人特有の行動規範が反映されていた。外交・防衛行動の自由の範囲をどれだけ確保するのか。それこそフランス人にとってはもっとも重要なことである。相対的ではあっても行動の自由をいかに確保していくのかという発想は、中級核保有国フランスの核戦略であると同時にフランス外交の核心にある発想であろう。しかしフランス独自の外交・防衛政策についてはすでに80年代から限界のあることは指摘されており、２００９年にはフランスはNATO軍事機構に復帰した。

（渡邊啓貴）

13

アルメル報告

★NATOの新たなバイブル★

２０１７年12月、アルメル報告50周年記念式典で、ストルテンベルグＮＡＴＯ事務総長は次のように述べた。「歴史的に重要であるだけでなく、現在の問題に直結している」。また、我が国のＮＡＴＯ研究の第一人者であった佐瀬昌盛も、「アルメル報告は、ＮＡＴＯ史上、超一級の重要文書となった。ポスト冷戦期になってからさえ回顧的に言及されることの多いこの報告」（佐瀬昌盛『ＮＡＴＯ』文春新書、１９９９年、97頁）と評している。アルメル報告とはいったい何だったのだろうか。

アルメル報告は、１９６６年から翌67年にかけて検討され、合意されたもので、もっぱら東側諸国の脅威に備える軍事同盟と性格づけられていたＮＡＴＯが、デタントによる軍事的緊張の緩和に直面してその存在意義を問われるなか、デタントの推進という政策目標をその任務に取り込むことで、空中分解の危機を乗り越えたものである。また、戦後外交史、冷戦史を研究する齋藤嘉臣の言葉を借りれば、「抑止とデタントの関係を補完的であると捉え、ＮＡＴＯにデタントを促進する役割を付与するものであった」（齋藤嘉臣『冷戦変容とイギリス外交』ミネルヴァ書房、２００６年、71頁）。

そもそもＮＡＴＯは一般に軍事同盟として認識されているが、設立当初から、その条文に表れているように、価値を共有する政治軍事的共同体としての基礎の上に構築された大西洋共同体であった。北大西洋条約第2条には、「締約国は、その自由な諸制度を強化することにより、これらの制度の基礎をなす原則の理解を促進することにより、並びに安定及び福祉の条件を助長することによって、平和的かつ友好的な国際関係の一層の発展に貢献する」と謳う。政治経済的協力を主眼とする国際機構の設立文書かと見紛う条文である。その後、冷戦の軍事的緊張の高まりによって、ＮＡＴＯはもっぱら軍事的抑止の態勢を強化していったが、デタントの到来によって状況は一変する。

デタントは、言葉通りの意味でいえば東西冷戦の緊張緩和なのだが、デタント研究の第一人者、スティーブンソンの定義によれば「その利益が極度に多様であるため本来的に協力が限定されている国家間の緊張の緩和過程」とされる（訳文は齋藤、前掲書7頁）。緊張が緩和に向かうダイナミズムこそ、そしてプロセスであることこそが、デタントの特質であるといえ、結果としてデタントへの対応には政治的に繊細なハンドリングが求められた。

タイミングがまた絶妙であった。デタントに向き合うこととなったＮＡＴＯは、１９６９年8月24日に、その設立条約である北大西洋条約の発効から20年を経過しようとしていた。同条約13条の規定では、発効から20年を経過すれば加盟国は通告から1年後に脱退できることになっていた。これが、各加盟国（の世論）にＮＡＴＯ加盟継続可否を問い直す政治的機会を提供することになった。そのようななか、対米自立を掲げるフランスのドゴール大統領は、１９６６年3月、近い将来のＮＡＴＯの解体的改革を求めつつ、当座のＮＡＴＯ統合軍事機構からの脱退を通告した。ＮＡＴＯは、条約上に明文の根拠こそなかったが、軍事的な必要から、平時より加盟各国の軍を一体的に運用できる統合軍事機構を整えていた。ドゴールはフランスを北大西洋条約の枠内にとどめつつ、フランス軍をNATOの統合軍事機構から離脱させたのである。ドゴールはまた、外国軍のフランス国内からの撤去も求めた。結果として当時フランスに置かれていたNATO中枢機関（本部事務局と最高司令部）は、隣国ベルギーに移転することとなった（第12章参照）。

ここで働いたのがベルギーの国内政治の文脈である。平和主義が高まっていた当時のベルギー世論は必ずしも諸手を挙げてNATO諸機関の移転を受け入れようとしていたわけではなかった。そこで、当時のベルギー外相ピエール・アルメルが呼びかけてまとめたのが、いわゆるアルメル報告であった。結果的にアルメル報告は、（そもそもの出発点に立ち返り）NATOを単なる軍事同盟ではなく東側諸国との対話の窓口としても位置づけることで、NATOが冷戦後に全欧的な視野を持つ安全保障機構となる基盤を築くこととなった。また、アルメル報告の正式名称は「同盟の将来課題についての研究」（傍点筆者）であって、「同盟の将来についての研究」ではない。いつの間にか同盟の存続は所与ののとされ、そのあり方について考えることになっていた。これはアルメルのマジックであった。

こうして、アルメル報告は、「NATO存続を確かなものとしつつ、ドゴールの対東欧接近ならびに西独ブラント外交（いわゆる東方政策）をNATOのミッションの中に取り込んだ」ものとなった（小林正英「安全保障政策」松尾他共編『現代ベルギー政治』ミネルヴァ書房、2017年、243頁）。外交か防衛かではなく、防衛あっての外交、外交あっての防衛というNATOのあり方を提示することに成功したのである。同時に、アルメルが冷戦の核心的問題と認識していたドイツ問題について、デタントの流れのなかで置き去りにされないように釘を差した。さらにその同時期に、米欧離間をもたらすと懸念された柔軟反応戦略を同盟として取り込むことにNATOは成功していた。アルメル報告作成過程でみられた、直面する課題の一括解決という政治手法は、こののち、ヨーロッパ・デタントの真骨頂ともいえる欧州安全保障協力会議（CSCE）交渉過程でも発揮されていくことになる。

NATOは危機を乗り越え、冷戦終焉後もヨーロッパの安全保障の基盤を提供することとなった。アルメル自身、アルメル報告を「NATOの新たなバイブル」と呼んだ。検討開始当初は、書かれるべき報告書を「ゴスペル（福音書）の改訂版」にたとえていたのだから、アルメル報告が、NATOにとって、単なるアップデートというよりは、抜本的な再構築をもたらすものとなったという自負が得られたのであろう。

（小林正英）

14

NATO「二重決定」

★抑止・防衛とデタントの追求★

1967年12月、NATO諸国は「大西洋同盟の将来の課題」と題する報告書（通称「アルメル報告」）を採択した。そこでは同盟の機能として、創設以来の「抑止・防衛」任務に、「デタント」任務を加えるという方針が掲げられ、両機能は相互補完的であるということが打ち出された。これ以降、「抑止・防衛」と「デタント」という二つの路線の追求がNATOの基本原則となった（第13章参照）。

こうしたなか1960年代末から1970年代半ばにかけてヨーロッパで進展したのが東西デタントである。軍事安全保障面でも、米ソ間では戦略核兵器制限交渉（SALT）が進められ、またNATOとワルシャワ条約機構の間では、通常戦力削減に関する軍備管理交渉が始まった。また、アルバニアを除く東西ヨーロッパ諸国とアメリカ、カナダ、ソ連の計35カ国が参加する欧州安全保障協力会議（CSCE）も開催され、1975年8月の首脳会議ではその成果としてヘルシンキ最終議定書が採択された。

ヨーロッパのデタントが頂点を迎えた1970年半ば、ソ連は新型の戦域（中距離）核ミサイル「SS－20」の配備を開始した。これは弾頭数、即応性、残存性、命中精度の面で飛躍的に向上したミサイルで、既存の核戦力を近代化するために配備された。またその最大射程は５５００㎞で、西欧全域を射程に収める一方、アラスカを除くアメリカ本土には届かなかった。

ＳＳ－20は、西欧諸国にとっては自国が標的となりうる「戦略」的な意味を持ったが、米ソ交渉上の定義では「戦域」兵器であり、ＳＡＬＴなど既存の軍備管理交渉の対象外にあった。それにもかかわらずＮＡＴＯには、１９６０年代にヨーロッパからソ連に届く核ミサイルが撤去されて以来、同等の核戦力がなかった。また１９７０年代に入り、戦略核レベルでは米ソ間の「均衡（パリティ）」が達成され、両国はＳＡＬＴを通じてこれを維持し、「戦略的安定性」を模索した。

こうした戦略環境のなかＳＳ－20が登場したことで、ヨーロッパにおける戦域レベルでの不均衡が問題となった。西欧諸国では、アメリカの戦略核と西欧防衛が切り離される事態（「デカップリング」）への不安が高まり、ヨーロッパ冷戦の最前線に位置した西ドイツのシュミット首相を中心にアメリカに対応を求めた。アメリカの「核の傘」の信頼性が揺らいだのである。

一方、アメリカは当初、軍事的観点からＳＳ－20をそれほど深刻な問題ととらえていなかった。それゆえ、１９６７年にＮＡＴＯで採択された「柔軟反応戦略」のもと、戦略核、戦域核、そして通常戦力というＮＡＴＯ「三本柱」によって十分な抑止力は維持されていると繰り返し主張し、西欧諸国を安心させようとした。しかし、言葉による安心供与ではその不安は鎮まらず、この問題は米欧間に暗い影を落とし始めた。

アメリカとしても西欧における信頼性の低下を放置することができず、１９７７年秋ごろから同盟内での協議を開始した。協議は二国間、多国間、様々なレベルで行われたが、NATOレベルでは、1977年秋に戦域核の近代化を議論するための「ハイレベル・グループ（HLG）」が「核計画グループ（NPG）」内に設置され、また1979年春には軍備管理のあり方を議論するための「特別グループ（SG）」が設置され、より専門的・技術的な議論・提言がなされた。

図　ソ連のSS–20およびNATOのパーシングII、GLCMの射程地図
出所：NATO Information Service, *NATO and the Warsaw Pact: Force Comparisons*, 1984, p.37.

約2年の協議を経て1979年12月のNATO外相・国防相級特別会合において採択されたのが二つの方針である。第一は、アメリカが新型の中距離弾道ミサイル「パーシングII」108基を、射程の短い既存の「パーシングIA」同数と置き換えるとともに、464基の地上発射型巡航ミサイル（GLCM）を西ドイツ、イギリス、イタリア、ベルギー、オランダの在欧米軍に配備するという方針（「戦域核の近代化」）である。そして第二が、戦域核を制限するための交渉をアメリカがソ連に呼びかけることをNATOとして支持するという方針（「戦域核の軍備管理交渉」）であり、この交渉が不首尾に終われば、1

スミソニアン国立航空宇宙博物館に展示されているSS–20とパーシングⅡ（筆者撮影）

９８３年末までに上記の新型ＩＮＦ（中距離核戦力）配備を進めるという立場をとった。

このＮＡＴＯ「二重決定」は、ソ連のＳＳ－20への対抗と同時に、この決定にいたる過程で西欧で盛り上がった反核・平和運動への対応という二つの矛盾する課題に対処するために編み出されたものだった。それゆえ特別会合では同時に、ヨーロッパに配備されたアメリカの核弾頭１０００発を早期に削減することも決まった。つまり、核への依存を量的に下げていることを世論に示しつつ、近代化を通じて対ソ抑止力を質的に強化していくことが示されたのである。また「二重決定」は、アルメル報告で確認された二つの路線を同時に追求するという原則を踏襲するものだった。デタントが進展し始めるなかで採択された方針が、デタントが崩壊し始め、新冷戦の様相を帯びる時期に「二重決定」を通して改めて内外に示されたのである。

その後、アメリカはこの決定に従い、ソ連との間で１９８１年11月から戦域核を対象とするＩＮＦ交渉を開始した。しかし、規制対象とする兵器体系や地理的範囲、削減数などをめぐって両国は対立し、交渉はすぐに停滞した。１９８３年に入ると、アメリカの「戦略防衛構想（ＳＤＩ）」発表、ソ連による大韓航空機撃墜、ＮＡＴＯ核軍事演習「エイブル・アーチャー」など、米ソの軍事的緊張を高める出来事が相次ぐなか、交渉も暗礁に乗り上げた。この間、ソ連は核増強を着実に進める一方、西欧各地では核戦争が起こるのではないかという不安から大規模な反核・平和運動が繰り広げられ、新型ＩＮＦの配備も危ぶまれた。

それでもアメリカは１９８３年秋、ＮＡＴＯ諸国とともに「二重決定」を履行する決意を改めて示し、新型ＩＮＦの配備を開始した。ソ連は猛反発し、交渉は無期限停止にいったん追い込まれたが、その後１９８５年３月に米ソ交渉は再開され、紆余曲折を経て１９８７年12月に中距離核戦力全廃条約（ＩＮＦ条約）が調印されるにいたった。これにより射程５００～５５００㎞の地上発射型中距離ミサイルおよび発射台の生産、保有、飛行実験が禁止されることになり、米ソは１９９１年５月までにすべてのミサイルと関連資材を廃棄し、２００１年には最終的な条約履行が確認された。

東西対立の最中に米ソが特定の核兵器システムの全廃を実現したことは、それまでの軍備管理・軍縮の歴史を振り返れば画期的だった。またこの条約は冷戦終結の呼び水となったことで「冷戦終結の象徴」としても記憶されてきた。しかし２０１９年２月、アメリカはロシアの条約違反や中国の中距離ミサイル増強を理由にＩＮＦ条約からの離脱を通告し、同条約は２０１９年８月に失効した。「ポストＩＮＦ」の時代に移行するなか、いま改めて同条約の起源ともいえる「二重決定」に注目が集まっている。

（合六　強）

15

スペインのNATO加盟

★民主化推進のための加盟★

第二次世界大戦後の１９４９年にＮＡＴＯが結成された当初、フランコ独裁下のスペインは加盟できなかった。一方イギリスと関係が深く、大西洋にアゾレス諸島という軍事戦略上の要衝を有し、ヨーロッパのなかで最もアメリカ大陸に近いポルトガルは、同じような独裁下でも原加盟国となった。

その後イギリスの地中海・中東への関与が薄れるなか、中東との間に兵站(たん)基地を欲するアメリカは、反共政策をとるスペインの地政学的重要性を主張し、１９５３年米西協定を締結した。基地の使用権の対価としてスペインへ軍事・経済援助が供与されるが、同協定には核兵器搭載機の飛行、核兵器を搭載した戦艦・潜水艦の出入りに関する規定はなかった。つまりアメリカにとって、同意なしに核兵器を持ち込めるスペインの基地は、利便性が高かった。

１９７０年代、南欧諸国の民主化が進み不安定要因が増大するにつれ、アメリカはヨーロッパ・地中海の中立化を懸念した。イタリア共産党は勢力を増大させていた。１９７４年にはギリシャとトルコが絡むキプロスでクーデターが起こり、軍事政権が崩壊し民主化したギリシャはＮＡＴＯ軍事機構より脱退した

(80年復帰)。同年ポルトガルでも、左派の軍人たちが中心となった革命により、独裁が倒された。アメリカは、社会党・共産党も参加した臨時政府がＮＡＴＯの核計画グループに参加することによる、ソ連への情報漏洩を懸念した。

一方、欧米が東側諸国からの脅威を念頭に置いたのに対し、アフリカ大陸にセウタ・メリーリャという飛び地を有しモロッコと国境を接するスペインは、南からの脅威、すなわち地中海・アフリカ大陸からの脅威を主張した。末期のフランコ政権は、反米・反駐留米軍という国内世論をふりかざし、アメリカに対して、ＮＡＴＯとスペインとの連携強化、スペイン軍の近代化、駐留米軍の削減を要求した。フランコ政権の非民主性を理由に加盟に反対する西欧の国もあったが、アメリカは基地へのアクセス権を確実にすべく、スペインで反米的な左派政権が樹立する前に加盟させようとした。

１９７５年にフランコが死去して、フアン・カルロス１世が国王に即位した。フランコ政権末期の国際的孤立から脱する政策については、スペインの与野党間で意見の一致をみた。しかし、与野党はＮＡＴＯ加盟などの外交・軍事問題の議論を、内政が安定するまで棚上げした。

１９７６年には、米西協定は格上げされ、米西条約として署名された。核兵器・核材料などの持ち込みは禁止されたが、中東紛争のような場合、米軍がスペインの基地・施設の使用権を有するか否かはあいまいなままにされ、スペインが攻撃された場合の米軍の出動は規定されなかった。つまり、この条約は、ＮＡＴＯ加盟国間のような相互防衛条約以下のものであった。

一方この時期の国内外の情勢が、スペインのＮＡＴＯ加盟に拍車をかけた。ヨーロッパでは、ソ連がミサイルを配備した、いわゆるユーロミサイル危機の時期であった。１９８１年スペインでは、軍

1982年の選挙でNATO加盟反対と国民投票を訴えるPSOEのポスター（上）と、1986年の国民投票でNATO残留に賛成を求めるポスター（下）

の一部が議会を占領し、首相を含む閣僚を人質にとるクーデターが起きた。翌年5月、中道右派の民主中道連合（UCD）政権により、軍事機構を除くNATOへの加盟がなされた。つまり、スペインの民主主義、法の支配を支援するものとしてNATOが期待されたのである。

野党の社会労働党（PSOE）は、対外政策についてはイデオロギー色の強い視点を持ち、伝統的な中立政策、自主独立外交の必要性という観点から、NATO加盟に反対していた。スペイン国内では当時、加盟に対する議論はイデオロギー論争とされ、加盟に反対するのが左派と思われていた。

しかし、PSOEのゴンサレスは、NATOひいてはアメリカとの友好関係の重要性に気づき始めていた。そのため1982年の選挙戦では、NATO自体を否定せず、「軍事機構への参加阻止」、「加盟の是非を問う国民投票実施」を掲げた。こうしてPSOEは、10月総選挙で勝利した。

首相となったゴンサレスは、欧州共同体（EC）加盟のためにはNATO脱退はありえないことを悟っていた。EC加盟後の1986年3月、「NATO軍事機構不参加、駐留米軍の段階的削減、スペインでの非核を条件とするNATO残留に賛成か」という国民投票により、賛成約53%、反対約40

％（投票率約60％）で残留を決定した。ＮＡＴＯ残留こそが悲願の欧州回帰を担保するというイメージ戦略で国内の世論をまとめ、危機は一転して国内外に政治手腕をアピールする機会になった。

ＮＡＴＯ諸国にとってスペインの加盟とは、同国の民主主義と法の支配を支援して地域の安定に寄与するものだったのに対し、スペインにとってのＮＡＴＯ加盟の意味は若干異なる。第一に、フランコ時代のアメリカとの片務的な関係を解消し、軍の近代化を可能にするものであった。第二に、ＥＣ加盟の梃子となるものであった。ゴンサレス首相は、進展しないＥＣ加盟交渉を前に、加盟が認められなければ国民投票でＮＡＴＯ残留が否決される危機感をあおり、加盟国からＥＣ加盟への支持を獲得しようとした。第三に、民間企業にとってのメリットである。スペインでは民主化後、大規模な軍事近代化計画を基礎として、軍産複合体が急成長した。１９８４年には、世界12位の兵器製造国となり、６万人の雇用を創出した。そして何より、スペイン内戦（１９３６～39年）およびフランコ独裁期（１９３９～75年）、スペイン軍にとっての仮想敵は国内に存在したが、ＮＡＴＯ加盟は軍の視点を海外に向けさせ、軍の役割を国際化して軍のプライド維持を可能にするものだった。

（細田晴子）

コラム2

核共有の現代における課題

岩間陽子

核共有は冷戦期にルーツを持つ制度であり、現在では冷戦期に比べるとごく小規模でのみ存続している。1970年代の最も多い時期で、ヨーロッパに配備されていたアメリカの核兵器は7000発を超えていたと推定されている。それが、現在では100発程度といわれている。劇的な減少は、もちろん冷戦終結後に起こったが、ゆっくりとした減少はすでに70年代中盤から始まっていた。

冷戦期NATOのジレンマは、ワルシャワ条約機構軍の圧倒的と考えられていた通常兵力に対して、どのようにして領域防衛をするかという点であった。このためにNATOは核抑止に頼ったのだが、軍事的合理性だけでは説明しきれない様々な力学により、アイゼンハワー政権時代にアメリカの核戦力は必要をはるかに超え

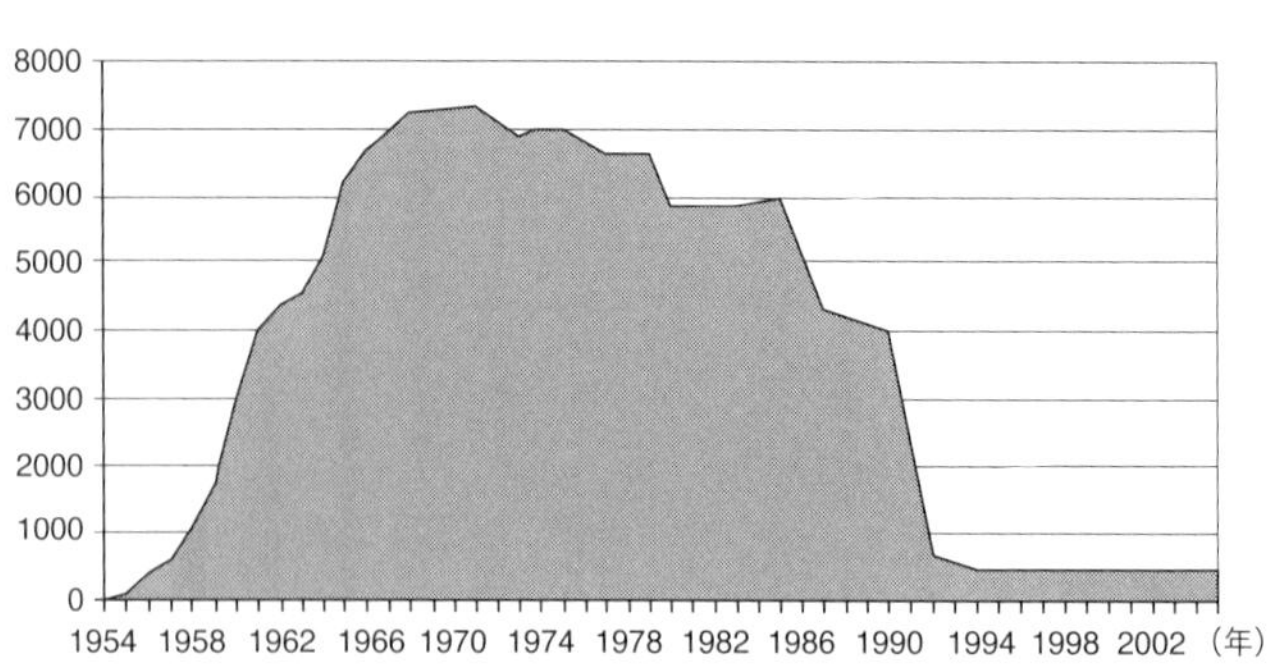

図　ヨーロッパにあったアメリカの核兵器の数（1954～2005年）
出所：Kristensen, https://fas.org/wp-content/uploads/2019/11/Brief2019_EuroNukes_CACNP_.pdf

て膨張した。

ケネディ政権以降、アメリカは偶発的核戦争をどうやって防ぐか、ということに精力を注ぐようになった。ワシントンがコントロールできない形で核戦争が始まることを歴代米政権は恐れ、在欧戦術核を減らす試みが続いた。ヨーロッパ各国国内世論は次第に激しく反核になり、核兵器を配備しておくことは政治外交的にも負担であった。

しかし、核削減は思うようには進まなかった。それは一つには、同盟国関係があった。多くのヨーロッパの国にとって、自国領内にある核兵器は、究極の場合にアメリカが核兵器を使ってでも自国を守ってくれることの目に見えるシンボルであった。ＮＡＴＯが「核の同盟」であり、同盟諸国がそのための平等なパートナーであることのシンボルが、核共有という仕組みであった。そのため、核兵器を減らすことは、同盟国間の政治外交関係に影響する問題となった。もう一つの要因は、「柔軟反応戦略」採択後もヨーロッパ諸国が通常兵力増強を渋ったことであり、そのため核抑止への依存から脱却できなかった。

現在ある「核共有」では、ヨーロッパ側が核・通常弾頭の双方が装塡可能な航空機（ＤＣＡ）を運用する。米軍のＢ61核弾頭が同盟国内の軍事基地にあり、これは平時は米軍が管理している。有事になり、ＮＡＴＯとして核使用の決定があってはじめて、核弾頭が同盟国に供与される。軍事的にこれが本当に有用なアセットなのかは、議論の余地がある。アメリカの潜水艦搭載核で抑止は十分担保されている、という主張は、１９７９年のＮＡＴＯ二重決定にいたる過程でも聞かれた。現在もおそらく状況は同じであろう。

それでもＮＡＴＯは核共有をやめなかった。大幅に減少しても、モノとしての核兵器が領内に存在することで、自国民を安心させ、敵国に対してメッセージを送り、周辺同盟国とも安心感を共有することを期待したのだろうか。核にまつわる強烈なイメージは、このような心理的作用をともなうのかもしれない。ドイツでは2000年代に入り何度も核共有からの脱退が議論されたが、ポーランドなど周辺諸国への影響を考慮して、実現してこなかった。

ロシア・ウクライナ戦争が起こってしまった今、NATOもまた抑止力の再考を迫られている。ただ、そこではおそらく冷戦時代への逆戻りはないであろう。冷戦時代のNATOは明らかに過度に核抑止力に依存していた。今後対ロ、あるいはそれ以外の脅威への抑止力の再建を考えるとき、それは2022年6月のマドリード首脳会議の宣言でもふれられたように、核戦力、通常兵力、そしてミサイル防衛の組み合わせのバランスとして考えられるだろう。

冷戦期NATOは、通常兵力増強を避け続けたため、核抑止力依存から脱却できなかった。その依存状態への逆戻りを避けるためには、様々な能力の総体としての抑止力を再構築する努力が必要であり、核に安易な解決策を求めることではないだろう。バランスのとれた抑止力の再構築を進めていく過程で、核共有という独特の制度もまた再考されていくだろう。

III

冷戦の終焉

16

新しい安全保障環境とNATO

★機能変容のはじまり★

1989年11月の「ベルリンの壁」崩壊は、東西冷戦の終わりのはじまりであった。東欧の自由化がソ連の介入を受けることなく進展したことも、ブレジネフ・ドクトリン（社会主義の利益は国家主権より優先するという冷戦期のソ連の考え方）が過去のものとなったことを象徴していた。また、1990年にヨーロッパ分断の象徴であったドイツの統一が、戦勝四大国（米英ソ仏）との深刻な対立もなく迅速に進み、統一ドイツのNATO残留が認められて実質的にNATO拡大が実現したことも、冷戦からの訣別であった。さらに、ソ連が、懸念された大混乱を引き起こすこともなく1991年末に解体されたことは、冷戦的な対立の時代の終わりの象徴であった。こうしたことから、ヨーロッパはすぐに再び一つになるのではないかとの期待が膨らんだ。

1990年11月のヨーロッパ通常戦力条約（CFE）調印（1992年発効）は、こうした軍事的安全保障環境の変化を象徴していた。CFEはNATOとワルシャワ条約機構という二つのブロック間で、五つのカテゴリー（戦車、装甲戦闘車両、火砲、戦闘用航空機および攻撃ヘリコプター）を設け、それぞれのカテゴリー別に低いレベルで戦力を均衡させることを目的とした条約であった。もともとこの条約は、１９７３年に開始された中部欧州相互均衡兵力削減（ＭＢＦＲ）にその起源をたどることができる。この交渉は15年あまり続いたものの成果をあげることができず１９８９年に終了していた。その後、対象地域を中欧から全ヨーロッパに拡大して始められたのがＣＦＥであり、前者が15年も続いて成果がなかったのに対して、わずか1年あまりで調印された。まさに軍事的な国際環境の急激な変化を象徴する動きであった。

この画期的なＣＦＥは、その後、ワルシャワ条約機構解体、ソ連崩壊やＮＡＴＯ拡大のような国際環境のさらなる変化のために様々な更新作業が行われ、１９９９年の欧州安全保障協力機構（ＯＳＣＥ）首脳会議では条約のブロック間上限を廃止し、新たに国別上限を設定するＣＦＥ適合化条約が調印された。しかし西側はモルドバやジョージアにおけるロシア軍の撤収を求めたのに対して、ロシアはアメリカによるミサイル防衛の問題に反発し、結局、２０１５年にロシアが離脱を表明したことで効力を失った。

また、ＮＡＴＯは１９９０年7月に首脳会議を開催し、ワルシャワ条約加盟国をもはや敵とみなさないとの内容を含む「ロンドン宣言」を発表したうえで、戦略の見直しに着手した。やがて１９９１年11月、ローマで開催されたＮＡＴＯ首脳会議は、ＮＡＴＯの新しい「戦略概念」（以下、戦略概念１９９１）を発表した。これは冷戦期から数えると5回目の戦略概念であったが、機密文書とされていた冷戦期とは異なり、広報外交の一環として最初から公開を前提とした文書であった。

戦略概念１９９１の大きな特徴は、従来通り東西戦略バランスの均衡に注意を払うとしつつも、

NATO 本部前にあるベルリンの壁の一部（冨永麻美撮影）

「ヨーロッパ正面での大規模全面攻撃の脅威はほぼ消失した」との認識を示したうえで、「中・東欧諸国が直面する深刻な経済・社会問題や、民族対立・領土紛争などを含む政治問題からくる地域的不安定性」がもたらすリスクに備えるべきことを強調した点にあった。したがってNATOの役割も、加盟国領土に対する抑止と防衛（北大西洋条約第5条）に加えて、民主的制度に基づく安定的な安全保障環境の提供や危機管理、加盟国の安全が脅かされた際の協議フォーラムの提供ということがあげられていた。

これは新しい安全保障環境へのNATOの機能変容のはじまりであった。これにともないアメリカは、ヨーロッパ配備の通常戦力および核戦力の大幅な削減に着手した。NATOも従来の地域別の統合軍事機構から、コンパクトで即応性の高い戦力の構築と機能的な統合軍事機構への再編を推進した。そのうえで、NATOは、域外の非加盟国と対話・協力を行うための新しい枠組み「北大西洋協力理事会（NACC、1997年からは欧州大西洋パートナーシップ理事会〔EAPC〕）を設置した。この背景には、ソ連のくびきから解き放たれた中・東欧諸国が、「ヨーロッパへの復帰」を合い言葉に、いっせいにNATO加盟（やEU加盟）を求めはじめたことがあった。

もっともNATOは、民主化に向けて動き出していたロシアへの配慮から、NATO拡大には慎重であった。そのためNACCについても、拡大を念頭に置いた東側との対話枠組みというより、まずNATO加盟国と非加盟国との間の分断を緩和するとともに、平和維持活動へ非加盟国とともに参加するという側面があった。実際に1992年12月にNATO外相会議は、国連安保理の委任を受けて平和維持活動を実施する用意のあることを明らかにした。こうしたNACCの枠内で、特定の非加盟国とNATOとの二国間の協力プログラムとして提案されたのが「平和のためのパートナーシップ（PfP）」であった。つまり、PfPは必ずしもNATO加盟の前提条件という位置づけではなかったのである。PfPは1994年1月、ブリュッセルで開催されたNATO首脳会議において正式に承認された。

このように冷戦が終わりソ連という脅威が消失すると、NATOは機能変容を開始した。NATOの機能変容は、やがて1992年から勃発したボスニア紛争で実際に試され、成果をおさめ、定着していくことになる（第21章参照）。一方、中・東欧諸国は、PfPの個別性に注目し、軍事予算の透明性確保、軍の民主的統制、NATO軍との相互運用性確保のような加盟に必要な要件を満たすためにPfPプログラムを利用していくことになる。

（広瀬佳一）

17

ドイツ統一とNATO

★「東ドイツ方式」によるNATO拡大★

1990年10月3日に達成したドイツ統一の実態は、西ドイツ（ドイツ連邦共和国）による東ドイツ（ドイツ民主共和国）の吸収合併であった。東ドイツは当時の西ドイツ基本法第23条に沿って西ドイツに編入された。NATOとECの加盟国としての西ドイツの国際的地位は統一後も維持され、ワルシャワ条約機構と経済相互援助会議（コメコン）の加盟国であった東ドイツの国際的地位は解消された。

ただし、旧東ドイツ領域のNATO編入はドイツ人の自決権から派生した「同盟選択権」を根拠としたが、ドイツ最終規定条約により条件づけられた（1990年9月12日調印、91年3月15日発効）。同条約は、東西ドイツと第二次世界大戦の対独戦勝四カ国（アメリカ、ソ連、イギリス、フランス）による「2＋4（ツー・プラス・フォー）」交渉の結論を条文化したものである。条件の内容は、当時のノルウェーとNATOの関係――平時に大規模な外国軍を常駐させず核兵器も配備しない――と似ていたが、ソ連も参加した条約で規定した点でいわば「東ドイツ方式」とでも表現しうる特徴を持つことになった。

東西ドイツ両政府が「東ドイツ方式」を受容した背景には、

ソ連やヨーロッパ諸国の抱くドイツ大国化への懸念、第二次世界大戦でのドイツの敗戦、占領、国家分断という歴史的経緯に加え、ソ連軍が東ドイツに駐留しており（撤退完了は1994年）、ワルシャワ条約機構も残存していたという事情があった（同機構の活動停止は1991年3月、解散は同年7月）。

統一ドイツへの制約は旧東ドイツ領域でのNATOの活動に対するものだけではない。ドイツ最終規定条約は、戦勝四カ国が留保してきたドイツ全体とベルリンの地位変更に関する権限（「留保権」）を解消し、第二次世界大戦後のドイツの主権に課せられてきた制約を取り払った。しかし同条約は、ポーランドとの「オーデル・ナイセ線」をはじめとする東西ドイツと周辺国の国境維持を規定したため、西ドイツが建前としてきた1937年末の旧ドイツ領――東西ドイツにシュレジエンや東プロイセンなどの旧東部領土を含む――を「再統一」するという目標は放棄された。統一ドイツは大量破壊兵器の製造、保有、管理を禁じられ、旧東ドイツ駐留ソ連軍の撤退後、同領域に外国軍や核兵器とその運搬手段を駐留または「配備」（展開）させることも禁じられた。さらに、当時の欧州通常戦力（CFE）削減交渉に東西ドイツが自発的に報告する形式をとったが、統一ドイツの兵員数はCFE条約の発効後3～4年以内に37万人以下とすることも定められた。

もっとも、ドイツ最終規定条約には覚書が付されており、外国軍などの「配備」の意味は同条約調印国の利害に配慮してドイツ政府が判断するものとされた。また、同条約は旧西ドイツ領域とNATOとの関係を特に制限しておらず、アメリカが旧西ドイツに配備した核戦力や基地は維持された。このように形式的には制約つきのNATO編入でありながら、実質的には抜け道もある二面性が生じた主な理由は、ドイツ統一交渉での西側の姿勢が必ずしも一貫していなかったことに求められる。

ドイツ統一交渉でソ連は、ヨーロッパに集団安全保障体制を構築することと統一ドイツの安全保障上の性格形成を「同期化」するように求めた。欧州安全保障協力会議（ＣＳＣＥ）を基軸とした安全保障秩序を形成するため、ＮＡＴＯとワルシャワ条約機構の双方を変容させ、さらに統一ドイツがＮＡＴＯと距離を置くことを要求したのである。そして「同期化」の見通しが立つまで、東西ドイツの国内制度が統一されようとも留保権の解消を先送りする方針を示した。これは東ドイツ駐留ソ連軍の撤退を遅らせることを含意していた。

アメリカのベーカー国務長官や西ドイツのゲンシャー外相らは、ソ連を「２＋４」に参加させて統一ドイツのＮＡＴＯ帰属を容認してもらうため、ソ連に経済支援だけではなく安全保障上の譲歩も示すことが必要と考えた。１９９０年2月9日にベーカーがソ連のゴルバチョフ書記長と会談した際に行った、統一ドイツをＮＡＴＯに帰属させても「ＮＡＴＯ軍の管轄は１インチも東に拡大しない」との発言は安全保障上の対ソ譲歩論を象徴するものであった。

しかし、アメリカのブッシュ（父）大統領やスコウクロフト国家安全保障問題担当大統領補佐官らは、ソ連が東欧で武力行使する力を失いつつあると判断しており、吸収合併型のドイツ統一を早期に実現して冷戦勝利を確実にすることを目指していた。彼らはソ連に譲歩しすぎればドイツの中立化と統一との取引を招きかねず、アメリカが西ドイツに配備した核兵器の撤去や基地の撤退を迫られたりＮＡＴＯの行動を制約されたりしかねないと警戒した。ブッシュは１９９０年2月末の米独首脳会談で西側による冷戦勝利を強調し、西ドイツのコール首相だけでなく同席したベーカー国務長官にも対ソ譲歩の抑制を求めた。ブッシュは１９８９年12月のマルタ米ソ首脳会談でも冷戦終結の共同宣言を避けるなど、ヨーロッパ秩序再編に関するソ連の影響力を制約しようとしていた。

当時のソ連は東欧民主化に直面し、国内でも市場経済化や連邦制改革に関する対立を抱えており、ドイツ統一交渉で「同期化」の主張を貫けなかった。１９９０年7月の独ソ首脳会談において、コールは東ドイツ駐留ソ連軍の撤退費用等の名目で対ソ経済支援を約束し、金額を追って協議する方針を示した。ゴルバチョフはドイツ人が「同盟選択権」を持つことを認めて東ドイツ領域のＮＡＴＯ編入を容認した。これでドイツ統一交渉は山場を越えた。

ただし、冷戦勝利を確実にするというブッシュの目標は先送りされた。１９９０年8月に勃発したペルシャ湾岸危機に対応するため、ブッシュは米ソ連携を呼びかけ、対ソ経済支援を各国に促したからである。統一ドイツが提供する対ソ経済支援の金額交渉もソ連に有利な形で展開した。こうして「２＋４」交渉は１９９０年9月に妥結し、10月にドイツ統一が実現した。同年11月に開催されたＣＳＣＥパリ首脳会議はヨーロッパでの冷戦対立の終結を確認し（「パリ憲章」）、直前に行われたＣＦＥ条約調印式が冷戦終結に具体性を与えた。ソ連は辛うじて面子を保ったはずであった。

しかし、ゴルバチョフはソ連の国内情勢を制御できず、１９９１年末にソ連は崩壊した。ソ連崩壊後のロシアの政情不安や旧ユーゴスラビア紛争の長期化などによって、東欧諸国はＮＡＴＯ加盟を強く望むようになった。反発したロシアはドイツ統一交渉での西側による対ソ譲歩発言を強調してＮＡＴＯ拡大を牽制し、アメリカはドイツ最終規定条約にＮＡＴＯ拡大を禁じる文言はないと反論した。かくして今日にいたる米ロ対立の構図の一つが形成されていったのである。

（吉留公太）

18

ソ連解体と新たなNATOロシア関係

★共存から対立へ★

1980年代末より東欧の社会主義諸国の体制移行が進むなか、これらの国々に駐留していたソ連軍は相次いで撤退し、1991年7月にはワルシャワ条約機構も終焉を迎えた。ヨーロッパにおけるソ連の軍事プレゼンス退潮の流れのなか、NATOは東欧諸国のみならず、すでに国内の混乱が極まっていたソ連／ロシアとも協力関係を模索した。軍事・経済で疲弊し、米欧諸国からの支援が必要であった当時のロシアにとって、NATOとの協力はやむをえない選択であった。

1991年11月にはNATO加盟諸国とソ連・東欧諸国の協議体「北大西洋協力理事会（NACC）」が設置された。その第1回会合は、ソ連・ゴルバチョフ大統領の退陣が濃厚となっていた12月20日であった。1994年1月のNATO首脳会議で、ヨーロッパの非NATO諸国との安全保障協力を促進することを目指す「平和のためのパートナーシップ（PfP）」が提唱され、同年6月にはロシアもこれに参加した。

しかし、これに並行して中・東欧諸国で湧き上がっていたNATO本体の東方拡大論には、ロシアは当初から難色を示していた。自らを蚊帳の外に置くようなヨーロッパにおける安全保障体制の再構築が進むことをロシアは懸念した。また、当時すでに旧ソ連を構成していたバルト諸国が早期加盟に名乗りを上げていた。旧ソ連諸国へのＮＡＴＯ拡大は、ロシアの国家安全保障の根幹を揺るがすものと考えられていた。

米欧との協調路線を推進していたコズィレフからプリマコフに外相が交代したこと（１９９６年１月）は、ロシアの政策の転機となった。１９９７年３月のヘルシンキにおける米ロ首脳会談では、依然としてＮＡＴＯ拡大に対するロシアの頑なな抵抗が色濃かったが、その前後に続いたプリマコフとソラーナＮＡＴＯ事務総長の６回にわたる交渉を経て、両者は妥協点に達した。１９９７年５月に締結された「ＮＡＴＯロシア基本文書」がその成果である。この文書はＮＡＴＯ加盟国16カ国とロシア（16＋１）という形式で署名され、新規加盟国には戦術核を配備しないなど、新規加盟国の域内の軍備に一定の制約を課した。さらに16＋１の枠組みで「ＮＡＴＯロシア常設合同理事会（ＰＪＣ）」が設置された。これによって、ロシアはＮＡＴＯとの間に国家元首や閣僚レベルで協議・連絡の場を持つこととなった。また、交渉を通じて、当面の新規加盟はポーランド、チェコ、ハンガリーに限定され、バルト諸国は除外された。なお、このときＮＡＣＣも欧州大西洋パートナーシップ理事会（ＥＡＰＣ）に再編され、危機管理や平和支援活動を含む安全保障フォーラムとして、大使・閣僚・首脳など各レベルで定期的な会合が設けられた。

１９９９年３月に始まったＮＡＴＯによるユーゴ空爆は、一時的にＮＡＴＯロシア関係を冷却させた。しかし、１年もたたずに関係は正常化する。同年10月に対ロ関係を重視するロバートソンがＮＡＴＯ事務総長に就任したこと、また12月にはロシアでもエリツィンからプーチンへ政権交代があったことも、関係修復の要因であったと考えられる。

国家指導者になったばかりのプーチンは、前任者であるゴルバチョフやエリツィンよりも具体的に、対等なパートナーとしてロシアがNATOに加盟することをロバートソン事務総長やアメリカのブッシュ（子）大統領に向けて提唱した。まだ40代の若きロシア大統領は、NATO拡大問題について従来の強硬姿勢とは異なるアプローチを追求した。2001年の9・11事件（アメリカにおける同時多発テロ事件）によって、ロシアと米欧諸国が「テロとの戦い」で利害が一致したことも、その後のバルト諸国へのNATO拡大（2004年3月）を許す協調的環境を醸成した。

この時期、前述のPJCは「NATOロシア理事会（NRC）」に格上げされた（2002年5月）。ロシアはNATO加盟諸国と対等な立場でこの枠組みに参加し、コンセンサス方式による意思決定に関与することとなった。ロシアにとってこの改編は、まさにNATOとの対等なパートナーになることを目指したものであった。NRCが本格的に稼働していくなかで、それまで駐ベルギー大使が兼任していたNATO代表部のロシア常駐代表は専任のポストとなり、その最初の人事として国境管理部門のKGB将校であったトツキーが充てられた（2003年5月着任）。

2000年代のロシアは、石油・天然ガスの輸出による経済成長を背景に国力が回復し、対外・安全保障政策でも旧ソ連諸国との連携を中心に自陣営の再構築に努めた。その一方で、イラク戦争（2003年）や、ジョージアやウクライナで相次いだ「革命」による親米政権の誕生などで、アメリカとの亀裂を次第に深めていった。2007年2月、ミュンヘン安全保障政策会議で語気を強めてアメリカの一極主義を批判したプーチンに、かつてアメリカとの協調を唱えていた面影はなかった。批判の矛先はNATOにも向けられ、NATO拡大は「同盟の近代化にも、またヨーロッパにおける安全保障の確保にもつながらない」と彼は指摘した。

2008年8月のジョージアへの軍事侵攻によって、NRCは約10カ月にわたり機能停止となり、ロシアと米欧諸国の亀裂はさらに深まった。この時期、トッキーに代わりNATO常駐代表となったロゴージン（2008年1月着任）は、愛国主義的な言動で知られた政治家であり、持ち前の発信力を活かして歯に衣着せぬ対西側強硬論をブリュッセルで展開した。並行して、ロシアはいったん首相職に退いたプーチンに代わり大統領となったメドヴェージェフのもとで、独自の欧州安全保障構想を提唱した（2009年11月）。これは、NATOとの対等なパートナーシップという従来の政策を超え、欧州安全保障協力機構（OSCE）など既存の複数の安全保障の枠組みを発展的に解消させ、新しいしくみを作ろうとするものだった。しかし、米欧諸国はもはやこの提案に聞く耳を持たなかった。

冷戦後のNATOとロシアの関係は、機構の領域的拡大と、欧州安全保障のなかでのロシアの位置づけについての双方の思惑が錯綜するなかで展開した。2000年代初頭のプーチンのNATOに向けた柔軟姿勢は、ウクライナ侵攻が泥沼化する2020年代の視点からみると謎な点も多い。彼は結局のところ、機会主義的に政策決定をしていたということなのかもしれない。他方で、当時のプーチンの姿勢は、間欠泉的に起こるソ連／ロシアの対NATO協調路線の一環として現れたものでもあった。

（湯浅　剛）

19

EUのCFSP・CSDPのはじまりとNATO

★分業から協業へ★

欧州連合（EU）とは、2022年現在で27カ国が加盟するヨーロッパの国際機構ないし国際統合体である。第二次世界大戦後の仏独和解を中核とした欧州統合の試みであり、「たえずいっそう緊密化する連合（an Ever Closer Union）」（EUの前身の欧州経済共同体〔EEC〕を設立したローマ条約の文言）を掲げ、究極的には限りなく一体化することを目指している。このため、冷戦期には安全保障分野については基本的にNATOに依存していたが、冷戦後にEUとなると、対象の政策分野に安全保障政策をも含むこととなった。この、EUにおける外交・安全保障政策を共通外交・安全保障政策（CFSP）と呼ぶ。そのうちの防衛分野は共通安全保障・防衛政策（CSDP）と呼ばれる。

冷戦期のヨーロッパには興味深い分業体制があった。遠藤乾はそれを「EU－NATO－CE体制」とする。CEとは欧州評議会というEUともNATOともまったく別の機構である。NATOが基盤的安全保障環境を、CEが人権の保護や社会権、地方自治といった西欧的な社会のあり方の下支えを、それぞれ提供するなかで、EUにいたる欧州統合が経済問題に専念してきたという、異次元多層の分業体制が冷戦期ヨーロッパには存在したという指摘である。これが、冷戦終焉と時を同じくして揺さぶられることとなる。

そもそも冷戦期から、ヨーロッパ統合は安定的に経済問題に専念してきたわけではない。ヨーロッパ諸国独自の取り組みとして、NATOに先立つ1948年には、英仏ベネルクス（ベルギー、オランダ、ルクセンブルク）の5カ国で、のちに西欧同盟（WEU）となる集団防衛同盟が構築されているし、冷戦の軍事的緊張が高まった1950年には欧州石炭鉄鋼共同体（ECSC）に参加していた6カ国（仏独伊ベネルクス）の間で欧州防衛共同体（EDC）を設立する条約が署名された（発効せず）。さらに、1960年代にはフランスのドゴール大統領が主導したEEC6カ国（ECSC6カ国に同じ）による対米自立的な安全保障協力、フーシェ・プランも構想された（交渉成立せず）。1970年代以降は安全保障分野を除外した外交協力として欧州政治協力（EPC）がEC枠外で運営されていた。

冷戦終焉にともない、冷戦期を通じて熾火（おきび）のようにくすぶっていたヨーロッパ独自の安全保障の希求が、ついに前面に出てくる。冷戦終焉期、実際には1980年代から新冷戦の文脈のなかで、当初はNATO構築にともなって休眠状態になっていたWEUの再活性化を通じ、ヨーロッパ独自の安全保障枠組み確保が模索されはじめる。そして1993年のEU設立にともない、ついにEUの安全保障政策部門としてCFSPが設けられることとなったのである。たが、それ以後も、安全保障におけるヨーロッパの重層構造をつくりかえていく動きは漸進的なものであった。単なる対米関係の問題ではなく、EU加盟国のなかにも、EUとして独自の安全保障政策を展開することがNATOの結束を損なうことや、従来の分業体制の急激な変更を懸念する国もあったためである。

まず、当初のCFSPでは、軍事的安全保障政策は含まれないこととされていた。将来的には共同防衛（集団防衛と同義と考えられる）も視野に入れるとしつつ、実際の軍事的な活動には既存の別組織であるＷＥＵを用いるとしていた。ＥＵが直接に軍事活動を展開することは回避されていた。他方で１９９２年にドイツのベルリン近郊のペータースベルクで開催されたＷＥＵ閣僚理事会にて、ＷＥＵとして実施する任務内容が合意された。いわゆるペータースベルク任務である。列挙されていたのは、人道支援・捜索救難任務、平和維持活動、平和創造を含む危機管理における軍事的任務であった。

１９９９年のアムステルダム条約によって欧州連合条約が改定されると、前述のペータースベルク任務の内容を、ＥＵの任務として条約に書き込んだ。それらの任務は実際にはＥＵがＷＥＵを活用して実施することとされたので、実態としては「外部委託」ともいうべきものではあるが、軍事的安全保障政策がＥＵの政策カタログにリストアップされたのである。

このとき、同時に、ＷＥＵがＮＡＴＯの軍事組織を活用することも合意されていた。１９９６年にベルリンで開催されたＮＡＴＯの北大西洋理事会にて、ＷＥＵがＮＡＴＯの共同統合任務部隊（ＣＪＴＦ）コンセプトを活用して「分離可能だが分離していない」部隊を運用するとされた（ベルリン合意）。ＣＪＴＦとは、１９９４年にＮＡＴＯ内で合意された構想で、そもそも共産主義諸国の大規模軍事侵攻に総動員で対処することを想定していた態勢を、冷戦終焉にともなって変革し、周辺的な小規模の地域紛争にも対処すべく、統合軍事機構の部分稼働を可能にするものであった。その部分稼働がヨーロッパ諸国によるものであることも許容して、ヨーロッパ独自の軍事活動の要請に応えようとした一石二鳥の構想でもあった。ヨーロッパ独自の安全保障能力希求に、あくまでもＮＡＴＯの枠組みを維持しながら応じようとしたもので、こういった考え方は当時「ＮＡＴＯ内のＥＳＤＩ」（ＥＳＤＩとは、

European Security and Defence Identityで、ヨーロッパの安全保障・防衛上の主体性のこと）と呼ばれた。このトリックによってEUは独自の軍事活動を展開でき、NATOは競合しうる軍事主体の構築を抑制できた。

このEUとNATOの関係に1998年12月、転機が訪れる。英仏サンマロ合意である。この合意では、EUに「信頼できる能力に裏打ちされた自律的な行動」を求めていた。これまで、イギリスこそがEUの安全保障主体化にブレーキをかけてきたと考えられていたので、同国の転換はEU安全保障政策構築の突破口となった。EU－NATO関係もWEUを抜いた直接的なものとして結び直された（ベルリン・プラス合意）。これによって、EUは2000年以降、NATOアセットを借用した部隊展開とともに、独自の部隊展開の経験も重ねていった。

かくして冷戦期のくびきを外れ、発展を遂げてきたEUの安全保障政策であるが、2010年以降はEUとしての軍事展開は必ずしも活発ではない。まず、NATOアセットを借用して実施されたEU軍事展開は、いずれもNATOとしての展開をEU諸国が中心となって引き継ぐという、引き算のEU－NATO連携であった。さらに、EUは2004年に中・東欧と地中海10カ国を対象にした大規模拡大を実現したが、このときにEUに加盟したキプロスはNATO加盟国であるトルコと問題を抱えており、EUとNATOの関係には摩擦が生じた。また、2000年代中盤以降の大国間協調から大国間競争の時代への転換は、国連安保理の機能不全を生み、国連安全保障との親和性を重視するEU安全保障にも影響を及ぼしている。結果的に、そのころ以降EUは、軍事展開が低調化し、軍民融合型の任務展開や非戦闘的な海上部隊の展開が中心となって現在にいたっている。

（小林正英）

20

パートナーシップ

★待合室から相談室へ？★

ＮＡＴＯの「パートナー」として言及されるのは、平和のためのパートナーシップ（ＰｆＰ）諸国、地中海対話（ＭＤ）諸国、イスタンブール協力イニシアティブ（ＩＣＩ）諸国、グローバル・パートナー（Partners across the globe）諸国である。このほか、ＮＡＴＯの政治文書では、ＥＵも「ＮＡＴＯのユニークかつ主要なパートナー」として言及されることが一般的になりつつあるが、いわゆるＮＡＴＯのパートナーシップの枠組みとは少し意味合いが違うので、ここではふれない。

では、いわゆるＮＡＴＯのパートナーシップとはどのようなものか。ＮＡＴＯのパートナーシップ政策は、冷戦後に構築が開始され、２０１０年に整理された。したがって、２０１０年以前と以後で分けて考えることができるわけだが、同時に、２０１０年以前にあっても、ＮＡＴＯ拡大を視野に入れていると考えられるものと、そうではないものとに峻別できた。

ＮＡＴＯのパートナーシップの「元祖」ともいえるのが、ＰｆＰであるが、その母胎となったのが北大西洋協力理事会（ＮＡＣＣ）であった。ＮＡＣＣは、冷戦終焉にともない、冷戦期に激しく敵対したＮＡＴＯ加盟国とワルシャワ条約機構加盟国が一堂に会する対話や協議のフォーラムとして構築された枠組みで、１９９１年７月１日にワルシャワ条約機構が公式に解散したのち、同年12月20日に初会合を開催した。冷戦終焉にともなう東西諸国間、さらには旧東側諸国間のコミュニケーションの場となった。

その後、次第に旧東側諸国のＮＡＴＯ加盟が現実的になるなか、１９９４年１月に設立されたのがＰｆＰであった。ＰｆＰは、ＮＡＴＯのパートナーシップ政策の中核をなすプログラムとなった。「パートナー諸国のＰｆＰへの参加は、ＮＡＴＯとの共同行動能力を整備することによって、ＮＡＴＯを中核とした地域的安全保障枠組みを構築することにつながるとともに、結果的にＮＡＴＯ加盟への準備を整えることでもあった」（小林正英「パートナーシップ」広瀬佳一編『冷戦後のＮＡＴＯ』ミネルヴァ書房、２０１２年、２２５頁）。

すなわち、このころ、ＮＡＴＯは旧東側諸国の加盟問題に直面していただけではなく、周辺地域での危機管理任務への対応も迫られるようになっていた。冷戦期のような加盟国領土を防衛する任務にとどまるのではなく、それ以外の任務にも対応しなければＮＡＴＯは存在意義を失うという、アメリカのルーガー上院議員の「域外か、論外か（Out of Area or Out of Business）」発言があったのは１９９３年のことである。そのようななか、ＮＡＣＣに参加していたほぼすべての国々が、ＰｆＰ枠組み文書に署名してＰｆＰに参加しつつ、それぞれＮＡＴＯとの間で個別的な協力プログラムを策定した。協力プログラムの内容は、治安部門改革や信頼醸成的なものから、共同で作戦活動を遂行することができる相互運用性の獲得のためのものまで、非常に幅広いものとなっており、各国の事情と希望に応じることができるようになっていた。特に、相互運用性の確保にまでいたることができれば、ＮＡＴＯ

加盟のための準備は実質的に整うことになるが、それは同時に、NATOの周辺地域での危機管理任務での共同行動が可能になるということでもあった。すなわち、さすがにNATO加盟が一朝一夕には進められないなかで、NATOにとっては、加盟希望国の加盟準備とNATO域外任務への貢献国確保の一挙両得だったわけである。さらに付け加えるならば、冷戦終焉後に混乱に陥ってもおかしくはなかった中・東欧諸国に、実際的な協力関係と透明性を要求する信頼醸成を実現したことで地域的安定を下支えしただけでなく、その後、1999年に明示的な国連安全保障理事会決議なしにNATOとしてコソボに軍事介入した際にも、この地域の多くの国々の政治的支援と軍事的な協力を得たことは、パートナーシップの意義をNATOに強く認識させることにもなった。域外で軍事活動を展開する際、NATO諸国だけが乗り込んでいくのではなく、隣接地域の国々の支援や参加を得ることは、よそ者が一方的に介入しているというイメージを薄めることにも役立った。

その後、2010年ごろまで、PfPは、NACCの看板をかけかえた欧州大西洋パートナーシップ理事会（EAPC）とともに、NATOの周辺地域での活動とNATO拡大を支えることとなった。冷戦後のNATOは冷戦終結時の16カ国から、1999年に最初の3カ国、次いで2004年にはEUのビッグバン拡大とも符合する7カ国をそれぞれ迎え入れ、2010年ごろにはNATO拡大問題も落ち着きつつあった（NATO拡大については第Ⅴ部参照）。これにともなって、拡大の文脈でのパートナーシップの意義は減じられていくこととなる。

他方で、冷戦や拡大の文脈とは直接的に関係しない別のレールのパートナーシップも構築されていた。地中海諸国および湾岸諸国とのパートナーシップである。地中海対話（MD）は1994年にP fPと同時に創設された枠組みであり、その運営はPfPおよびEAPCのしくみに準拠していたが、NATO加盟をまったく視野に入れないものであった。たとえば、NATOは単純な軍事同盟ではなく、民主主義を含む価値の共有を基盤に持つが、PfP枠組み文書にある世界人権宣言への言及が、MDでは意図的に外されている。この民主主義や人権への言及がなければ、NATO加盟にはまったくつながらないのである。エジプト、イスラエル、モロッコ、モーリタニア、チュニジア、ヨルダン、アルジェリアといったMD対象国には「アラブの春」以前の北アフリカ諸国が参加していたのであるから、当然のことであった。そして、MD創設10周年を機にイスタンブールで開催されたNATO首脳会議で構築されたのがイスタンブール協力イニシアティブ（ICI）である。湾岸協力会議（GCC）諸国から、サウジアラビアとオマーンを除くカタール、クウェート、バーレーン、UAEの4カ国が参加しているが、ICIでも世界人権宣言への言及は落とされている。

これ以外にも、冷戦終焉直後からNATOは日本を含む主要国との関係を個別に構築しつつあった。日本（やオーストラリア）との関係は本書第Ⅷ部に譲るが、これまでに述べてきたPfP、MD／ICIの枠に収まらない国々との関係をパッケージにしたのがグローバル・パートナーズである（我が国外務省のサイトでは「世界におけるパートナー」となっているが、NATOのサイトでは"Partnership across the globe or Global Partners"とあるので、ここでは後者の短い呼称を用いる）。対象国はイラク、アフガニスタン、パキスタン、モンゴル、さらに日韓豪にニュージーランドとコロンビアである。これらのパートナーシップは、NATOがグローバルに役割を果たそうとする動きの一環であった。

（小林正英）

コラム3

NATO東方不拡大の約束はあったのか

吉留公太

ロシアのプーチン政権は、1990年のドイツ統一交渉で西側がNATOを「東」に拡大させないと「約束」したにもかかわらず、それを破ったと主張している。もちろん、この主張を根拠に他国への武力行使を正当化することはできない。ロシアにかぎらず政治家の歴史認識は道具として利用されがちであり、学術的議論と峻別して受け止めなければならない。その一助として、ドイツ統一交渉でNATO東方不拡大について語られた内容を研究蓄積に基づいてまとめておこう。

ことの発端は、アメリカと西ドイツ高官による1990年2月上旬の諸発言にさかのぼる。2月9日にアメリカのベーカー国務長官は、統一ドイツがNATOに帰属しても「NATO軍の管轄は1インチも東に拡大しない」とソ連のゴルバチョフ書記長に対して発言し（以下「1インチ」発言）、翌日訪ソした西ドイツのコール首相やゲンシャー外相も類似の発言をした。

これらの諸発言の「東」とは、「東ドイツ」と「東欧諸国」のどちらを指していたのであろうか。2月2日の米独外相会談後の記者会見において、ゲンシャー外相は「NATOを東に拡大しないことで米独は完全に一致した」としたうえで、「東とは東ドイツだけではなく東ヨーロッパを含む」と発言した。記者会見に同席したベーカー国務長官はこの発言を否定せず注釈も加えなかった。ゲンシャー外相は2月10日に訪ソした際にも、NATO不拡大が東欧諸国に「全般的に」あてはまるとソ連のシュワルナゼ外相に語っている。なお、同日の独ソ首脳会談でコール首相が「東ドイツ」への不拡大と特定したのかについては、独ソそれぞれの記録によって異なっている。

NATO東方不拡大の約束はあったのか

アメリカや西ドイツの働きかけを受けて、ソ連は2月13日に東西ドイツと対独戦勝四カ国による「２＋４」枠組みへの参加を表明し、ドイツ統一を前提とした交渉が本格化した。当時のソ連はＮＡＴＯ東方不拡大に関する合意文書や共同声明の作成を求めなかった。

ところがアメリカのブッシュ（父）大統領は、冷戦に勝利しつつあるとの自己認識に反してＮＡＴＯの将来がドイツ統一交渉の議題にされている状況に不快感を示し、２月末の米独首脳会談でＮＡＴＯ東方不拡大発言を骨抜きにするよう求めた。当時この経緯は公開されておらず、また、対ソ交渉の現場ではその後も安全保障面での対ソ配慮を示す発言がなされた。

結果として、統一ドイツのＮＡＴＯ帰属をソ連が容認した１９９０年７月の独ソ首脳会談での合意事項や「２＋４」の結論である同年９月のドイツ最終規定条約は、旧東ドイツ領域に課す軍事的制約を文章化した一方で、東欧諸国へのＮＡＴＯ不拡大には言及しなかった。

ここまでに記したドイツ統一交渉の事実関係は、ソ連だけではなくアメリカや西ドイツの政府文書でも確認できるようになったことから、研究者の間に一定の共通認識が形成されつつある。

しかし、本コラム表題についての解釈は分かれている。一つの解釈は、合意文書類の不在を根拠にＮＡＴＯ東方不拡大に関する約束は成立せずと結論づける。もう一つの解釈は、「１インチ」発言の骨抜きを米独首脳会談で協議した１９９０年２月末以降も西側が表向きには対ソ配慮発言を繰り返していた交渉経緯全体から、一定の合意が成立したとソ連に受け止められてもやむをえないというものである。両解釈ともに一定の史料的根拠を示しており議論はしばらく続くであろう。

付言すると、ドイツ統一交渉に関する各国高官の回想は一様でない。ゴルバチョフにいたっては回想録と自伝との間で当時の説明が異なるなど、政治家の著述や証言だけに依拠してNATO東方不拡大問題を論じることには限界がある。複数の史料を比較検討することが欠かせない。

NATO東方拡大の経緯に関する最近の研究は、ドイツ統一の前後からアメリカ政府内で東欧諸国へのNATO拡大につながる検討が始まっていたことや、1990年代前半までNATO東方不拡大発言に一定の拘束力を認める判断をドイツ外務省高官が示していたことなどに関する史料の存在を明らかにしている。こうした研究動向を踏まえれば、今後は「1インチ」発言などの事実確認にとどまらず、ドイツ統一交渉が冷戦終結とその後のヨーロッパ秩序再編に及ぼした影響についても、史料的な根拠をともなった議論が展開されてゆくことになるであろう。

Ⅳ

冷戦後の危機管理

21

危機管理のはじまりとボスニア紛争

★NATOによる介入のモデルケース★

冷戦終焉直後の戦略概念1991では、NATOは集団防衛のみならず、民族対立や領土紛争などによる地域的不安定性にも対処することがうたわれていた。後に「危機管理」として正式任務となるNATOの機能は、まずボスニア紛争において試され、やがて定着していくこととなった。

ボスニア紛争勃発は、ユーゴスラビア連邦が解体する過程で、スロベニア、クロアチアが1991年に相次いで独立宣言を出したことに端を発している。ボスニア・ヘルツェゴビナ（以下ボスニア）では1992年3月に独立をめぐる国民投票が実施され、その結果翌4月に独立宣言が出されると、人口の43・5%を占めるムスリム系勢力と、31・2%のセルビア系勢力との対立を軸に、17・4%のクロアチア系が絡むという三つ巴の構図のもとで、武力紛争がはじまった。この紛争は1995年夏まで4年近く続き、その間に死者約10万人、難民・避難民30万人以上を出すなど、冷戦後のヨーロッパで最も大きな民族紛争となった。この紛争が長期化し、のちに民族浄化ということばで知られるようになるほど血なまぐさいものとなった背景には、人口比で最大勢力のムスリム系勢力に対して、旧ユーゴスラビア軍の主流であったセルビア系勢力が、軍事力では他を圧倒していたことがあった。

ボスニア紛争は、解決を目指した国際社会の主体に着目すると、二つの局面に分けることができる。第一の局面が１９９２年２月から１９９４年はじめまでで、これはＥＵおよび国連が中心になって調停を試みたことによって特徴づけられる。第二の局面は１９９４年に入って以降で、アメリカおよびＮＡＴＯ主導により事態の収拾が図られた時期である。

図１　ボスニアとその周辺国
注：太線内は旧ユーゴスラビア

１９９２年４月に独立宣言を行ったボスニアでは、少数派のセルビア系住民による投票ボイコットを契機に、内戦が始まった。多くの民族問題を抱える不安定なバルカン地域全体に紛争が拡大するのを恐れた国際社会は、国連安保理決議７４３に基づき１９９２年６月から国連防護軍（ＵＮＰＲＯＦＯＲ）を派遣、８月にはＥＵとともにユーゴスラビア国際和平会議を開催して紛争の平和的解決に努めた。

この間、すでにみたようにＮＡＴＯは１９９２年12月に国連安保理の権威のもとでの平和維持活動への支持を表明していた。それに基づきＮＡＴＯは、国連による武器禁輸の履行を監視するため

図２　ボスニア・ヘルツェゴビナの３民族とデイトン合意
出所：Richard Holbrooke, *To End A War*, The Modern Library, 1998, p.208を参考に筆者作成

のアドリア海の海上封鎖や国連が設定した飛行禁止区域（ＮＦＺ）の監視活動などを実施した。

しかし戦闘激化にともないＵＮＰＲＯＦＯＲが危険にさらされると、国連は武力行使を容認する安保理決議７７６に基づいてＮＡＴＯに対し近接航空支援（空爆）を要請するにいたり、ここに第二局面が始まった。１９９４年４月には国連が設定していた「安全地域」ゴラジュデを包囲していたセルビア系勢力に対して、初の空爆が行われた。これに対してセルビア系勢力は、１９９５年５月、ＵＮＰＲＯＦＯＲの兵士を人質にとるという暴挙に出た。そのうえ7月には、セルビア系勢力がスレブレニツァでムスリム系住民に対する組織的な大量虐殺を行ったことが発覚した（２００４年、旧ユーゴスラビア国際刑事裁判所はスレブレニツァの虐殺を「ジェノサイド」と認定）。これを契機に西側諸国は態度を硬化させ、８月から９月にかけて、ＮＡＴＯが50あまりのセルビア系勢力の目標地点に対して、航空機およびトマホーク巡航ミサイルによる大規模空爆を行った。

この結果、1995年11月アメリカのオハイオ州デイトン市郊外のライト・パターソン空軍基地でアメリカと三勢力首脳の会議が開催され、ボスニアの二分割（ムスリム系・クロアチア系51％、セルビア系49％）を原則とする包括的和平で合意がなされ（「デイトン合意」）、12月にパリで正式調印が行われた（図2参照）。

停戦後にNATOは国連から停戦の軍事的側面の実施についてマンデートを付与された（国連安保理決議第1031号）。NATO主導の多国籍軍派遣については、すでに1995年8月に国連安保理によって提案されており、9月にNATO理事会で兵力6万人規模の陸上部隊の派遣が承認され、準備が開始されていた。やがて12月16日にNATO主導の和平履行部隊（IFOR）が結成され現地に展開した（1997年よりSFOR）。この作戦の主な任務は、停戦継続の監視、定められた停戦ラインへの兵力引き離し、重火器の撤収促進、国連防護軍の安全で迅速な撤収の援助、ボスニア上空の空域確保などであった。

ボスニア紛争における飛行禁止区域設定や空爆実施、停戦後のIFOR設置は、冷戦後のNATOにとって、新しい任務のはじまりを意味していた。IFORにはNATO加盟国のほか、18カ国の非NATO加盟国が参加、そのうちムスリム系勢力に配慮した4カ国以外は、すべて「平和のためのパートナーシップ（PfP）」に参加するパートナー国であった。

ボスニア紛争の結果、NATOは冷戦後の民族紛争や地域紛争の解決に不可欠な枠組みとして復権した。こうした状況から、スペインが1999年、NATO軍事機構への参加を決定した。統合軍事機構という強力な手段を有し、民族紛争のような新たな脅威への対処に有効であると証明されたことは、NATOの機能変容を促進した。

ボスニア紛争は、単に介入の最初のケースであったのみならず、後にNATOが正式任務化する「危機管理」機能のほぼすべての要素を見いだすことができる点において、NATOに二つの重要なインパクトを与えた。第一に、NATOは、危機管理に際して、武力行使を中心とする平和強制のみならず、停戦後の監視活動、治安維持、平和構築支援など、紛争解決の各局面において効果的な役割を果たした。そのうえで第二に、NATOは、国連、EUや他の国際機関、NGO、現地の自治体などとの連携を重視するようになった。

このようにボスニア紛争を契機として、NATOはポスト冷戦期のヨーロッパにおける安全保障の担い手として再浮上したのであった。

（広瀬佳一）

22

戦略概念1999

★非５条任務の定式化★

１９９９年４月にワシントンで催されたＮＡＴＯ首脳会議において、新たな戦略概念が採択された。１９９１年の戦略概念の見直しは、１９９７年のマドリード首脳会議において発案された。冷戦後、戦略環境が変化したことを踏まえての決定である。

それでは、冷戦後、ＮＡＴＯをとりまく戦略環境はどう変化してきたのか。その一つは、「平和のためのパートナーシップ（ＰｆＰ）」の発展である。これは、１９９１年の戦略概念にはまったく記載がなかった制度であり、１９９４年にＮＡＴＯと周辺国との間で創設された協力枠組みである。また、ＮＡＴＯはボスニア紛争において非５条任務に着手するようになった。非５条任務とは、北大西洋条約第５条に定める集団防衛を超える軍事行動を指し、加盟国領域が攻撃を受けていなくとも軍事的に関与していくことである。さらに、１９９９年以降、旧ワルシャワ条約機構諸国がＮＡＴＯに加盟していった。このように、１９９１年の戦略概念では十分にカバーされていなかった分野において変化がみられたのである。

戦略概念の見直し作業は、北大西洋理事会（ＮＡＣ）の下にある政策調整部会によってなされた。この部会には、当時の16の加盟国および加盟予定であった3カ国（ポーランド、ハンガリー、チェコ）のすべてが代表を派遣していた。また、見直し作業をしている間、ロシア、ウクライナにも情報が提供された。ロシアに対しては、NATOロシア常設合同理事会（PJC）を通じて情報提供が行われた。この理事会は、NATOの東方拡大を懸念するロシアに配慮して1997年5月に調印されたNATOロシア基本文書により設置されたものであった。

戦略概念の原案は、1998年9月に作成され、加盟国に供覧されるとともに、細部の議論へと進んでいった。もっとも議論になったのは、非5条任務をめぐってであった。5条任務（集団防衛）が領域内での活動を念頭に置いていたのに対し、非5条任務は領域外へ派兵することを意味する。NATOの行動の地理的限界をどう定めるべきかが議論されたのである。また、NATOはいかなる状況において、いかなる権限に基づいて非5条任務に着手するのかについても論じられた。権限に関して、すべての加盟国は、国際法上の適切な根拠が必要と考えた点においては一致していた。ところが、一部の国々は国連安保理決議が常に必要という立場であったのに対し、イギリスを含めた他の国々は、国連安保理決議があれば望ましいものの、それが唯一の法的根拠ではなく、柔軟に考えるべきという立場であった。こうした議論をしている間、NATOは国連安保理決議のないまま、1998年10月にコソボでの空爆についての行動命令を承認したのである。戦略概念の文言をめぐってはワシントン首脳会議の直前まで議論が続いたといわれる。

最終的に1999年4月のワシントン首脳会議で承認された戦略概念においては、それまでの10年間に発生した欧州大西洋の平和と安定に対する新しいリスクとして、「抑圧、民族紛争、経済的苦境、政治秩序の崩壊、大量破壊兵器の拡散」が挙げられている。また、「同盟軍は欧州大西洋地域の安全保障と安定の維持に貢献する」と謳われ、同盟の地理的活動範囲が欧州大西洋と定められた。

さらに、同盟の任務に関しては、集団防衛を再確認するとともに、危機管理（非5条任務）とパートナーシップを新たに認定した（表を参照）。危機管理については、北大西洋条約第7条に沿って、案件ごとにコンセンサス方式により準備態勢を整えることとした。コンセンサス方式と定めたうえ、国連安保理の役割の優先を謳った北大西洋条約第7条の遵守が明記されたことにより、NATOとしての域外活動には一定の枠がはめられたのである。また、PfPについては、NATOとの間で実務上のつながりを築き、相互運用性を高めるためのメカニズムであり、防衛計画・予算の透明化、軍の民主的統制、災害・緊急事態への準備態勢などを促すものと位置づけている。

危機管理が任務に加えられたことは、NATO各国の軍の規模、構成に大きな影響をもたらすものであった。戦略概念には、防衛計画を示す文書としての役割もある。1991年の戦略概念は、領域防衛という従前からの役割を重視するものであった。危機管理に着手するとなると、NATO域外を含めて以前よりも広い範囲において任務に従事しうる部隊が必要となる。すなわち、展開

表　戦略概念に定めるNATO任務の変化

戦略概念1991	・安全保障基盤の提供 ・安全保障協議のための大西洋間のフォーラム ・集団防衛（５条任務） ・欧州戦略バランスの維持
戦略概念1999	・安全保障基盤の提供 ・安全保障協議のための大西洋間のフォーラム ・集団防衛（５条任務） ・危機管理 ・パートナーシップ

出所：広瀬佳一「NATO新戦略概念にみる『二つの欧州』」『外交』Vol. 9（2011年９月）、73頁。

能力や機動性を備え、高度に精確かつ近代的な兵器を装備した部隊でなければならない。こうした能力は、冷戦期から遠征部隊として編成されてきた米英軍は備えていたものの、領域防衛を主任務として編成されてきたヨーロッパ大陸諸国の地上部隊は備えておらず、その後、米欧能力格差の一つとして認識されるようになる。

加えて、1999年の戦略概念では、ヨーロッパの安全保障と防衛における主体性（ESDI）の発展を同盟として支援することが謳われた。NATOは、西欧同盟（WEU）が主導で行う作戦に対して、NATOのアセットと能力を提供することとなった（第19章参照）。ヨーロッパ諸国の責任と能力を高めることが、同盟の安全保障環境を改善するものと認められたのである。さらに、NATO拡大については、北大西洋条約第10条のもと、新たな加盟国に門戸を開き続けることを明記した。

もっとも、非5条任務の定式化とさらなる拡大の表明は、ロシアとの関係で緊張をもたらしかねないものであった。1999年の戦略概念では、欧州大西洋の安全保障におけるロシアの独特な役割を認めるとともに、1997年のNATOロシア基本文書の枠内でNATOとロシアが共通利益、相互主義、透明性に基づく関係を築いてきたことを確認した。そして、欧州大西洋地域の継続的な安定のために、ロシアとのパートナーシップが不可欠であると表明した。

このように、1999年の戦略概念は冷戦後の戦略環境の変化をふまえて策定されたものであった。しかし、その後9・11同時多発テロが発生し、「テロとの戦い」のためにNATOの活動領域が中東や中央アジアへと広がっていく形で、NATOを取り巻く戦略環境は当事者の想像を大きく超えて変化した。そのことは、いずれ戦略概念を改訂せざるを得ないことを意味したのである。

（篠﨑正郎）

23

コソボ空爆

★NATOによる人道的介入★

かつて多民族国家のユーゴスラビアは、六つの共和国から構成されていた。そのうちの一つであるセルビア共和国の南部に、コソボ自治州があった（位置は第21章図1参照）。コソボでは、アルバニア系住民が人口の約9割を占めていた。コソボが1974年に共和国とほぼ同等の自治権を付与されると、コソボからセルビア人が流出するようになった。セルビアではこのことが同胞の苦境として認識され、やがてセルビア民族主義が高揚していくことになった。そのなかで頭角を現したのが後の大統領ミロシェビッチであった。ミロシェビッチはセルビア人に対して「もうあなたたちを殴らせはしない」と演説し、1989年にコソボの自治権を大幅に縮小した。

自治権が縮小されたコソボでは、セルビアに対する抵抗運動が行われた。当初は、議会選挙や大統領選挙を実施するなど、平和的な運動であった。ところが、ボスニア紛争を契機として、コソボは武装闘争路線へと向かっていく。ボスニア紛争とは、1992年のボスニア・ヘルツェゴビナ独立を機に発生した内戦であり、ここでもセルビア人が当事者であった。そして、ボスニア紛争を終結させたデイトン合意（1995年）において、コソボ問題はまったく議論されず、しかもミロシェビッチがデイトン合意の立役者として国際的に評価されたのである。このため、コソボのアルバニア系住民は国際社会から忘れられ、見放されたと感じた。そうした状況のもとで、一部のアルバニア系住民が過激化し、1996年からコソボ解放軍がセルビア人警察官への襲撃などのテロ攻撃を開始した。これに対し、ミロシェビッチがセルビア治安部隊とユーゴスラビア軍を投入し、武力制圧に乗り出すと、相互に虐殺行為が繰り返されるようになった。なかでも、1999年1月にコソボのラチャク村でアルバニア系住民の遺体が多数発見されたことは、国際社会の関心を強く引きつけるものであった。

コソボ問題は地域を不安定化させ、NATO諸国の安全保障に影響を及ぼす恐れがあった。1998年から1999年にかけてコソボの状況が悪化するなか、NATO諸国は対話を通じてミロシェビッチに自制を促したが、ミロシェビッチはコソボに対する攻撃の手を緩めなかった。そのため、NATOはセルビアへの空爆を検討するようになった。ただし、空爆に対しては、ロシア、中国が反対を表明していた。1999年2月から3月にかけて、フランスのランブイエとパリで行われた和平会議は成果のないままに終わった。コソボの自治権拡大について合意できなかったうえ、NATO軍を主体とする平和維持軍を受け入れることにセルビアが同意しなかったからである。そのため、NATOは国連安保理決議のないまま、人道的介入という名目でセルビアに対する空爆に踏み切った。

NATOによる空爆は、1999年3月から6月までの78日間におよんだ。当初、NATOはセルビアの首都近郊の防空・指揮命令システムと軍事施設を攻撃した。ところが、コソボ自治州での民族浄化が激化したため、NATOは攻撃目標をセルビア全土に広げたほか、テレビ・ラジオ施設やミロシェビッチの住居などの非軍事的目標も対象に加えた。セルビアの対空火器の脅威があったため、ＮＡＴＯ軍機はその射程外である1万５０００フィート以上の高度から爆撃を行った。そのことに加え、コソボの山岳性の地形や敵の偽装により、目標の探知は困難であった。もしＮＡＴＯの地上軍が侵攻していれば、セルビア軍は侵攻経路に対して戦車の配置を固定せざるを得ず、ＮＡＴＯによる空爆はより容易になっていたであろうといわれる。実際には、セルビア軍は戦車などを分散・隠蔽し、少数の部隊・車両によって民族浄化を行っていたのである。

ＮＡＴＯの空爆は、セルビア政府を打倒するためではなく、ミロシェビッチの態度を変えるために行われた。当初、ミロシェビッチはＮＡＴＯの空爆が長く続くとは思っておらず、しばらく耐えれば国際社会の批判が高まり、ＮＡＴＯは断念すると期待していた。この潮目が変わったのは、4月下旬のワシントン首脳会議でＮＡＴＯ加盟国が空爆の決意を改めて固めてからである。時間を要したものの、最終的にミロシェビッチが和平案を受け入れて紛争が終結したという意味では、ＮＡＴＯの空爆は全体としては目的を達成したといえる。しかし、最初の1カ月はミロシェビッチの態度が変わることはなく、コソボの状況が一時的に悪化した点にも注意が必要である。

ところで、１９９９年のコソボ空爆において、ＮＡＴＯは終始空爆という手段しか用いなかった。このことから、元米空軍参謀長のデューガンは、人類史上ではじめて、航空作戦のみによって勝利が得られた事例であると評価した。ほかにも、軍人には同様の見解をとる者が多い。だが、空爆によるセルビア地上軍の被害は限定的であった。当初、ＮＡＴＯはセルビアの戦車、人員輸送車、火砲の30～40％を破壊したと見積もっていた。ところが、紛争後の調査では7～10％しか破壊していなかったことが判明した。したがって、航空作戦の効果を認めつつも、ほかの要因も重要であったとする見解が支持されている。その一つが、NATOの地上軍による侵攻の可能性である。実際には侵攻しなかったものの、NATOは地上軍をアルバニア、マケドニアに配備するとともに、重装備を通過させるための道路補強などの準備に着手していた。そして、6月2日にクリントン米大統領が地上軍投入に言及したことが、ミロシェビッチの屈服に影響したといわれるのである。ほかにも、セルビアがロシアの支持を喪失したことが決定的であると主張する見解や、コソボ解放軍が地上戦で果たした役割に着目し、NATO軍機との空地協同作戦があったと指摘する見解もある。

空爆が終結した後、コソボにはNATO主導の多国籍軍であるコソボ治安維持部隊（KFOR）が展開した。当初は約5万人の兵力を有していたKFORは、セルビアの再侵攻を阻止するという役割が目立っていたが、しだいに少数派であるセルビア人の安全確保という役割が前面に出るようになった。コソボの治安が改善するとともに、KFORの兵力は徐々に減少し、2022年10月の時点で約3700人が展開している。ところで、2000年に大統領の座を追われたミロシェビッチは、旧ユーゴスラビア国際刑事裁判所（ICTY）へ身柄を引き渡され、訴追された。しかし、裁判中の2006年に心臓発作のため監房内で死去した。NATOはセルビアに対して軍事的には勝利したが、民族浄化の主犯に法の裁きを加えることはできなかったのである。

（篠﨑正郎）

24

9.11同時多発テロと史上初の第5条発動

★武力攻撃・集団的自衛権とは何か★

ＮＡＴＯの基盤は北大西洋条約第5条の集団防衛である。同条によって各国は、「一または二以上の締約国に対する武力攻撃（armed attack）を全締約国に対する攻撃とみなすことに同意」し、「兵力の使用を含めてその必要と認める行動を個別的に及び他の締約国と共同して直ちにとることにより、その攻撃を受けた締約国を援助することに同意」している。集団的自衛権を互いに行使するという誓約である。冷戦を通じて、これは、西ヨーロッパがソ連・共産主義陣営によって攻撃されたときに発動されるものと考えられてきた。つまり、アメリカによる西ヨーロッパへの援助である。

冷戦は、戦火を交えることなく終結した。第5条が発動される機会はなかったのである。しかし、２００１年9月11日のアメリカに対する同時多発テロを受けて、ＮＡＴＯは史上はじめて第5条を発動することになった。カナダおよびヨーロッパ諸国によるアメリカへの支援であり、冷戦期からの想定とは逆だった。テロ事件への衝撃はヨーロッパでも大きく、アメリカには批判的であることが多い『ル・モンド』紙（フランス）までもが、「我々は皆アメリカ人である」との一面トップの見出しを掲げた。アメリカへの連帯は空前のレベルになった。

ただし、第5条発動は自動的ではなかった。そもそも、第5条発動の手続きについて明示的な合意はなく、条文上も不明確だったが、同盟の最高意思決定機関である北大西洋理事会（NAC）の決定が必要と解釈された。そのうえで問題になったのは、何が第5条発動に該当するかである。NACの議論では、「規模」と「国外性」が武力攻撃の要件として指摘された。規模については、すでに数千名の犠牲者が想定されていたため、それ以上は問われず、9月12日のNACは、「もしこの攻撃が国外からアメリカに向けられたものであったと認定されれば」との条件を付して、第5条発動の対象になると決定した。

この時点では、同時テロが国外からであるとの証拠がなかったのである。これが分離独立や反政府などの国内テロであればNATOとして対処する問題ではなくなる。アメリカ政府は、その後、国防総省高官などをNATOに派遣し、同テロが「アル・カーイダ」によるものであるとする証拠を提示して、各国の理解を得ることになった。結局、10月2日になってロバートソン事務総長が声明を出し、国外からのものであることが確認されたとして、第5条が正式に発動された。9・11の翌日に第5条が発動されたという説明がなされることも少なくないが、それは不正確である。この事例は、北大西洋条約第5条の発動要件とそれを確認するプロセスの困難さという本質を示している。

第5条発動は、集団的自衛権の発動と換言することもできるが、この点で注目されるのは、これに基づいて各国が提供した支援の中身は多様だったことである。10月4日に発表されたNATOによる支援のリストは、下記のようなものだった。

①テロによる脅威やテロ対策に関するインテリジェンス共有・協力の強化
②対テロ作戦への参加によって脅威の高まった同盟国への支援
③各国所在のアメリカおよびその他の同盟国の施設に対する警備強化
④対テロ作戦への直接的支援に用いられるNATOアセットの（各国による）代替
⑤対テロ作戦に関与するアメリカおよびその他同盟国の航空機への包括的な領空通過許可の提供
⑥対テロ作戦に参加するアメリカおよびその他同盟国への燃料補給等のための港湾・空港の使用許可
⑦NATOの常設海上部隊の東地中海への展開の用意
⑧対テロ作戦支援のためのNATOの早期警戒管制機（AWACS）部隊の一部展開の用意

NATOのAWACSによる北米展開によって、米軍のAWACSがアフガニスタンでの作戦に振り向けられたことは、アメリカにとっても助けになったが、直接的な軍事的措置は⑦と⑧のみである点が興味深い。集団的自衛権に基づく同盟国アメリカへの支援には、インテリジェンス共有や施設の警備強化なども含まれるのである。

これらに加え、一部のNATO諸国はアメリカ主導のアフガニスタンでの「不朽の自由作戦（OEF）」に参加した。そうした行動の根底に、同盟の結束の象徴としてのNATOによる第5条発動が存在したことは事実だが、国際法上、武力行使の根拠は北大西洋条約第5条ではなく、国際連合憲章第51条に基づき各国が固有の権利として有する集団的自衛権である。

なお、アメリカはNATOによる第5条発動と各国による各種支援を歓迎しつつも、当時のブッシュ政権にＮＡＴＯを頼るつもりはほとんどなかった。自国の最大都市と首都に対する攻撃を受けた以上、ＯＥＦを含めた対応は個別的自衛権の行使であり、真剣度がきわめて高かった。ＮＡＴＯのような多国間組織に頼ることで、自国の迅速な行動が損なわれることを嫌ったのである。その背景には、「委員会による戦争」と揶揄(やゆ)されるほどに非効率だったコソボでの作戦の経験があった。

それは、アメリカにとっては軍事的に合理的な発想だったが、ヨーロッパ諸国が支援を申し出つつ、アメリカが単独行動を志向したことは、その後の米欧間のすれ違いや対立の一つのきっかけになってしまったともいえる。その2年半後に始まるのがイラク戦争であり、ＮＡＴＯは深刻な対立に直面することになった。

9・11テロを受けた第5条発動は、ＮＡＴＯにおけるその後の議論にも大きな影響を及ぼすことになった。第一に、ＮＡＴＯが関与する問題の地理的範囲の拡大である。ＮＡＴＯは２００３年からアフガニスタンでの国際治安支援部隊（ＩＳＡＦ）の指揮をとることになったが、それまでは地理的に隣接している旧ユーゴスラビアでさえ「域外（out of area）」ではないかが争点になっていたのである。9・11への対応は、ＮＡＴＯの活動のグローバル化の出発点になった。

第二に、第5条が伝統的な武力攻撃以外に発動されたことで、ＮＡＴＯにおける集団防衛が対象とする範囲が拡大することになった。その後、特に焦点になったのは、エネルギー安全保障を含む重要インフラ防護や、サイバー攻撃など、いわゆるハイブリッド戦争に関する第5条発動である。それらに道を開いたのも9・11の経験だったといえる。

（鶴岡路人）

25

ISAF

★アフガニスタンでの活動★

アフガニスタン戦争はＮＡＴＯにとって最も「長い戦争」となった。その歴史は次の五つの時期に分けることができる。第1期は、２００1年9月11日の同時多発テロから米軍主導の攻撃による首都カブール陥落までの時期である。当時ＮＡＴＯの関与はきわめて限定的なものであった。第2期は、米ブッシュ政権によるイラク攻撃を転機とし、ＮＡＴＯがアフガニスタン全土へ展開する時期である。第3期は、タリバーンの復活によってアフガニスタン情勢が悪化し、米軍が「増派」を強いられ、グローバルなパートナー国の支援を求めた時期である。その後の第4期では治安回復によってＮＡＴＯは国際治安支援部隊（ＩＳＡＦ）の任務終了を宣言し「出口戦略」を模索した。しかし、そうした長年のＮＡＴＯの努力も２０２1年8月15日のタリバーンによるカブール制圧によって突然、幕が下りる。これが第5期であった。ＮＡＴＯのアフガニスタン軍事関与は、こうした紆余曲折を経験するが、各期の特徴を時系列的にみてゆこう。

第1期のＮＡＴＯのアフガニスタン関与は9・11同時多発テロによって突然始まった。世界貿易センタービルとペンタゴン

（国防総省）という経済・軍事中枢が攻撃されたアメリカは、個別的・集団的自衛権による対テロ戦争を開始する。10月2日にＮＡＴＯは「一国に対する攻撃を全体に対する攻撃とみなす」という共同防衛条項をはじめて発動し、対米支援を決定した。北大西洋条約の第5条の規定に基づく、こうした任務を「5条任務」と呼ぶ。その後、アメリカ主導の「不朽の自由作戦」によってアフガニスタンの政権は転覆され、２００2年初頭、国連が主導するＩＳＡＦが首都カブールへ展開することとなる。

しかしＩＳＡＦの当初の任務はカブール近郊での安全確保に厳しく限定され、ＮＡＴＯ加盟国の貢献も限られた。当時、ＮＡＴＯによる対米協力は、早期警戒管制機（ＡＷＡＣＳ）によるアメリカの防空監視と、東地中海での海上監視といった情報収集・監視に限定されていた。ＮＡＴＯ関与が限定された理由は、自衛権に基づく対テロ「不朽の自由作戦」を他のＮＡＴＯ加盟国によって制限されないよう、ブッシュ政権が有志連合方式を採用したためである。

しかしアメリカのイラク開戦は、こうしたＮＡＴＯのアフガニスタン限定関与を一変させることとなる。これが第2期の特徴である。当時アメリカは大量破壊兵器と国際テロを「新たな脅威」と位置づける先制攻撃論を展開し、これを受けてＮＡＴＯもグローバルな対テロ戦での対米支援へと立場を切り替えた。そして、２００3年3月に始まるアメリカの対イラク攻撃、5月のブッシュ米大統領による「勝利宣言」を受けて、米英主導の多国籍軍がイラクへ展開することとなる。これと並行してアフガニスタンでは２００3年夏以降、新たにＮＡＴＯが指揮を担当することとなる。つまりアメリカ主導の多国籍軍がイラク、そしてＮＡＴＯ指揮によるＩＳＡＦはアフガニスタンを、それぞれ分担する構図となった。

これを受けてＩＳＡＦは地理と任務の面で急速に拡大することとなる。まずＩＳＡＦはアフガニスタン北部、西部、南部、東部と反時計回りの順で担当地域を広げ、文字どおりアフガニスタン全土へと展開することとなった。当時、まだ治安が不安定な南部や東部を担当することになったＩＳＡＦは、徐々に「反乱鎮圧作戦（ＣＯＩＮ）」も担当するよう変化していった。そのためＩＳＡＦは「民心の掌握」の目的から開発を含めた平和構築支援へと活動のすそ野を広げることを求められ、地方復興支援チーム（ＰＲＴ）を通じた民軍連携を本格化することとなった。

続く第3期では、タリバーンが復活し、米軍「増援（Surge）」によって対テロ戦が激化する。それまでアフガニスタン戦争は「忘れられた戦争」と呼ばれていたが、パキスタンからのタリバーン復帰によって治安が急速に悪化した。これを受けて２００８年にＩＳＡＦは、発足当初の５５００名のほぼ10倍にあたる5万人規模まで増強された。オバマ大統領就任後も「増派」は続き、最大規模13万9０００人まで膨れ上がることとなる。こうした増援にはグローバルなパートナーの協力は不可欠であり、スウェーデン、ウクライナ、オーストラリアなどＮＡＴＯ非加盟国も連携を加速化させた。

第4期は、現地の治安回復によるＮＡＴＯの「出口戦略」模索の時期である。ＮＡＴＯは２０１２年のシカゴ首脳会議にて「２０１４年末にＩＳＡＦの任務終了」と宣言し、中央アジアでの「長い戦争」に終止符を打つ姿勢をみせた。このようにＮＡＴＯはアフガニスタンでの戦闘任務終了に向けて着々と準備したが、その間隙を縫うように２０１４年2月、ロシアがクリミア半島併合の暴挙に出た。その後ロシアの「ハイブリッド戦」は長期化し、ウクライナ上空で民間航空機が撃墜され、ロシア系住民によるドンバス地方の分離独立の動きも激化したため、ＮＡＴＯの欧州回帰が加速化したのは当然であった。

そうしたなか、2014年末にISAFの任務は終了し、NATOのアフガニスタン関与の最後の期を迎えた。NATOはアフガニスタンの現地部隊へ治安権限を委譲し、自らは「確固たる支援ミッション（RSM）」という枠内で現地での訓練任務に徹するよう変化した。NATOの任務は治安維持から後方支援へシフトした。それまでにもNATOは現地の軍隊、警察、司法機関の訓練という「治安部門改革（SSR）」を長らく担当してきた実績があった。2001年末以降、NATOはアフガニスタン軍閥の武装解除・動員解除・再統合（DDR）を支援するため、旧式の重火器や小火器を回収し、新しい装備品を現地部隊へ提供してきた。具体的には、ソ連製の戦車、装甲戦闘車、多連装ロケット、迫撃砲、ミサイル等を回収し、これに代わってNATO加盟国のうち旧東欧諸国やバルト諸国を中心に機関銃、装甲車、迫撃砲、対戦車砲、榴弾砲および弾薬等を提供してきたのである。

2001年の同時多発テロからちょうど20年となる節目の年、2021年に、NATOはアフガニスタンでの治安部門改革支援の任務完了と自国部隊の全面撤収を計画した。こうしたなか、2021年8月15日、突如タリバーンが首都カブールの奪取に成功した。こうしてNATOのアフガニスタンでの任務は幕切れとなった。しかし20年に及ぶNATOの平和構築支援、安定化作戦、治安部門改革といった経験は、2022年に始まるロシアのウクライナ侵攻という危機に迅速に対応するための経験ともなったといえる。

（吉崎知典）

26

戦略概念2010

★集団防衛の再浮上★

ＮＡＴＯにとって１９９９年の戦略概念以降の10年は、振幅の激しい時代であった。２００１年の９・11同時多発テロ事件を契機に、テロをめぐる米ロ協調がはじまったのも束の間、イラクの大量破壊兵器保有疑惑の問題では、米ロ関係がぎくしゃくしたのみならず、「新しいヨーロッパ」対「古いヨーロッパ」というアメリカが作り上げた図式に、ヨーロッパ諸国は翻弄された。さらに、２００８年８月にジョージア紛争が発生すると、米欧はいっせいにロシアを非難し制裁を加えたが、先に武力を行使したのがジョージアであっただけに、ＥＵは２カ月後には制裁解除を行い、アメリカも２００９年のオバマ政権発足により対ロ「リセット」を宣言して関係改善を図った。そうした国際環境の変化を背景にして策定された文書が、ＮＡＴＯの新しい戦略概念であった。

リスボンＮＡＴＯ首脳会議（２０１０年11月）が採択した戦略概念は、ＮＡＴＯが取り組むべき安全保障上の脅威として、弾道ミサイルや大量破壊兵器の拡散、テロ、民族紛争、サイバー攻撃、エネルギー安全保障、麻薬・人身売買等の組織犯罪などを掲げる一方で、「欧州大西洋は平和であり、通常戦力による攻撃の脅威はきわめて低い」との認識を示していた。そうした認識のうえで、NATOの今後の中核的任務を、「集団防衛（防衛と抑止）」を筆頭に、「危機管理（危機管理を通しての安全保障）」、「協調的安全保障（協力を通しての国際安全保障の促進）」の大きく三つにまとめていた。

「集団防衛」とは、核兵器と通常兵器の組み合わせにより、共同で加盟国領域を防衛することである。これは北大西洋条約の第5条に記されているため、一般に「5条任務」とも呼ばれていた。NATOの歴史において第5条が発動された唯一のケースが、2001年の同時多発テロであった。「危機管理」とは、加盟国領域外の危機・紛争への対処であり、紛争予防から平和強制、平和構築にいたる各局面への包括的なアプローチが強調されていた。1992～95年のボスニア紛争とその停戦後の平和活動は、最も初期のNATOによる危機管理活動であった。「協調的安全保障」とは大別して二つの内容があった。一つは、パートナー国や国際機関、地域機関との協力を通して、テロ、軍備管理、軍縮などの国際安全保障の課題にかかわっていくことである。特に国連との関係が重要で、2008年10月には、紛争解決における協力をうたった「国連＝NATO事務局間共同宣言」が発表されていた。もう一つは、ヨーロッパで同じ価値を持ち、北大西洋地域の安全に貢献することのできる国に、門戸開放（Open Door）という方針で臨む（北大西洋条約第10条）というものである。これが、いわゆるNATO拡大である（第Ⅴ部参照）。

この戦略概念では、1999年の戦略概念と比して、「集団防衛」が強調されていた。そこには、9・11同時多発テロとそれに続くアフガニスタン、イラク、ジョージア紛争を踏まえた同盟内の矛盾と苦悩が内包されていた。

２００１年の９・11同時多発テロは、アメリカのみならずヨーロッパ各国にとっても、主たる脅威が民族紛争からテロとなったことを強く印象づけた。アフガニスタンに対する武力行使は、当初こそ米軍主体で行われたものの、警戒監視業務など後方支援の一部はＮＡＴＯが実施し、また平和構築局面についても、国連安保理決議第１３８６号により設置された国際治安支援部隊（ＩＳＡＦ）の指揮権を、２００３年にＮＡＴＯが掌握した（第25章参照）。

しかし国際テロに対するヨーロッパとアメリカの脅威認識の共有は、ＮＡＴＯとしての対処方針についての認識の共有を必ずしも意味しなかった。むしろ米欧の違いのみならず、同じヨーロッパ内でも西欧と中・東欧には、それぞれ戦略文化や歴史的経験の違いから、対処方針をめぐって認識のズレがあった。特にポーランドやバルト三国は、ＮＡＴＯに対して北大西洋条約第５条の集団防衛の約束が確実になされる保証（リアシュアランス）を求めるようになった。米英がＮＡＴＯによりアフガニスタンをはじめとする域外での活動を増やすことを求める一方で、独仏が個別にロシアとの協力関係の推進を打ち出すにつれ、そうした傾向は強まった。

２００８年のロシアとジョージアの武力紛争は、ポーランドやバルト三国にとってはロシアによる勢力圏確保の行動にほかならず、潜在的脅威としてのロシアの存在をあらためて思い起こさせた。このためこれらの国はＮＡＴＯに対して、領域防衛という本来の任務に集中し、非常事態のための防衛計画を作成するよう一層強く求めるにいたった。ポーランドやバルト三国にとって「テロとの戦い」への積極的協力は、自国の安全保障確保のための任務という意味も持っていた。同盟の任務への負担を果たすことで、「ただ乗り」との批判をしりぞけ、確実に自国の安全を確保できるという論理である。新しい戦略概念が「欧州大西洋は平和」との認識を示しつつも、「集団防衛」を冒頭に置いて強調していたのは、同盟の結束を維持するという観点からの配慮であった。

他方、ロシアへの配慮もまた従来の戦略概念よりも大きかった。通常、NATOとロシアとの関係は、「協調的安全保障」の枠内で強固なパートナーシップの構築という観点から語られる。しかし新しい戦略概念ではそれに加えて、ミサイル防衛に関するNATOロシア協力が取り上げられ、しかもそれが「集団防衛」の枠のなかで言及されていた。NATOロシア関係について戦略概念は「戦略的パートナーシップ」を志向していたのである。

このように2010年の戦略概念が打ち出した「集団防衛」「危機管理」「協調的安全保障」という三つの主任務は、NATOの機能拡大のもたらした成果を反映していたが、同時に個々の加盟国がそうした機能拡大の幅広いスペクトラムのどこを重視しているかで、同盟内には思惑の違いも浮かび上がっていた。すなわち2010年の戦略概念には、「9・11」以降の10年間の教訓の集大成という側面のみならず、同盟内政治の結果としての弥縫（びほう）策とでもいうべき側面が含まれていたことも否定できないのである。

（広瀬佳一）

27

リビア空爆

★NATOによる住民の保護★

２０１１年にリビアで起きた民主化運動は、カダフィ政権による弾圧を引き起こし、やがてこれはＮＡＴＯによる軍事介入へと発展した。２０１０年から中東・北アフリカでは「アラブの春」と呼ばれる民主化運動が起こっていた。リビアでは、２０１１年2月に東部の都市であるベンガジにおいて平和裏に抗議運動がなされていた。カダフィ政権はこれを武力で弾圧し、デモに対する空爆、地上部隊や傭兵による鎮圧作戦、拷問、強姦などが行われた。カダフィが自国民を「ドブネズミ」呼ばわりすることとすらあった。こうした事態を受け、国連安保理は「深刻な懸念」を表明し、リビアへの武器禁輸を決定した。しかし、リビアの状況がさらに悪化したことから、国連安保理は3月17日の決議（第１９７３号）により、リビア上空に飛行禁止区域を設定するとともに、住民と住民居住地域を保護するために武力を行使することを容認した。

リビアに対する空爆は、当初はフランス、イギリス、アメリカによってなされ、後にＮＡＴＯが指揮権を引き継いだ。リビアへの攻撃は、3月19日にフランス軍機がベンガジへと接近しつつあった政府軍の部隊を爆撃したことに始まる。その日の夜からイギリス、アメリカが攻撃に加わり、リビアの防空網を攻撃して無力化した。3月31日には、NATOが軍事作戦の指揮権を引き継いだ。そこから空爆のレベルが引き上げられ、政府軍の戦車や補給基地、さらにはカダフィの居住区も攻撃するようになった。これに対しては、カダフィの暗殺を意図したのではないかとの批判、すなわち「住民の保護」という国連安保理決議が規定した武力行使の目的を逸脱したのではないかとの批判が出たが、NATOはそうした意図はないと否定した。

リビア紛争に事実上の決着がついたのは8月になってからである。反体制派は主要な都市を占領し、首都トリポリに迫った。そして、8月下旬にNATOの空爆支援を受けながら反体制派がカダフィの居住区を含む拠点を制圧したことにより、カダフィ政権は事実上崩壊した。カダフィは10月20日に死亡し、NATOは10月31日をもって作戦を終了した。この間、NATOとパートナー諸国の航空機は2万6500ソーティ（出撃数）以上の飛行を行い、そのうち9700ソーティ以上が空爆であった。空爆によって破壊した軍事目標は5900以上にのぼる。NATO軍は、最大時において約8000人の兵員、21隻の艦艇、260機以上の各種航空機を動員した。

このリビア介入をめぐっては、「保護する責任」の適用であるか否かという議論がある。「保護する責任」とは、ある国家において大量虐殺や重大な人権侵害が起き、当該政府が住民を保護する第一義的な責任を果たす意思や能力に欠ける場合、国際社会はかわって人々を救援する責任を負うという概念である。リビア紛争においては、早い段階から多くの関係者や機関が「保護する責任」ないしはこれに相当する言葉を用いてきた。しかし、武力行使を容認した国連安保理決議第1973号は、リビア住民を保護するリビア政府の責任を喚起するにとどまり、国際社会の「保護する責任」を安保理が担うことには明言していない。加えて、安保理の議事録においてもこの「保護する責任」という言葉はほとんど出てこず、各国は「保護する責任」を理由に軍事介入をすることには逡巡があったのではないかともいわれる。

トリポリでカダフィ政権終焉を祝うリビア市民（2011年）(NATO提供)

他方、リビア介入は人道的な動機のみによってなされたのではなく、ヨーロッパ諸国の国益のためでもあった。ヨーロッパにとって、リビアは地中海を挟んだ隣国であり、難民問題の発生が脅威ととらえられたのである。実際、フランス政府はたびたびリビア難民がもたらす悪影響に言及していた。また、イギリスのキャメロン首相は、リビアが国際秩序の不安定要因となり、イギリス自身の安全保障に対する脅威になりかねないとの認識を持っていた。

リビア介入をめぐるNATO内外の国際関係に目を向けると、加盟国の結束は必ずしも強いものではなかったことが浮き彫りとなる。アメリカは、初期のうちから空爆に参加していた国の一つであったが、4月4日には戦闘から退き、「後ろから率いる」という立場に転じた。当時、国連安保理の非常任理事国であったドイツは軍事介入に消極的であり、リビアへの武力行使を容認する決議の採択にあたりロシア、中国とともに棄権という立場をとった。武力行使にあたり、NATOの28の加盟国のうち、わずか14カ国が軍事アセットを提供し、リビア攻撃に参加したヨーロッパ諸国は6カ国（イギリス、フランス、ベルギー、イタリア、ノルウェー、デンマーク）にすぎなかった。このうち、ノルウェーでは武力行使の目的が体制転換ではないかとの疑念が与党内から出たことから、8月に空爆への参加を打ち切った。他方、スウェーデン、カタール、アラブ首長国連邦、ヨルダン、モロッコを含む多くのパートナー諸国が作戦を支援し、NATOはこうした軍事的貢献を成功裏に取り込むことができた。

軍事的側面に目を転じると、リビアでは軍事目的を達成した反面、今後の課題も残したといえる。NATOの空爆によりカダフィの防空網は無力化され、海軍と沿岸防衛隊が打撃を受け、カダフィが反体制派の海上交通を脅かすことはなかった。カダフィ側からNATOの艦艇、航空基地、司令部などへ攻撃がなされることはなく、NATO側の戦死者は皆無であった。他方、NATOが動員した軍事アセットは小規模であり（コソボ空爆と比べて5分の1）、それがゆえに作戦が長引いたといえる。空爆の期間はボスニアでは約2週間、コソボでは78日であったのに対し、リビア介入は7カ月もの長きにわたった。そして、アメリカは初期のうちに戦闘から退いたものの、情報、監視、偵察の大部分を担ったほか、空中給油の80％を実施しており、ヨーロッパ諸国のアメリカに対する依存が改めて浮き彫りになったのである。

カダフィ政権が崩壊してから10年以上が経過した。しかし、リビアでは諸外国に支援された国軍や武装勢力が内紛を続けており、いまだに安定した統治形態へと移行できていない。

（篠﨑正郎）

28

イラクにおける国軍再建

★NATOによる非戦闘任務★

2003年にアメリカ、イギリスなどがイラクを攻撃し、サダム・フセインの独裁政権は崩壊した。イラク戦争をめぐっては、フランス、ドイツなどが開戦に反対したことから、NATOとしての戦争にはならなかった。NATOが初期に果たした役割は、開戦前にトルコを防衛するための予防的措置として偵察機、ミサイル防衛を配備したことと、戦後、ポーランドの安定化部隊への参加に際して通信、兵站の支援を行ったことのみであった。

戦後、イラクではアメリカの占領のもと、国家建設が進められていった。占領統治において、アメリカはバアス党関係者を公職から追放した。なぜなら、バアス党関係者はフセイン政権下で苛烈な弾圧を行っていたからである。追放の結果、多くの官僚、教員、軍人、警察官などが職を追われ、行政機能が滞ることになった。軍人や警察官の職を追われた者は、かつての職場から武器を持ち出して反米闘争を開始した。そうした状況であったため、イラクでは軍人や警察官を新規に雇用して訓練し、治安部門を立て直す必要があった。NATOはその一端を引き受けていくことになる。

国連安保理決議に基づき、またイラク暫定政権の要請を受けて、NATOは2004年6月にイスタンブールで催された首脳会議においてNATOイラク訓練任務（NTM－I）の開始を決定し、治安部門改革にあたった。アフガニスタンが「作戦」であったのに対し、イラクが「任務」であったのは、イラクにおけるNATOの役割を拡大したいアメリカと、これを抑えたいフランス、ドイツとの妥協の結果であった。イラク国内で実施した任務としては、イラク軍上層部に対する助言、イラク軍学校での教育支援、イラク国防大学創設（2004年9月）の支援などがある。ほかにも、イラク国外では、NATOや加盟国の教育訓練施設での受け入れや、加盟国による装備品提供・技術支援などがなされた。2008年からは、海空軍や警察の訓練も支援するようになった。NATOイラク訓練任務の活動は2011年まで続き、2011年をもってイラクはNATOのパートナーとなった。

2004年から2011年にかけて、NATOは5000人以上の軍人と1万人以上の警察官を養成した。2000近くの教育課程を開き、1億1500万ユーロ（当時の日本円にして約130億円）相当の軍事装備品を提供した。とりわけ、軍事装備品の提供は重要な貢献であった。NATO加盟国のうち、旧ワルシャワ条約機構諸国が保有していた旧ソ連製のT－72型戦車や人員装甲車、弾薬などがイラク軍に供給されたのである。皮肉にも、冷戦期にNATOの「最大の脅威」であった旧ソ連製の戦車が、冷戦後のイラクにおける任務で再利用されたのである。もっとも、旧ソ連製の戦車は「NATO標準」に合致しないため、中・東欧諸国が保有していても戦闘作戦に使用できないという事情もあった。

しかし、2011年にNATOがイラクでの任務を終えてから、イラク情勢は悪化していった。

「イスラーム国（ＩＳ）」が勢力を拡大したのである。「イスラーム国」はアル・カーイダから分裂したテロ組織であり、国家を自称しているものの、これまでに承認した国はない。当初数千人規模にすぎなかった「イスラーム国」はイラクに流入したのち、公職追放された旧バアス党幹部や国軍将校の一部と連携し、２０１４年6月にはイラク第二の都市であるモスルを陥落させた。「イスラーム国」の脅威が迫ると、イラク国内ではこれに対抗するために多数の準軍事組織（民兵）が形成された。様々なシーア派民兵や部族軍である。これらの準軍事組織の活動は正規軍を凌駕するとともに、準軍事組織同士の間で、あるいは組織内部において路線対立が顕在化していった。「イスラーム国」掃討作戦のなかで多様な組織が出現した結果、各組織の間の調整や指揮系統が整わないばかりか、競合や対立の軸が錯綜する状況に陥ったのである。

こうしてイラクが混迷の度を深めるなか、ＮＡＴＯはイラクへの関与を再開した。２０１４年にウェールズでのＮＡＴＯ首脳会議においてイラクへの能力構築支援が合意され、翌年から具体的な支援が始まった。２０１６年にはヨルダンの施設において３５０人のイラク軍将校が訓練を受けた。その後、イラク国内でも訓練を再開することとなり、２０１７年1月からバグダッドにＮＡＴＯ基幹部隊が入り、イラクの国防省、内務省、対テロ部隊などに対して訓練を実施した。

同時に、「イスラーム国」の掃討作戦も進んだ。「イスラーム国」に対しては、アメリカなどの有志連合による空爆がなされていた。ＮＡＴＯは2016年10月から有志連合に対して早期警戒管制機（ＡＷＡＣＳ）による支援を開始した。また、２０１７年5月をもってＮＡＴＯは有志連合の一員になるとともに、ＡＷＡＣＳへの空中給油を実施することとなった。とはいえ、ＮＡＴＯの役割は支援的なものにとどまり、「イスラーム国」との交戦に直接携わっていたわけではなかった。「イスラーム国」は2015年にはイラク北部などを支配していたが、有志連合による攻撃を受け、2017年末までにはほとんどの支配地域を喪失した。

「イスラーム国」の復興を防ぐために、2018年10月からはNATOイラク任務（NMI）が開始された。この任務でも、NATOは直接戦闘に携わることはなく、活動はもっぱら助言、能力構築といった分野に限られている。2021年2月には、イラク政府の要請により任務の規模を拡大し、訓練対象とする組織や地域を広げることを決定した。NATOイラク任務には、全加盟国（32カ国）とパートナー2カ国（オーストリア、オーストラリア）が参加している。2024年2月の時点において、この任務は数百名の軍人、文官および支援部隊から構成されている。

イラク戦争前に、アメリカでは楽観論が支配的であった。そして、アメリカ軍は精密誘導兵器を多用することでフセイン政権下のイラク軍を短期間のうちに撃破した。しかし、破壊そのものはハイテクで実施できても、復興はハイテクでは実施できない。一国の再建のためには、息の長い取り組みが必要である。この約20年にわたるイラクの混迷は、まさにそのことを物語っているのではないだろうか。

（篠﨑正郎）

イラクを訪問したストルテンベルグNATO事務総長（2019年9月16日）（NATO提供）

V

冷戦後の拡大をめぐって

29

NATO拡大の展開

★ヨーロッパ安全保障のゆくえ★

冷戦期にソ連を脅威として成立したNATOの構成国は、創設時（12カ国）の2倍をはるかに超える30カ国にまで拡大し、2023年にはさらに北欧2カ国が加盟して32カ国となる予定である。

歴史的にNATO拡大には、ソ連という脅威への備えを強化するという目的に加えて、民主主義体制を支え、個人の自由と法の支配を擁護するという目的があった。これはNATOが単なる集団防衛機構であるのみならず、北大西洋条約前文にも記されているように、価値共同体の側面を有していることの証である。1991年にワルシャワ条約機構が解散した後、体制転換を開始した中・東欧諸国は、安全保障上の真空地帯となったという地域的な不安定性への懸念のみならず、価値共同体としての魅力のために、EU加盟と並んでNATO加盟を求めるにいたった。

しかし冷戦後のNATO拡大に対しては、急激なパワーバランスの変化、加盟国数増加による同盟としての効率性の喪失、新規加盟国の軍との相互運用性確保のためのコスト増などへの懸念から、反対の声も少なくなかった。またアメリカのクリントン政権はロシアとの関係を最優先させており、民主化を目指すロシアの動きを刺激したくないとの立場から、中・東欧諸国の相次ぐＮＡＴＯ加盟希望に対しては当初、慎重な姿勢をみせていた。

このロシア配慮という観点から、１９９７年５月に「ＮＡＴＯロシア基本文書」が締結されたことは重要であった。これは、領土的一体性と主権尊重を相互に誓約するとともに、ＮＡＴＯとして、新規加盟国への核兵器持ち込み自粛と戦闘部隊の常駐基地設置自粛という二つの保証をロシアに与えたものであった。さらにＮＡＴＯとロシアの対話チャネルとして「常設合同理事会（ＰＪＣ）」が設置された。そのうえで、１９９９年３月に、ポーランド、チェコ、ハンガリーがＮＡＴＯ加盟を果たした。

この３カ国の加盟直後の１９９９年４月に開催されたＮＡＴＯ首脳会議では、「加盟のための行動計画（ＭＡＰ）」が承認された。これは、加盟を希望する国々が、政治経済、軍事、予算、機密保全、法的側面の五つの分野において、ＮＡＴＯとの間で詳細な目標からなる1年ごとの個別計画を作成したうえで、その達成状況の評価を受けるプログラムであった。つまり、ＭＡＰの実施が事実上、加盟の前提条件ということになる。

その後、ＮＡＴＯ拡大は、１９９９年のコソボ紛争への対応をめぐって米ロ関係が緊張したため、進展が危ぶまれた。しかし、２００1年9月11日に発生したニューヨーク国際貿易センターへの同時多発テロによって国際的な反テロ協調体制ができると、米ロ関係は大幅に改善された。２００2年5月には、国際テロや大量破壊兵器の拡散などの脅威にＮＡＴＯとロシアが共同で対処する態勢づくりの一環として、従来の常設合同理事会をより強化した「ＮＡＴＯロシア理事会（ＮＲＣ）」が設置された。こうした流れを受けて２００4年3月、中・東欧7カ国（スロバキア、スロベニア、ルーマニア、ブルガリア、エストニア、ラトビア、リトアニア）がNATO加盟を果たした。

冷戦後に紛争を経験したバルカン半島の諸国も、徐々にNATOへ加盟した。2009年4月のNATO首脳会議では、新たにアルバニアとクロアチアの加盟が認められ、2017年6月にはモンテネグロが正式加盟国となった。また、長年にわたり「マケドニア」という呼称をめぐって対立を抱えていた旧ユーゴスラビア連邦マケドニア共和国は、2019年に国名を「北マケドニア共和国」とすることでギリシャとの間で合意に達し、30番目の加盟国としてNATOに加わった。

NATO加盟希望を表明しながらいまだに果たせていない国は、ボスニア・ヘルツェゴビナ、ジョージアとウクライナである。このうちボスニア・ヘルツェゴビナについては、2006年にようやく3民族に分かれていた軍の統合を果たし、2010年にMAPの実施が決まった。しかし依然として民族対立が続いているため、NATO拡大の目途が立たない状況となっている。

ジョージアとウクライナの動きは、それぞれ「バラ革命」（2003年11月、ジョージア）あるいは「オレンジ革命」（2004年12月、ウクライナ）と呼ばれる民主化運動が発生し、その後成立した親欧米的な政権がNATO加盟を求めるようになってから開始された。2008年4月にはブカレスト首脳会議の共同宣言のなかで、NATOは「（ジョージアとウクライナが）やがて加盟国となることに同意した」と言及した。しかしロシアの反発を懸念するドイツやフランスは、ジョージアとウクライナの早期加盟に消極的で、MAPへの招致を拒否した。

その後、2008年8月の南オセチア問題を契機としたロシアとジョージアの武力紛争や、2022年2月のロシアによるウクライナ侵攻が発生したことは、あらためてジョージアとウクライナのN

ATO加盟がロシアにとってレッドラインであることを明確に示した。このため両国のNATO加盟は展望が見いだせない状況となっている。

こうしてNATOは引き続き門戸開放を掲げつつも、拡大そのものは終息しつつあると思われた。しかしロシア・ウクライナ戦争勃発は、そうした状況を覆した。それまでNATOのパートナーでありながら、歴史的に中立・非同盟政策をとり、独自の安全保障政策を採用してきたフィランドとスウェーデンが政策転換を行い、NATO加盟を申請した。両国は2022年6月のマドリード首脳会議で早くも加盟招致を受け、2023年には正式加盟を果たす予定となっている。

北欧2カ国は、集団防衛機構としてのNATOへの期待から、加盟を求めるにいたった。このことは、ヨーロッパ安全保障におけるNATOの重要性を再確認させた。しかしヨーロッパにはNATO加盟希望を表明していない国（スイス、オーストリア、アイルランド、モルドバ）も存在する。ロシア・ウクライナ戦争を受けて、これらの国の安全保障政策がどのように展開していくのかも、今後のNATOを含めたヨーロッパ安全保障秩序の行方を考えるうえで、興味深い問題を含んでいるといえよう。

（広瀬佳一）

追記：2023年4月にフィンランドが、2024年3月にスウェーデンが、それぞれNATO加盟を果たし、加盟国は32カ国に拡大した（巻頭資料①参照）。

30

ポーランド

★安全保障の「消費者」から「貢献者」へ★

1989年のいわゆる「体制転換」を経て、ポーランドは民主化および市場化により政治経済の枠組みの変革を進めていくこととなったが、その過程では当然外交政策に関しても新たな方向性の構築が必要とされた。この転換の方向性に関しては、元国防副大臣で外務省での勤務経験もあるワルシャワ大学のクピェツキが「西側への復帰」という形で、そのエッセンスを以下の4点にまとめている。

・EUへの加盟の追求と、EU加盟国とのネットワークの強化
・安全保障の源泉としての、NATO加盟の検討およびアメリカ合衆国との協力
・地域利害を共有し西方との統合を進めるための地域協力の強化
・ロシアおよび旧ソ連後継諸国との友好的善隣関係の形成

つまりポーランドにとってNATO加盟は、体制転換の当初からその外交政策の重要な目標の一つとして検討されていたということになる。そして実際に、ポーランド政府は1990年

にはＮＡＴＯとの接触を開始し、１９９１年７月にワルシャワ条約機構が解散する直前には、当時のワレサ大統領がＮＡＴＯ本部を訪問するなどより積極的な行動をおこしていった。そして１９９２年初頭にポーランドは、正式にＮＡＴＯへの加盟意図を表明することになる。

ポーランドがＮＡＴＯに加盟することのメリットについては、ポーランド国防省のホームページ内の「ＮＡＴＯにおけるポーランド」のページにおいて、以下の３点が提示されている。

・ＮＡＴＯに加盟することによりポーランドの安全保障が強化されるのみならず、ＮＡＴＯの活動にポーランドが積極的に参加することにより加盟国の信頼を獲得し、ポーランドの地位を高めることが可能となる。

・ＮＡＴＯに加盟することにより、ポーランド軍の技術的な近代化、専門職化、ＮＡＴＯとの運用の一体化を進め、自国の防衛力を強化すると同時にＮＡＴＯの能力強化にも貢献することが可能となる。

・ポーランドがＮＡＴＯの予算に貢献することと同時に、ＮＡＴＯ安全保障投資プログラム（ＮＳＩＰ）からの恩恵により（ポーランドの軍事力を強化するための）兵站施設や港湾・空港施設などの近代化を実現することが可能となる。

このようにポーランドのＮＡＴＯへの加盟意図については、単にポーランドの安全保障上の立場を強めるということのみでなく、ポーランドがＮＡＴＯに対して様々な形で貢献することが可能であるということが強調されている。この点に関しては、ポーランドのＮＡＴＯ加盟までの経緯も、一定の影響を与えている。

第29章においても指摘されているように、冷戦後のＮＡＴＯの拡大に関しては当時のアメリカのクリントン大統領をはじめとして全体に慎重な雰囲気が強く、ポーランドを含む中・東欧諸国のＮＡＴＯ加盟への道のりは遠いものであるかのように感じられていた。そのようななかで１９９４年からＮＡＴＯにより開始された「平和のためのパートナーシップ（ＰｆＰ）」は、ＮＡＴＯへの加盟を直接の対象とするものではなかったが、参加国がＮＡＴＯと協議しながら個別のプログラムを作成し、それに応じてＮＡＴＯの活動に参加していくというもので、ＮＡＴＯへの加盟に向けて一つの足がかりになるものであった。ポーランドは１９９４年7月にこのＰｆＰを受け入れると、9月には最初の加盟国との合同軍事演習を実施し、その後もＮＡＴＯ加盟各国の協力を受けつつＮＡＴＯとポーランド軍との相互運用性を高めていった。また１９９６年2月からはボスニアでの平和維持活動に参加するなど、実際的な面での協力も進めている。このようなポーランドの貢献について、先のクピェツキは安全保障の「消費者」のみならず「生産者」の地位を獲得している、また本書の編者広瀬はポーランド（を含む中欧諸国）が軍事的「貢献者」となりえるという指摘をしているが、ＮＡＴＯへの加盟過程において不完全ながらポーランドがそのような能力を発揮しうる可能性を示したことが、ポーランドのＮＡＴＯ加盟に一定の影響を与えたと考えられる。

その後ＮＡＴＯの拡大に慎重であったクリントン大統領が、１９９６年10月のスピーチにおいて最初の中・東欧諸国からのＮＡＴＯへの加盟は、遅くともＮＡＴＯ設立50周年記念の１９９９年末までに実現すべきであると明言し、またそれに呼応する形で1997年5月にNATOとロシアの間で「NATOロシア基本文書」が締結され、NATOの拡大に対するロシアの妥協を引き出したこともあり、1999年3月にはポーランドがチェコ、ハンガリーとともにNATO加盟を果たすこととなる。

なおここではポーランドのNATO加盟に関する外交面での動きを中心に記述を進めてきたが、当然ながらポーランドの内政もNATO加盟に一定の影響を与えている。そのなかで重要なものとしては、社会主義期の支配政党であった統一労働者党の後継政党となる、民主左派同盟の動向である。民主左派同盟はその成立の経緯もあり当初はアメリカとの関係強化には慎重な態度をとっていて、そのため特に1993年に民主左派同盟が選挙を通して政権に復帰し、また1995年に民主左派同盟のクファシニェフスキが大統領に就任した際には、アメリカの一部の層はポーランドのNATO加盟に懐疑的な見方をしていたとされる。だが内政の問題とは異なり、民主左派同盟は外交に関しては現実的な対応をとり、早い時期からNATO（およびEU）への加盟を追求していた。実際問題として、ポーランドのPfP参加、およびボスニアでの平和維持活動への参加は、いずれも民主左派同盟が与党の時期に実現したものである。

（仙石　学）

31

チェコおよびスロバキア

―★安全保障と「西欧への回帰」達成のためのNATO加盟★―

1989年11月17日の学生デモを発端とした「ビロード革命」により、12月初頭には非共産党系政府が樹立され、1948年2月より半世紀にわたりチェコスロバキアを支配してきた共産党による一党独裁体制は終焉を迎えた。革命直後からNATO加盟の検討は行われていたが、依然としてソ連軍の国内駐留などの理由から難しいと認識されていた。特に、ソ連は、演習と称して国境周辺に展開したワルシャワ条約機構（WPO）軍15万人を1968年8月20日夜半に侵攻させ、ドゥプチェク書記長による社会主義改革を弾圧したチェコ事件後に一時駐留協定を締結した。その後23年にわたりチェコスロバキア国内に8万人規模の戦力を駐留させて社会主義への挑戦に目を光らせてきた。ゆえに、チェコスロバキア新政府にとって、駐留ソ連軍を速やかに撤退させ、冷戦体制崩壊後の「力の真空」状況において東西の緩衝地帯化されることを防ぎながら防衛戦略を立て直すことが最優先課題であったが、あわせて、ソ連を挑発しないように細心の注意を払う必要もあった。また、90年代初頭の欧米諸国も、ソ連の急速な崩壊は経済危機と社会混乱をもたらすとの認識によりソ連の体制転換は目指しておらず、旧東欧諸国をNATOに加入させるという議論はきわめて低調であった。

当初、ハベル大統領やディーンストビール外相は、NATOとWPOの漸進的解体と、一国たりとも軍事的・政治的に突出することのない「欧州国家連合」の構築を目指し、これを具体化する手段として欧州安全保障協力会議（CSCE、1995年にOSCEに改称）の改革を目指した。しかし、この理想主義的なCSCE改革は、全会一致原則や、依然として存在する軍事的脅威に対する軍事的な強制力の欠如などにより満足のいく結果をもたらさなかった。さらに、1991年1月のバルト諸国へのソ連軍の介入、6月のスロベニアやクロアチアなど旧ユーゴスラビア諸国における内戦勃発、そして、8月のソ連クーデター未遂事件などの発生により、急速に、強制力を保持したNATOへの加盟方針へと軌道修正されていく。

さらに、1993年1月1日にチェコスロバキアがチェコ共和国とスロバキア共和国へと平和裏に分離し、旧ソ連地域とチェコの間にスロバキアという緩衝地帯ができたことにより、チェコの安全保障認識は大きく変化した。つまり、チェコが「ドイツとロシアの狭間」に位置する小国ゆえに「東西の架け橋を目指す」というそれまでの戦略志向を希薄化させ、NATOとEU加盟を通じて以前に属していた西欧に戻るという「西欧への回帰」思考を強める一方で、スロバキアのそれは、東側のロシアとの関係をより意識したものとなっていく。

1993年4月に訪米したハベルはNATO加盟希望を表明し、NATO拡大に後ろ向きであったクリントン政権の意識を変化させる契機となった。これにはチェコスロバキア出身のオルブライト国務長官も重要な役割を果たし、クリントンに「チェコには、ハベルとオルブライトという二人の駐米大使がいる」と言わしめた。しかし、NATO不要論すら噴出する冷戦終結後にアメリカやヨーロッパ各国内でNATO拡大のコンセンサスを形成することは難しい課題であった。そこでクリントン政権が提唱したのが、NATO域外における平和維持活動などへの貢献を通じたNATOの新たな存在意義創出であり、常にヨーロッパの平和と安定を意識するハベルもこの方向性に賛同し、アメリカのボスニア内戦への関与に期待を寄せた。しかし、社会主義から自由資本主義へと根本的な体制転換に忙殺されるチェコなど旧東欧諸国国民の間では、NATO加盟に関する議論や理解は深まらなかった。

その後、1994年1月に創設された「平和のためのパートナーシップ（PfP）」に参加したチェコとスロバキアは、軍事的側面を含めた具体的なNATOとの協力関係を構築していく。その例の一つが、PfPを通じた平和維持活動訓練であったが、チェコのクラウス首相は、経済改革を重視する一方で、国防問題に対しては消極的であり、結果的に、NATO加盟準備の遅れや国内安全保障法制の準備不足が指摘された。また、スロバキアは、冷戦中にボヘミアやモラビアから疎開された重工業・兵器産業など重厚長大産業の民営化・合理化に手間取っていた。

1996年3月、加盟に向けた協議を開始するために必要とされるクライテリア（①民主主義政治体制、②自由経済体制、③善隣友好外交、④軍の民主的文民統制、⑤NATO諸原則の受け入れ）に準拠していることを説明する覚書を提出し、1997年7月のマドリード首脳会議において、チェコ共和国は、ハンガリー、ポーランドとともにNATO加盟交渉に正式に招聘された。そして、1999年3月12日、チェコは正式にNATO加盟を達成した。しかし、加盟後も国内へのNATOを含めた外国軍駐留はなく（駐留には上下両院の承認が必要）、核兵器の配備もない。

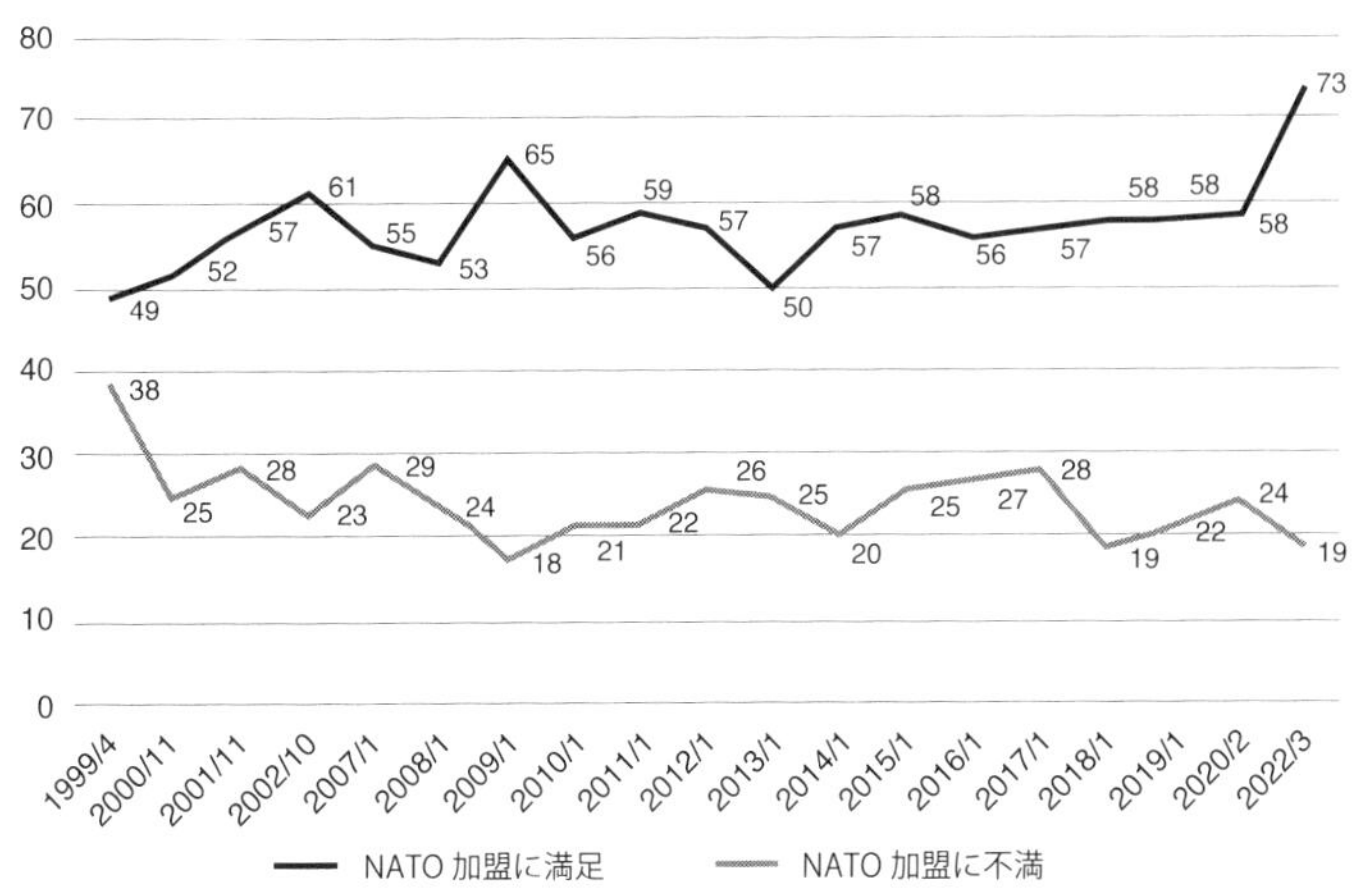

図　チェコにおけるNATO加盟国ステータスへの満足度に関する世論調査（%）
出 所：Česká veřejnost ke konfliktu na Ukrajině – jaro 2022, Centrum pro výzkum veřejného mínění, Sociologický ústav AV ČR, 2022年6月30日

一方、旧東欧諸国の加盟第一陣にスロバキアの名前はなかった。スロバキアにはチェコほど強い反ソ・反社会主義感情もなく、急速な西欧化を進めるチェコに対する反発が「ビロード分離」を招いたとも指摘されるとおり、NATO加盟ではなく中立政策が最も支持されていた。また、1997年5月に実施されたNATO加盟に関する国民投票などメチアル政権下の国内政治混乱のほか、軍の文民統制や市場経済体制への転換などのクライテリアに対する準備も滞りがちであった。もっとも、スロバキア政府がNATO加盟を国の安全保障政策の最終目標と位置づけ、クライテリアへの準拠努力を継続した結果、2002年11月のNATOプラハ首脳会議において、他の中・東欧諸国6カ国とともに加盟に向けた正式交渉に招聘され、2004年3月29日、正式にNATO加盟を果たした。

NATOの中・東欧諸国（旧東欧諸国）への拡大

は、その後のEU拡大を促したという重要な意味のほかに、「小国」であるという特性が安全保障上の脆弱要因ではなくなったという意味がある。もちろん、「小国」であるがゆえに「大きなものへの依存」は不可避であるが、ロシアによるウクライナ侵略や、EUにとって「協力パートナー、経済的な競争相手、そして統治をめぐる体制上のライバル」である中国の台頭など、新たな脅威・リスクに対して、NATOの抑止力が（これまでのところ）機能し、小国・大国の区別なく、NATO内で相互援助と同盟への貢献を自発的に拡大・深化させるモメンタムが強化されていることは、中・東欧諸国に重要な安心感を与えている。

（細田尚志）

32

ハンガリー

★体制転換後の安全保障とNATO加盟の選択★

ハンガリーはいつ、いかなる動機でNATO加盟を希望したのだろうか。1990年2月20日、当時のホルン外相がハンガリー政治学会の国際政治部会の演説のなかでハンガリーのNATO加盟の可能性を示唆する発言をしていた。その時点では、まだワルシャワ条約機構は健在であった。また、ソ連とハンガリーの間では、すべてのソ連軍をハンガリー領内から撤退させる合意すら成立していなかった。

ハンガリーがNATO加盟を希望した背景として、冷戦後の不安定な旧ソ連の情勢、旧ユーゴスラビアでの民族紛争、少数民族をめぐる近隣諸国との潜在的な紛争の可能性が挙げられる。特に、隣接する旧ユーゴスラビアでの戦闘の激化により、ハンガリー国内ではNATOの支援を求める声が高まった。1991年6月以降のクロアチア紛争では、ユーゴスラビア空軍機がハンガリー南西部の街バルチに爆弾を誤って投下する事件が起こった。ハンガリー国防軍の防空能力の欠如が露呈したのである。

ハンガリーを含めた中・東欧は、長く大国の支配下、勢力圏に置かれた経験を持っていた。冷戦後に唯一の超大国となったアメリカとの同盟関係となるNATO加盟によってのみ、国外の軍事的脅威から解放されると認識した。

1990年の最初の自由な総選挙では、ワルシャワ条約機構からの脱退、NATO加盟を主張する政党はなかった。だが、総選挙後にはワルシャワ条約機構からの脱退が現実味をもって議論されるようになった。1994年の総選挙の後にホルンを首班とする左派・リベラル派の連立政権が樹立される際の社会党と自由民主連合の政策合意には、ハンガリーのNATO加盟の実現が盛り込まれた。国会に議席を有するすべての政党の間で、1996年までにNATO加盟に関するコンセンサスが形成された。

中・東欧にとって、NATO加盟の障害はロシアの存在であった。ロシアはNATOの東方拡大に強く反対する姿勢をとった。なぜなら、NATOがかつてのソ連の勢力圏にまで拡大することは、ロシアにとって脅威であった。また、NATOの東方拡大がロシア国内の政情不安を招くことも懸念された。そのため、NATOは東方拡大に慎重にならざるをえなかった。

アメリカは東方拡大への反対姿勢を崩さないロシアの立場に配慮しながら、中・東欧をNATOに加盟させる努力を続けていた。アメリカは早期のNATO加盟の代替案として、中・東欧とNATOとの関係強化を目的とする「平和のためのパートナーシップ（PfP）」を提唱した。1994年2月、ハンガリーはPfPへの参加を表明した。アメリカはNATOへの加盟を希望する中・東欧に対して、NATO方式の訓練、英語などの外国語の習得を通して段階的に自国の兵士をNATOとの共同任務に適応させる努力を促した。

さらに、ハンガリーがNATO加盟を果たすうえで必要な条件となったのが、多くのハンガリー系少数民族が住むスロバキア、ルーマニアとの基本条約の締結だった。少数民族の権利保護など隣国との問題を対話で解決することを、NATOは加盟を希望する国に義務づけた。ハンガリーは1995年3月にスロバキア、1996年9月にルーマニアと基本条約を締結した。

1995年11月のデイトンでの和平合意によるボスニアでの民族紛争の終結は、ハンガリーにとってNATO加盟交渉で有利に作用した。ハンガリーはNATO主導でボスニア・ヘルツェゴビナに展開される平和維持活動を支援するために、タサールなど自国の南西部にある基地を提供した。さらに、1996年2月には、ハンガリーもボスニア・ヘルツェゴビナにおける平和維持活動「和平履行部隊（IFOR）」に参加した。

NATOは東方拡大へのロシアの反発を抑えるため、1997年5月にロシアと「基本文書」を締結した。また、NATOはロシアとの間で共通の安全保障問題を協議するための「常設合同理事会（PJC）」の設置についても合意した。

NATOは1997年7月のマドリードにおける首脳会議で、ポーランド、チェコ、ハンガリーの3カ国を加盟させることを決定した。1997年11月に実施された加盟の賛否を問う国民投票（賛成85%）を経て、1999年3月にハンガリーはポーランド、チェコとともに正式にNATO加盟を果たした。

加盟後に残された課題について、中・東欧の軍隊には、次のような冷戦時代の遺産が存在した。まず、軍の熟練度を低下させる財政上の制約である。体制転換後の経済不振による軍事予算の削減のため、中・東欧では軍の能力が低下した。次に、軍の量と質との不適合である。中・東欧の軍は国土防衛のために大規模な部隊を維持してきた。しかし、冷戦後に加わった国際任務では、数的な規模よりも少ないながら能力の高い部隊が必要となった。さらに、教育カリキュラムの刷新にもかかわらず、その後も根強く残る旧体制の伝統である。有能な下士官（ＮＣＯｓ）を育成するうえで、ソ連式の教育を受けた世代の存在が障害となった。

２００２年５月の左派・リベラル派によるメジェシ政権の成立直後、ユハース国防相がブリュッセルのＮＡＴＯ本部を表敬訪問した際、ロバートソンＮＡＴＯ事務総長はハンガリー国防軍の近代化の遅れを批判した。ＮＡＴＯ加盟当時、ハンガリーの軍事予算はＧＤＰの１・６％であり、その後も微増にとどまり２％を超えなかった。ＮＡＴＯ加盟の後、チェコの軍事費はＧＤＰの２％を超え、ポーランドのそれもＧＤＰの２％の水準を維持した。ハンガリーは限られた軍事予算のなかで、装備の近代化によるＮＡＴＯとの相互運用性の確保に努めなければならなかった。

さらに、オルバーン政権下のハンガリーが２００１年のアフガニスタン戦争で何も貢献しなかったことも批判の対象となった。２００４年の第二次拡大を前にして、ＮＡＴＯでは新加盟国が責務を果たさない同盟の「ただ乗り（free rider）」の懸念が生じていた。

軍の近代化への努力にもかかわらず、ハンガリーを含めた中・東欧では軍隊の二層（two-tier）の構造が生じた。プロフェッショナル化されたショーケースとしての少数の部隊が創設された一方で、能力の低い部隊、近代化の遅れた装備が長く残ることになったのである。

（荻野　晃）

33

バルト諸国

★NATOの弱点か、動力源か★

ロシアからの現実的な脅威が増せば増すほど、バルト諸国にとっての安全保障環境は改善される。逆説的に聞こえるかもしれないが、2014年のロシアによるクリミア編入後、この命題の正しさが証明された。

エストニア、ラトビア、リトアニアの三国が、NATOに加盟したのは2004年3月のことであった。この加盟は決して既定路線であったわけではない。当時の国際情勢がそれを可能にしたのである。1990年代後半、ポーランドなどへの第一次NATO東方拡大が決まった時点で、バルト諸国についてはまったく見通しが立っていなかった。言うまでもなく、その理由はロシアの強い反対であり、ロシアに対する挑発を望まない既加盟国の政治的判断だった。

そもそも、早くも1990年代前半にはNATO加盟に関する明確な希望を表明したバルト諸国であったが、その時期に短期間見られたロシアとアメリカの蜜月は追い風とはならなかった。むしろ、ロシアをはじめとする旧ソ連諸国やスウェーデン、フィンランドを巻き込んでの欧州・大西洋安全保障体制の構築により、NATO加盟を望む国々の不安を和らげようとする方策（北大西洋協力会議〔NACC〕や「平和のためのパートナーシップ〔PfP〕」）が優先された。NATO主導で設計されたこれらの試みが、ロシアの期待にそぐわなかったことは否定できない。90年代を通じてバルト地域の先行きは不透明だった。独立回復の時点で国内に駐留していたロシア軍が撤退するのは1993、94年のことであったし（ラトビアのスクルンダ・レーダー基地は1998年まで稼働）、国境問題もあった。一足先にロシアとの国境協定調印にこぎつけていたリトアニアですら、その批准については予断を許さなかった（2003年に発効。ラトビアは2007年に批准。エストニアは未締結）。「NATOの門戸は閉じてはいない」としながらも、三国の加盟は現実的ではないという1996年末ごろからアメリカの政府高官らが示すようになった見解は、行動計画に従って黙々と改革を進めていた三国にとって冷水も同然であった。ロシア語話者をめぐる国籍や教育問題などを人権問題として取り上げてロシアが揺さぶりをかけてくるなか、1998年1月に締結されたのが、アメリカとの「米・バルト憲章」である。実質はともかく、安全保障のグレーゾーンに追いやられないことが重要だった。

アメリカとの関係強化の一方で、NATO加盟を可能にするための努力も続けられていたものの、ジレンマもあった。ロシアが脅威であるからこそ加盟を強く希望しているにもかかわらず、そうした脅威認識を前面に出すことが、NATOロシア理事会設置などロシアとの協調を重視した当時の取り組みを阻害することになる。それゆえ、ロシアとの関係構築にあたっての橋頭堡となるという主張が繰り広げられたのである。とはいえ、2004年の加盟を可能にしたのは、こうした努力ではなく、2001年の9・11同時多発テロと、それを受けての米ロ間での対テロ協力をめぐる合意だったことは、バルト地域の安全保障がいかに国際情勢に翻弄されるかということの証左である。2002年の加盟決定の際、ブッシュ米大統領は「二度とミュンヘンもヤルタも起こらない」とリトアニアのヴィルニュスで演説し、「ヤルタの終焉」が祝われた。だが、それでも不安が拭い去られていないことは、イラクへの軍事介入をめぐってＮＡＴＯ内で対立が生じた際、「新しいヨーロッパ」に位置づけられた中・東欧諸国がいわゆる「ヴィルニュス10グループ」を結成し、こぞってアメリカの立場を支持したことにも表れていた。とはいえ、正式な加盟国となったことにより、防衛態勢が強化されたことは間違いない。加盟国が交代で哨戒活動を担当するバルト地域領空監視が導入され、また、２００７年にエストニアがロシアからと目される大規模なサイバー攻撃を受けた直後に、同国にサイバー防衛協力センターが設置された（第60章参照）。

バルト諸国の軍事力および地理的・社会的脆弱性は改めて確認するまでもないが、それは必ずしもロシアと隣接しているためばかりではない。フランスやドイツの対ロシア認識も三国にとっての不安材料だった。90年代の加盟交渉で、三国がアメリカを何よりも頼みとし、加盟後はアメリカの外交政策の最も信頼できるパートナーとなったのは、ヨーロッパ内での認識の不一致を背景としているのである。ヨーロッパに対するアメリカからの影響力の相対化を念頭においた、ロシアも包摂するヨーロッパの新たな安全保障体制を構築するというアイデアを、折に触れてヨーロッパの政治指導者らは議論の俎上（そじょう）に載せようとしてきた。これに対し、２０１４年以降、ロシアの予測不可能性と攻撃性をより積極的に訴えるようになったのがバルト諸国だ。そうした主張は受け入れられている。２０１６年のワルシャワ首脳会議で、「強化された前方プレゼンス（ｅＦＰ）」の展開が決定され、三国とポーランドにＮＡＴＯ東部地域における抑止と防衛強化を目的とした多国籍からなる大隊の配備が実現することになった。ロシア軍によるウクライナ侵攻後に開かれた2022年のマドリード首脳会議で、ロシアを最も重大かつ直接的な脅威として名指しし、防衛のさらなる強化を謳った「戦略概念2022」が採択されたことは、ロシアとの緊張状態にもかかわらず、三国の安全保障環境が防衛の観点からは強化されたことを意味するのである。2022年9月、ロシアで部分的動員が始まり、また電力供給の停止が懸念されるなかで、エストニアのカラス首相は「われわれは守られているし、守られ続ける」として国民に冷静さを保つよう訴えた。ことはこれにとどまらない。これらいわゆる「小国」のNATO内での発言力が高まってきているようにも感じられるのだ。エストニアのレインサル外相は、NATO外相会議（ブカレスト、22年11月29～30日）で、ウクライナに対する包括的軍事支援の必要を訴え、同国のNATO加盟を強く支持した。

こうした積極的な対外的発信とは異なり、特にエストニアとラトビアでは、地域社会もまた、脅威認識という点で、実はそれほど一枚岩ではない。NATO支持率については加盟前から一貫して高いのが三国の特徴である（*GLOBSEC Trends 2022* によれば、NATOにとどまることに対する賛成は、エストニアで72％、ラトビアで79％、リトアニアで88％）。だが、言語話者別にみると、ロシア語話者のNATO支持率は、世代による違いがあるとはいえ高いとはいえない。この傾向は、ロシアに対する脅威認識とも一致している。ロシアを脅威と認識する割合は、ロシア語話者では相対的に小さいのである（たとえば、ラトビアでは2020年の調査で、ロシアを脅威と認識しているのはロシア語話者の7％）。

（小森宏美）

34

ルーマニアとブルガリア

★戦略的重要性をアピールしてNATO加盟へ★

中欧3カ国（ポーランド、チェコ、ハンガリー）のNATO加盟は1997年7月のNATOマドリード首脳会議で決定されたが、ルーマニアとブルガリアのNATO加盟は2002年11月のプラハ首脳会議まで持ち越された。これら2カ国がNATO加盟に関して中欧3カ国に後れをとったのは、後者とは対照的な1989年以降の政治変動ゆえのことである。

ルーマニアではチャウシェスク政権は打倒されたが、共産党勢力が救国戦線に衣替えして権力に居座ったため、旧共産主義体制の政治経済構造が温存され、NATO加盟に不可欠な民主化や市場経済化が遅れた。それでも救国戦線の急進改革派がロマン内閣を組閣し、国防省でも親欧米派が親ソ派を追放して、NATOや西側諸国との関係強化に向かった。ところが、大統領府と議会を牛耳る保守派のイリエスク派が、炭鉱労働者をブカレストに動員して民主化デモを鎮圧し、ロマン内閣を退陣に追い込んだ。そして、欧米国際社会の批判を浴びて国際的に孤立すると、同政権は1991年4月に「ソ連－ルーマニア協力善隣友好条約」に調印して、ソ連に接近した。同年3月にワルシャワ条約機構の軍事機能停止に追い込まれたソ連が、クヴィツィンスキー・ドクトリンを公表して同機構加盟諸国に中立国家にとどまるよう要請し、ルーマニアだけがそれに応じたのである。同条約が同盟への加盟を禁じているとして一斉に反発し、NATO加盟に向けて始動した、他のワルシャワ条約加盟諸国とは対照的であった。

他方、ブルガリアでも、ジフコフ共産党書記長が共産党内の宮廷革命で権力を追われたが、共産党が社会党に党名を変更して権力を掌握し続けた。ところが、1991年10月の議会選挙で野党民主勢力連合（UDF）が第一党となって非共産党政権を樹立したが、翌年10月の内閣不信任決議によって総辞職を余儀なくされた。そして、UDF内閣に代わって政権に就いたベロフ内閣も、また1994年12月の議会選挙で勝利した社会党政権も、いずれも大胆な民営化や市場経済化に着手しなかったため、ブルガリアはNATOマドリード首脳会議で候補国として名を連ねることはなかったのである。

これに比してルーマニアは、同首脳会議直前に加盟候補国として急浮上した。それは、1996年末の議会・大統領選挙で勝利した反共産勢力からなる民主連合が、ハンガリー民主連合と連立政権を組んで隣国ハンガリーと国家条約を締結し、領土問題に終止符を打つとともに、民主化や市場経済化に乗り出したからである。その結果、国際社会におけるルーマニアの評価が一転して、フランスなど9カ国が、ルーマニアのNATO加盟支持に向かったのであった。

それでは、なぜルーマニアはNATO加盟を切望したのであろうか。それは、冷戦後の欧州安全保障秩序の要であるNATOに加盟しなければ、自国の安全保障利益を同秩序に反映できないからである。また、西欧とロシアの狭間のグレーゾーンに置かれて自国の安全が保障されないばかりか、将来ロシア勢力圏に組み込まれる危険性を排除できないからでもある。さらに、西欧文明や欧米の先進経済圏から取り残されるため、民主主義や経済発展に支障をきたすであろうし、少数民族の権利も蹂躙されかねない。また、NATO加盟はEU加盟ほど長期間を要しないので、EUより早く加盟できて、EU加盟とほぼ同じ効果を得ることができる。すなわち、NATOに加盟すれば国家の安全が保障されるため、外資の呼び込みや経済発展が期待できるのである。9割以上のルーマニア国民がNATO加盟を支持したのは、これら多次元にわたる加盟効果ゆえのことであった。

そのため、ルーマニアは、NATOマドリード首脳会議開催直前の6月にウクライナと国家条約を調印して、第二次世界大戦後にソ連邦に編入され、ソ連邦崩壊後はウクライナ領となった北ブコヴィナとベッサラビア南部を公に放棄してまで、NATO加盟を達成しようとしたのであった。この条約によって、1949年にソ連領に編入された蛇島もウクライナ領に帰属することとなり、同島付近の大陸棚と排他的経済水域（EEZ）はその後の交渉に委ねられた（2009年2月の国際司法裁判所決定において、EEZの係争海域1万2000㎢のうち、9700㎢がルーマニアに、2300㎢がウクライナに属することとなった）。ところが、クリントン政権が、「民主主義が後戻りする心配のない」中欧3カ国のみのNATO加盟に固執し、ルーマニアは経済的要件を満たしていないとして反対したため、同国のNATO加盟は見送られた。

ブルガリアがNATO加盟に向けて本格的に始動したのは、NATOマドリード首脳会議以後のことである。それは、1997年の議会選挙でロシアとの良好な関係を優先する社会党政権が敗北し、政権に就いたUDFが1999年に採択した安全保障戦略においてNATO加盟を優先目標に掲げて、民営化など大胆な経済改革に着手したからである。また、2001年に政権を掌握したシメオン2世国民運動内閣が同路線を踏襲したことも、同国のNATO加盟路線に拍車を掛けた。そして、これら中道右派政権は、コソボ紛争や同時多発テロ後の対テロ戦争において、NATOや米軍に自国領土の使用を認めたり、アフガニスタンで展開されたNATO国際治安支援部隊（ISAF）に参加したりして、バルカンや中東の和平に貢献した。それゆえ、1998年にブルガリアを訪れたタルボット米国務副長官は、バルカンの安定化に果たす同国の役割を賞賛し、翌年11月のクリントン大統領による米大統領として初のブルガリア訪問につながったのである。

他方、ルーマニアは、NATOマドリード首脳会議直後の時点で次期NATO加盟最有力候補として誉れ高かったが、会議後深刻な汚職問題や経済停滞に見舞われ、NATO加盟が遠のいた。アメリカのパウエル国務長官は、2001年8月の書簡において、ルーマニアがNATO加盟に不可欠な「加盟のための行動計画（MAP）」を満たすには長い道のりが必要であろうと注意を喚起した。ところが、2000年秋の議会・大統領選挙で権力に返り咲いた社会民主党政権は、汚職、司法の独立未達成、旧秘密警察（セクリターテ）とのつながりなど厳しい批判を浴びながらも、経済の立て直しや、軍の非政治化や文民統制、および軍の大規模な削減など軍改革を断行した。また、「9・11」同時多発テロ以降、アメリカやNATOに領土や基地の使用を認めたり、アフガニスタン戦争やイラク戦争に積極的に参加したりするなど、バルカンや中東の安全保障に尽力した。さらにルーマニアは、米軍を国際刑事裁判の管轄権に付さないとする協定に署名して、親米寄りの姿勢を鮮明にし、同協定に批判的なEUや他の中・東欧諸国と一線を画した。

このようにして、ブルガリアやルーマニアは第一次NATO東方拡大において中欧に先を越され、

ブカレストの革命広場でルーマニアのNATO加盟への祝辞を述べるブッシュ大統領。右はルーマニアのイリエスク大統領（2002年11月）（ロイター／アフロ提供）

第二次拡大でも民主化や経済改革、さらにはMAPの履行に関してバルト諸国に後れを取った。しかし、コソボ紛争やマケドニア紛争などのバルカン紛争に加え、アフガニスタン戦争やイラク戦争など対テロ戦争によって、バルカン、中東、中央アジアに近接する黒海地域の戦略的重要性が認識されはじめたことで、これら黒海沿岸2カ国の地域安全保障に果たす役割に期待が高まった。かかる状況において、両国はその期待に応えるべく、アメリカやNATOの安全保障戦略に積極的に協力することで、2002年11月のNATOプラハ首脳会議において、バルトや他の中・東欧およびバルカン諸国とともにNATO加盟承認を得たのである。

（六鹿茂夫）

35

スロベニア、クロアチア、モンテネグロ

★ユーゴ内戦の「後始末」★

冷戦後にユーゴスラビア社会主義連邦共和国（以下、ユーゴ）は7カ国へと解体した。そのうち、スロベニア、クロアチア、モンテネグロ、北マケドニアはNATOに加盟し、ボスニアも加盟プロセスを歩んでいる。解体によって再浮上したり発生した国家間の問題は、NATOの新規加盟時における加盟国のコンセンサス原則のゆえに、加盟プロセスに影響した。特にNATO加盟を希望していないセルビアの存在は、相互の国家承認をしていないコソボはいうまでもなく、モンテネグロやボスニアにおけるNATOとの関係を左右する問題である。

本章で取り上げる3カ国のうち、加盟の歩みが最もスムーズであったのはスロベニアである。1991年6月の独立宣言直後に発生した「十日間戦争」終了後、スロベニアの独立は実質的に実現された。スロベニアの初代大統領はクーチャン、首相は当初はペテルレであったが、1992年5月にドルノウシェクに交代した。クーチャン大統領とドルノウシェク首相のコンビは2002年末までほぼ続き、いずれもユーゴ時代のスロベニアを代表する二人の政治家のもと、スロベニアはNATO、EUへの加盟の道を進むのである。スロベニア国民議会は19

93年4月に国家安全保障計画に関する決議を採択し、翌年には1月にNATO加盟の意思を明らかにし、5月には「平和のためのパートナーシップ（PfP）」にも参加を認められた。正式な加盟プロセスは1995年から始まり、スロベニアは、その後にNATOがボスニア、コソボで展開する平和維持活動に参加した。この間に問題とされたのは、イタリアとの関係であった。第二次世界大戦後にユーゴから追放されたイタリア人の財産補償の問題が、スロベニア独立を機に浮上してきたのである。しかしイタリアが1996年5月にスロベニアと欧州協定を締結することにより、この問題も解決した。スロベニアは1999年には「加盟のための行動計画（MAP）」への参加を認められ、年次報告書を提出し始めた。2002年11月のNATOプラハ首脳会議において開始が決定された交渉は翌年1月に行われ、3月の国民投票で最終決定がなされた。そして、2004年3月にNATO加盟国となったのである。当時のスロベニア大統領は、首相から転じたドルノウシェクであった。

クロアチアはスロベニアと同時に独立宣言を発したが、スロベニアと異なり戦闘は長引いた。クロアチア内戦こそ1992年1月に休戦したが、国土の3割に及ぶ、セルビア人が建国したクライナ・セルビア人共和国の領内に、国連PKO部隊の「国連防護軍（UNPROFOR）」が展開していたのである。同共和国の領域は南北クライナ、東西スラボニアの4カ所に分かれていたが、クロアチア軍はボスニア内戦中の1995年5月と8月に東スラボニアをのぞく3カ所に侵攻し、同共和国は滅亡した。東スラボニアは「国際連合東スラボニア・バラニャおよび西スレム暫定統治機構（UNTAES）」による国連暫定統治を経て、1998年1月にクロアチアに返還された。クロアチア初代大統領のトゥジマンはクロアチアの欧州「復帰」に前のめりであったが、皮肉なことに、トゥジマンが最高司令官を務めていたクロアチア軍のボスニア内戦における蛮行により、トゥジマン生存中にNATO、EU加盟プロセスが進むことはなかった。トゥジマンが1999年12月に現役大統領在任中に死去し、大統領も政権与党も一変した。新政権でもNATO、EU加盟は最優先課題であり、PfPには2000年5月、MAPには2002年5月に参加が認められた。旧ユーゴ国際刑事法廷との懸案が2005年12月に解決すると、すぐにアメリカ議会下院がクロアチア加盟を求める決議を出し、イギリスやイタリア、ハンガリーもそれに続いた。しかしスロベニアとの間でピラン湾の問題が残っていた。NATO、EUの加盟国となっていたスロベニアは、新規加盟に関するコンセンサスの原則を利用して、ピラン湾における境界画定を有利に運ぼうとしたのである。領海問題は、漁業権や排他的経済水域への接続なども絡み、現在でも未解決である。ピラン湾問題棚上げのまま、クロアチアは加盟手続きを進め、2008年4月のNATOブカレスト首脳会議に招待されて、2009年4月に加盟国となった。

スロベニア、クロアチア、(北)マケドニア、ボスニアが相次いで独立した後にユーゴに残ったセルビアとモンテネグロは1992年4月にユーゴの国際法上の承継国としてユーゴスラビア連邦共和国(以下、ユーゴ連邦)を建国した。ユーゴ連邦は2003年2月に国家連合「セルビア・モンテネグロ」に改編され、セルビアとモンテネグロは法的には別個の国家となった。この間に、モンテネグロ大統領のジュカノビッチは、一貫してセルビアから離反しようとしていた。セルビアが国際法上の主権国家ではないために、欧米諸国が制裁を科す対象はユーゴ連邦にならざるをえず、モンテネグロはその制裁の巻き添えになってきたのである。セルビアの独裁者のミロシェビッチはすでに失脚していたが、モンテネグロの独立志向は変わらなかった。セルビアから離れたモンテネグロが頼るべきは、EUであり、NATOであった。他方で、2003年の国勢調査によれば、国民の民族構成において、モンテネグロ人の4割強に対して、セルビア人の割合は3割強であり、これは無視できる数ではなかった。両民族は歴史的に密接な関係にあり、かなりのモンテネグロ人がセルビア正教徒であるなど、集団的アイデンティティも近かった。しかも1999年にNATOに空爆されたセルビアはNATO加盟を希望していなかった。NATO加盟に反対する国民はしばしば過半数に達し、賛否は最後まで拮抗していた。それを押し切ったのはジュカノビッチの政治力であった。モンテネグロは国民投票を経て2006年6月に独立すると、早くも12月にPfP、そして2009年12月にはMAP参加を認められた。その後にモンテネグロは年次報告書を提出する一方で、アフガニスタンなどにおけるNATOのPKO活動に積極的に参加するなど実績を重ねた。加盟交渉は2016年5月に終了し、モンテネグロは2017年6月に29番目のNATO加盟国となったのである。

（月村太郎）

36

アルバニア

★紆余曲折を経た安全保障★

アルバニア共和国は、衰退したオスマン帝国末期に領土内の諸民族が相次いで独立するという、いわゆる東方問題の一部として、第一次・第二次バルカン戦争を経て、1912年にオスマン帝国から独立したアルバニア公国を基としている。

アルバニアは、バルカン半島にあってアドリア海とイオニア海とに面しているというヨーロッパの安全保障上、重要な地政学的位置にある。特に地理的に隣国にあたり密接な利害関係を有していたのはイタリアである。これは今日においても同様である。

独立したアルバニアは、一時イタリアの保護国となったが、イタリアの進駐軍の撤兵で、1920年には国際連盟加盟の独立主権国家となった。そして、1928年に王制を布告したゾグがゾグ1世を自称して、アルバニアの体制は王制となった。

しかし、1939年にムッソリーニがアルバニアを攻撃して、アルバニアは、第二次世界大戦でイタリアが降伏する1943年までイタリア占領下の時代を迎えた。その後、ドイツの侵攻を受けたが、1944年にアルバニア側の民族解放戦争の勝利によってソ連軍の力を借りずアルバニア全土が解放された。

イタリアとドイツの侵略下でアルバニアの抵抗は、共産主義者の活動と密接に結びついていた。ホッジャ率いるアルバニア共産党（後のアルバニア労働党）のティラナ支部は、徐々に、アルバニア全土のすべての共産主義運動と反ファシズム運動の中心となっていった。そして、ホッジャがアルバニア共産党の指導者となった。

この後、純粋マルクス主義を堅持して修正主義を認めず、スターリン主義を墨守する国家として、アルバニアは国際的に孤立し、事実上の鎖国主義を堅持していくこととなる。

まず、第二次世界大戦終焉後、アルバニアは、国土解放に共闘したティトー率いる隣国ユーゴスラビア連邦がコミンフォルム（共産党・労働者党情報局）を脱退したときに断交した。そして、フルシチョフがスターリン批判を行ったソ連とも断交した。チェコスロバキアへのワルシャワ条約機構（ＷＰＯ）軍の侵攻に反対してＷＰＯからも脱退した。文化大革命批判時には中国とも断交した。

こうしてアルバニアの安全保障政策は、全土にトーチカを建設して国民総武装を標榜するという孤立路線、事実上の鎖国政策を歩んでいくこととなる。

しかし、１９８９年に始まった東欧諸国の社会主義から民主

首都ティラナのスカンデルベグ広場。アルバニアの民族的英雄スカンデルベグ像が建つ（写真右）（アルバニア政府観光局提供）

主義への体制転換「東欧革命」は、アルバニアにも波及した。独裁者ホッジャの後継者であったアリアは、さらに国内経済の破綻が加わった内外の環境の劇的変化を前に海外直接投資の解禁と労働党一党独裁政策の放棄を行わざるをえなくなった。

外交官のテネケチジウによると、1990年末から1992年にわたって本格的に起こった「ヨーロッパ最貧国」の独裁主義から民主主義への過渡期の混乱で、アルバニアの安全保障政策を含む国際社会からの孤立主義は変化するほか、道はなかった。こうして民主化への過渡期を迎えたアルバニアの安全保障政策は、事実上の鎖国主義から国際社会の一員として復帰する動きを、まずは活発化させた。欧州安全保障協力会議（CSCE、現OSCE）へのオブザーバー参加等を含めて新たな安全保障政策上の取り組みが行われ始めたのである。

しかし、鎖国主義からヨーロッパの民主主義陣営への復帰は、体制変革の過渡期において大いなる混乱をきたした。とくに1997年にアルバニア全土で生じた「ねずみ講」事件とそれに関わる全土における武装蜂起は、内政のみならず周囲のヨーロッパ諸国にも影響を与える大規模なもので、アルバニアの国家体制を揺るがすほどであった。

しかし、こうしたなかでアルバニアは、ヨーロッパの多国間組織への正式加盟への条件を満たしながら「ヨーロッパの孤児」からの脱却を、段階を踏んで並行して成功させてきた。

特に「ヨーロッパの拡大」において、中心となるヨーロッパ地域の多国間組織であるEUへの正式加盟がアルバニアにとっての最優先課題とされている。しかし、EU側は、NATO加盟をアルバニアも含む西バルカン諸国において民主化や市場化の進捗具合を国際的に承認してもらう事実上のEU

加盟の第一段階という位置づけで考えている。それとは逆に、アルバニアを含む西バルカン諸国は、NATO加盟で政治的な安定を図ろうと企図している。また同時に、西バルカン諸国は、NATOやEUからの改革要請を受けて正式加盟するための改革を進めているという側面もある。

そこで、アルバニアは、EU正式加盟に先んじて、まず1994年に「平和のためのパートナーシップ（PfP）」に参加、2009年に加盟条件を満たしてクロアチアとともにNATOに正式加盟した。そして同時にEU加盟申請を行い2014年にはEU加盟候補国の地位を得た。

なお、アルバニアにとってNATOは特別な存在であることを、一点、指摘しておきたい。1998年から1999年にかけて、連絡調整グループ諸国等の仲介による停戦期間をはさんで二次にわたって生じたコソボ紛争とNATOとの関わりである。

コソボはアルバニアの隣国で、国民の約90％がアルバニア系住民である。コソボ共和国を旧ユーゴスラビア連邦から独立させるにあたり、NATOは北大西洋条約にはない「非5条任務」として国際連合の承認を得ずに空爆を行った（第23章参照）。これは、NATO域外でも人権を重視する「人間の安全保障」の視点から特別に空爆を行ってコソボ独立に寄与したということであった。NATOに域外介入を要請したのもアルバニアであった。コソボ独立に大きく寄与したアルバニアのNATOへの正式加盟は、同じアルバニア人のコソボにとっても特別なものがあるだろう。

アルバニアは、他の多くの諸国がコソボを国家承認する契機となった2008年の独立宣言の際、改めてコソボの国家承認を行った。しかし、1991年にすでにアルバニアは単独でコソボの国家承認を行っていた。ただし、アルバニア国内では、アルバニアの南部を中心としたトスク系アルバニア人と北部およびコソボのゲグ系アルバニア人ではコソボに対する態度に微妙な相違があり、対コソボ政策に影響を及ぼしている。アルバニアの二大政党制においてトスク系アルバニア人勢力は民主党、ゲグ系アルバニア人勢力は社会党の勢力となっている関係で、アルバニア政界の動向はコソボに対して大きな影響を与えてきた。民主党政権はコソボ独立に向けて積極的であり、社会党政権はやや冷淡である。このため、アルバニア議会の選挙結果は、コソボ問題に常に影響を与えている。

それでも、NATOの拡大によってアルバニアはNATOの正式加盟国となり、今後のヨーロッパから黒海方面にわたって存在する未承認国家問題や、ロシアによるクリミア併合やウクライナ侵攻等においてNATOの一加盟国として重要な役割を果たしていくであろう。

（金森俊樹）

37

北マケドニア

★マケドニア名称をめぐる国際関係★

1991年に独立を宣言したマケドニア共和国は、翌年3月にギリシャ、ブルガリア、アルバニアとの国境施設を継承し、ユーゴスラビア連邦軍の撤退とともにマケドニア共和国軍を編成した。ただし、当初の共和国軍兵力は予備役兵を入れても10万人に満たず、ユーゴスラビア後継諸国における紛争波及を予防する目的で、1992年12月から国連防護軍の一部が北西部国境地帯にはじめて武力紛争前に展開し、1995年から国連予防展開軍（UNPREDEP）として独自作戦に従事した（1999年まで）。並行してマケドニア共和国は、1995年11月に「平和のためのパートナーシップ（PfP）」に、「加盟のための行動計画（MAP）」には1999年4月から参加して、安全保障面における国際社会のプレゼンスを維持した。2001年のアルバニア人武装勢力との衝突後には、NATO軍も武装解除任務にあたっている。

また、マケドニア共和国軍は、2002年から2021年までアフガニスタンでのNATO任務への協力をはじめ、イラクやレバノンなどでの国際貢献分野でも活動した。2003年にはアルバニアやクロアチアとともに、アドリア海憲章を通じてアメリカの支援を受け、NATO加盟に向けた軍の近代化プロセスに取り組んだ。2006年からはボスニア・ヘルツェゴビナの治安維持を目的とした欧州連合部隊によるアルテア作戦にも派兵している。にもかかわらず、2008年にブカレストで開催されたNATO首脳会議にはギリシャの反対により招聘（へい）されず、取り残された。マケドニア共和国は、国名におけるマケドニア名称をめぐり、ギリシャとの国名争議を抱えていたからである。

そもそも、マケドニアといえば、アレクサンドロス大王に象徴される紀元前のマケドニア王国とヘレニズムを想起することが多い。ただし、マケドニアという用語が示す地理的範囲はマケドニア王国領域と同じではなく、むしろ19世紀後半にロシアおよびヨーロッパ列強がオスマン帝国の改革問題に介入して以降は、20世紀初頭までオスマン帝国ヨーロッパ領であった領域をめぐるマケドニア問題が、「マケドニア人のためのマケドニア」という標語とともに広く知られた。露土戦争後の1878年には、ロシアの保護下でマケドニアを含むブルガリア領域を認めた講和条約の締結直後に、南東欧の勢力均衡を損ねるとの懸念からヨーロッパ列強が介入し、マケドニアはオスマン帝国領に戻されるという一幕もあった。

マケドニアには多様な宗教や言語的背景を持つ住民が居住しており、ギリシャ、ブルガリア、セルビアなどのバルカン諸国は、宗教や言語的親近性、あるいは歴史的経緯を根拠にマケドニア領有を主張した。マケドニアをギリシャ、ブルガリア、セルビアに分割する国境線をほぼ現在に近い形で引いたのは、第二次バルカン戦争の講和条約として1913年に締結されたブカレスト条約である。第一次世界大戦後の講和諸条約も、数カ所の国境変更を認めたものの、マケドニアの分割状況を確定した。

他方で、19世紀末に始まったマケドニアの自治を求める活動は両大戦間期にも行われ、バルカン諸国の国際関係に影響を与えた。

マケドニア名称を冠した共和国が南東欧においてはじめて成立したのは、第二次世界大戦後に成立したユーゴスラビア連邦人民共和国（１９６３年に社会主義連邦共和国へ改称）においてである。１９４４年にマケドニア共和国の国家機構が発足し、翌年にはキリル文字で表記するマケドニア語を周辺のスラブ諸語とは異なる文章語として整備し、またマケドニア正教会が広範な自治を得た。マケドニア共和国は、ユーゴスラビア連邦内で他の共和国と同等の諸権利を認められ、主権の担い手としての独自なマケドニア人意識が根づいた。ただし、戦後に社会主義体制に転換したブルガリアは１９４５年にマケドニア共和国を容認したが、ブルガリア人とは異なる民族としてのマケドニア人やマケドニア語については、戦後の一時期を除いて基本的に認めていない。また、内戦を経て西側諸国に位置したギリシャは、マケドニア名称はギリシャ史に由来する固有のものという立場を堅持するとともに、領土に係るマケドニア問題はブカレスト条約を基本とする国境画定によって解決済みとの立場をとった。

北マケドニア共和国首都スコピエのマケドニア考古学博物館（筆者撮影）

このため、ユーゴスラビア解体とともに単独の独立国家として1991年に南東欧に現れたマケドニア共和国に対し、ギリシャは国家承認の条件として、国名に含まれるマケドニア名称の変更、ギリシャ領域への領土的野心を持たないことの確認、ギリシャ領域にはマケドニア人少数民族は存在しないと認めることなどを提示したのである。国連が調停を行い、1993年には、旧ユーゴスラビア連邦マケドニア共和国（FYROM）という暫定名称を使用することを条件に、同共和国の国連加盟が認められた。1995年には、マケドニア共和国の国旗意匠を、マケドニア王国を想起させないデザインへ変更することなどを条件に、ギリシャとの暫定合意が成立し、ギリシャによる国家承認を得て、経済封鎖が解除された。しかし、国名争議は継続課題となり、新規加盟国承認にあたって加盟国の全会一致を必要とする欧州連合（EU）やNATOへの加盟には見通しがたたない状況が続いた。

NATO本部前の加盟国旗に北マケドニア国旗が加わった（2020年3月28日）（NATO提供）

両国の歴史認識とアイデンティティに関わるがゆえに妥協困難とみられていた国名争議に解決への道筋をたてたのは、2018年6月に両国国境に位置するプレスパ湖の湖畔で調印された二国間協定である。国内外での公式国名を北マケドニア共和国とし、ギリシャの歴史認識や領土問題につながりうる懸念を払拭するかわりに、共和国の公用語としてマケドニア語を認め、かつギリシャはEUやNATOへの加盟プロセスにおいて拒否権を行使しないという合意であった。国名改称の是非をめぐり両国の国内政治は二分されて合意履行が危ぶまれたが、最終的には2019年1月にマケドニア共和国憲法の改正により国名改称が確定し、ギリシャも僅差での採択ではあったが二国間協定を批准した。

国名改称直後から、北マケドニア共和国のNATO加盟プロセスが動いた。北マケドニア共和国は2019年からNATOの会議に招待され、共和国領域内でもアメリカや南東欧諸国が参加する軍事演習や危機管理演習などが組織された。2020年3月のNATO正式加盟以後、共和国軍は新型コロナ対策支援を行いつつ、10月からNATO加盟国としてコソボ治安維持部隊（KFOR）に派兵している。2020年8月からは南東欧国防相協力イニシアティブの枠組みで、南東欧旅団（SEEBRIG）司令部を引き継いだ（2026年まで）。なお、北マケドニア共和国の領空は、2021年12月から、NATOによる領空監視システムへ公式に組み込まれている。

（大庭千恵子）

38

フィンランド

★対ロシア関係と安全保障政策★

2022年5月、フィンランドはスウェーデンとともにNATO加盟を申請する方針を正式に決定した。この決断はこれまで軍事的非同盟の方針を貫いてきたフィンランドの安全保障政策が大転換したことを意味する。これまでフィンランドの安全保障政策は常に隣国ロシアとの関係を中心に置いていたため、ロシアが反対するNATO加盟には踏み切らないだろうとみなされてきた。フィンランドがとりわけロシアとの関係を重要視するのは、1300㎞もの長い国境線を有しているという地政学上の理由だけではなく、ロシアとの関係史を抜きにしてはフィンランドの安全保障政策は語れないからである。特に第二次世界大戦での敗北と冷戦期の関係がフィンランドの安全保障政策の方向性を形作ってきた。

北欧の一国フィンランドは1917年12月に独立を果たした国で、それまでの1世紀あまりはロシア帝国の一部であった。第二次世界大戦期は二度ソ連と戦火を交え、敗北した。一度目は1939年11月から40年3月に勃発した冬戦争である。前年の1938年春から秋にかけて、ソ連はバルト海防衛強化の一環としてフィンランドにオーランド諸島の再要塞化を非公式ながら提案したが拒否された経緯がある。オーランド諸島は１９２２年の自治法制定によって非武装化されていたため、フィンランドはやすやすと再要塞化には応じられなかったのである。戦争勃発1カ月前の１９３９年10月にソ連はフィンランドに相互援助条約締結と再び領土交換を求めたが、フィンランドは中立政策を理由にソ連の要求を拒否した。その交渉決裂後に冬戦争が勃発した。１９４０年3月に講和条約が締結されたが、41年6月に再び両国間で戦争が勃発した。継続戦争と呼ばれたこの戦争は44年9月まで続いた。以上のように二度にわたってフィンランドはソ連と戦い、敗北した結果、国土の10分の1をソ連に割譲しなければならなかった。また、6億米ドルに相当する賠償金の支払いやフィンランド軍の大幅な削減、ヘルシンキに近いポルッカラへのソ連の海軍基地設置の容認（50年間貸与）、戦時に軍事協力を受けたドイツ軍の国外追放などの代償を負った。

　戦後、冷戦が進展するなかでフィンランドは親ソ外交路線を布いたが、一方でソ連の内政干渉に苦悩した。戦前非合法化されていたフィンランド共産党が「フィンランド人民民主同盟」として復活し、ソ連の窓口として政界内部から揺さぶりをかけた。フィンランドはソ連の内政干渉をときおり受け入れたため、ソ連の衛星国化しているという意味で「フィンランド化」と揶揄されたことがあった。しかし、１９４８年４月にソ連と締結した友好・協力・相互援助条約に独立の尊重と内政不干渉の原則を条文に入れることによって、フィンランドはソ連の内政干渉に対抗するとともに、東西対立の外にとどまることで自国の安全保障を担保しようとしたのである。また、親ソ外交路線の一方で西側諸国との友好関係の構築にも努めた。さらに、１９５６年から国連のもとでのＰＫＯに参加し始めるなど多方面での安全保障政策を展開していった。また、１９６９年には第一次戦略兵器制限交渉（ＳＡＬ

T1）の交渉を、1975年には欧州安全保障協力会議（CSCE）をヘルシンキで行うなど東西間の仲介役としても活躍することでフィンランドは中立国としてのプレゼンスを高めていった。

冷戦が終結しソ連が崩壊した後、フィンランドではNATO加盟をめぐる議論が生じたが、NATO加盟への動きをみせることはなかった。一方、1992年にマーストリヒト条約が調印され、ECからEUへと発展することが決定されると、フィンランドではEU加盟が議論されるようになる。経済が大打撃を受けたフィンランドはEU加盟に踏み切ることになるが、EU加盟がフィンランドの安全保障を担保するという側面も強かった。しかし、フィンランドは加盟以前からEUにおいて中立政策を遂行する姿勢を明確にしていた。1995年にフィンランドはスウェーデン、オーストリアとともにEU加盟を果たした。

冷戦後、フィンランドはNATOには非加盟の立場のまま、NATOとの関係を徐々に深めていった。1994年には「平和のためのパートナーシップ（PfP）」に参加する。フィンランドは1996年にボスニア・ヘルツェコビナではじめてNATO主導の平和活動に参加して以来、コソボ、アフガニスタン、イラクでの活動に積極的に参加するようになる。

フィンランドはNATOに加盟することなく、NATOの様々な活動に参加することによって自国の安全保障の強化に努めた。しかしNATOが行っている活動への賛同と加盟への意思は一致していたわけではない。世論調査によると1999年にNATO軍がコソボに空爆を行った際、フィンランド国民の大多数は空爆を支持したもののNATO加盟への支持率は大幅に減少した。国民はNATOを、自国を大きな紛争に巻き込む可能性がある軍事同盟とみなしたからである。NATO加盟の議論はＰｆＰの加盟以降フィンランド国内でときおり起こったものの、加盟はロシアを刺激するのでかえって自国の安全保障が保てないという考えが主流だった。アハティサーリ大統領（在１９９４〜２０００年）はＮＡＴＯ加盟に前向きであったが在任中に具体的に加盟を審議することはなかった。ハロネン大統領（在２０００〜12年）は加盟反対の立場を取り、軍事的非同盟の状態を維持しようとした。２００４年にバルト三国がＮＡＴＯに加盟したときも、２０１４年のロシアのクリミア侵攻の際もフィンランドではＮＡＴＯ加盟の議論はあったものの、国民の反対意見も多く具体的な加盟の動きはみられなかった。その一方でフィンランドは２０１４年のウェールズＮＡＴＯ首脳会議でパートナーシップを強化した。さらにＮＡＴＯとのホストネーション支援協定にも調印するなど関係を深めていった。

その間国内のＮＡＴＯ加盟支持率は伸びなかったが、２０２２年２月に始まったロシアのウクライナ侵攻を受けて、加盟支持率が一気に上昇した。フィンランドの公共放送ユレ（ＹＬＥ）によると、これまでＮＡＴＯ加盟に賛成する人は20〜30％だったのが２月末の調査では過半数に達し、５月の調査では76％になった。フィンランドではロシアのウクライナ侵攻と冬戦争を重ね合わせて論じる風潮がメディアで非常に多くみられ、それによってＮＡＴＯ加盟賛成へと大きく傾いたという分析がある。

戦後フィンランドの政治はリアリズムを体現してきたという評価が多くの研究者の間でなされている。今回のＮＡＴＯ加盟の決断はフィンランドの安全保障政策の大転換であった一方で、ロシアの変貌を見据えたうえでのリアリズムの体現であるといえるのではないか。

（石野裕子）

追記：２０２３年４月、フィンランドがＮＡＴＯ加盟を果たし、その後、２０２４年３月にスウェーデンも正式加盟し、加盟国は32カ国に拡大した（巻頭資料①参照）。

39

スウェーデン

――★冷戦期における西側との軍事協力から正式加盟申請へ★――

2022年5月17日にスウェーデンはNATOへ加盟する意向を表明し、翌日正式に加盟を申請した。これは、それに先立つ3カ月前の2月24日にロシアが引き起こしたウクライナ侵攻に直面して、スウェーデンが脅威と自国の安全保障に不安を募らせたことに起因する。加盟の是非が検討されるなか、5月13日に与野党が結集して、自国を取り巻く情勢を分析し、『悪化した安全保障状況――スウェーデンへの影響』と題する安全保障分析報告書を発表した。同報告書の「スウェーデンのNATO加盟は軍事的紛争を防ぐ敷居を高め、ヨーロッパ北部での紛争を抑止する効果をもたらす」という結論によって、加盟への方向性が明示された。中道左派である社会民主党のマグダレーナ・アンデション首相は全党による同報告書を受けて、議会から承認を得られたとしNATOへの加盟申請を決定した。この決定に軍部もただちに歓迎の意を示した。というのも、2012年当時の軍最高司令官スバルケル・ユーランソンが、スウェーデン単独で自国の戦線を維持できるのはせいぜい1週間程度で、二方面作戦となれば戦況はさらに厳しいとの認識を示していたことから、軍部としては加盟を当然のことと考えていたからである。

しかし、報告書には加盟に反対する個別意見も付帯されており、左派党は核の同盟に加入することへの懸念、環境党・緑は軍縮外交と軍事的非同盟によって培われてきた信頼が揺らぐとする意見を表明している。とりわけ左派党は国民投票の実施を求めたが、アンデション首相は安全保障の機密保持の観点からオープンな議論は困難であり、それゆえ国民投票には適さないとの考えを示した。アン・リンデ外相も安全保障政策は議会の支持を得て政府が決定すべき事項であるから国民投票は実施すべきではないとの見解を示している。これには間近に迫った２０２２年９月の国政・地方選挙でＮＡＴＯ加盟問題を争点化したくないという思惑もあるが、同報告書発表前の世論調査で国民の62％が国民投票は不要との結果もすでに出ていた。スウェーデンでは、２０１４年のロシアによるクリミア併合時にもＮＡＴＯ加盟論が高まったが、２０２２年のウクライナ侵攻により「明日は我が身」という危機意識が急速に拡がった。５月10日のノーブス社による世論調査では53％が加盟に賛成し、ＮＡＴＯ加盟がスウェーデンの安全保障を高めるかという質問には、56％が高まると回答した。

実際、９月の国政・地方選挙ではＮＡＴＯ加盟の是非は争点とならず、むしろ医療、治安、教育、移民と統合、エネルギー政策が主な争点であった。選挙結果は、社会民主党が１０７議席で第一党となったが、スウェーデン民主党が73議席、穏健連合党が68議席と続き、政権構成への政党分布での議席数では左派系１７３議席に対して右派系１７６議席となった。９月15日にアンデション首相が辞任を表明し、アンドレーアス・ノレーン議会議長は中道右派のウルフ・クリステション穏健連合党党首に政権構成素案を取りまとめるよう任を課した。穏健連合党はかねてよりＮＡＴＯ加盟を唱えてきた政党であり、防衛力強化とともにＮＡＴＯ加盟がスウェーデンの安全保障を高める最善の方法であると考えていることから、クリステション政権となってもＮＡＴＯ加盟に向けてこのまま進んでいくと考えられる。

差し迫った危機的状況のなかでフィンランドと足並みを揃えてスピーディーに決定をしなければならない局面であったことは確かであるが、実はスウェーデンはすでに冷戦期から秘密裏にＮＡＴＯとの密接な軍事協力関係を築いていたことが近年明らかになっている。その意味では、ＮＡＴＯ加盟はこれまでの協力関係をここで公然化させる機会でもある。後述するように、スウェーデンは冷戦初期からイギリスとも軍事的に連携していたが、２０２２年5月11日にスウェーデンとイギリスが、正式加盟までの空白期間を埋める相互安全保障協定を締結した際、ジョンソン英首相の「両国関係の『暗黙の了解』となっていたことを明確にしたもの」という発言からも、これまでの連携の存在がより一層浮かび上がってきた。

冷戦期に一貫して「中立」を掲げていたスウェーデンが、後のＮＡＴＯ主要国と軍事協力関係を構築し始めたのは第二次世界大戦終結後まもない１９４６年以降であった。スウェーデンの軍部は、それぞれドイツ、ソ連、米英を仮想敵とする三つの軍事想定を立案していたが、１９４６年3月にソ連を仮想敵とする案を中心に政府に提言し、これが了承された。しかし軍部は、自国による単独防衛はもとより不可能と考えており、その認識は当然政府も共有していると思い込んで独自に米英との連携を模索していった。これは軍部の独断で始めたものであり、政府のあずかり知らぬまま、米英と共同でソ連への通信傍受や軍事施設などの撮影を行っていた。こうした秘密裏の任務が１９５０年にターゲ・エランデル首相とアッラン・フォクト国防相の知るところとなるが、すでに構築されていた協力関係はもはや後戻りできず、「細心の注意」の指示のもと、事後了承で引き続き水面下で進められた。

北欧のNATO加盟国であるデンマークとノルウェーとのインテリジェンス共有が進んだことで「スカンディナビアン・トライアングル」ともいえる三国間の情報網も形成された。また、スカンディナビア三国の間でデンマークがウーレスンド海峡を、ノルウェーが北海を、スウェーデンがバルト海の防衛を担当するという役割分担もできあがっていった。1956年のNATOの「通常航空戦術による核作戦支援プログラム（SNOWCAT）」では、有事の際にノルウェーの戦闘爆撃機や「欧州連合軍最高司令官（SACEUR）」の指揮にある核攻撃機が自国の領空を通過することさえもスウェーデンが黙認するとされていた。さらに、北欧諸国のなかでも相対的に強い軍事力を持つスウェーデンへの期待が高まり、1960年代初頭にはNATOの「北翼」であるバルト海戦略を担うことが期待されるようになった。こうして、「中立」を掲げつつも、スウェーデンは冷戦期を通して事実上の隠れ加盟国としての役割を密かに担ってきた。

1990年代以降、スウェーデンはよりオープンにNATOとの関係を深めていった。たとえば、1994年の「平和のためのパートナーシップ（PfP）」への参加を筆頭に、ボスニア・ヘルツェゴビナ、コソボ、アフガニスタン、リビアなどにおける一連のNATOの活動にも積極的に貢献して結びつきを強めていった。

ストルテンベルグNATO事務総長は加盟が検討されていた2022年3月に「スウェーデンが加盟を望めばファストトラックで加盟できる」と述べており、5月の加盟申請後はバイデン米大統領の強力な後押しを受けるなど、スウェーデンとフィンランドの加盟は全加盟国の賛同で早期に実現するものと思われた。ところが、NATO加盟国であるトルコのエルドアン大統領は、クルディスタン労働者党（PKK）などとつながりのあるクルド人を引き渡さないかぎり両国の加盟を承認しないという強硬な姿勢をみせ、早期加盟が不透明な情勢となっている。事態の打開に向けて5月25日にスウェーデンの公安警察副長官も同席させる異例の外交交渉を経て、6月29日からマドリードで開催されたNATO首脳会議でエルドアン大統領は当該両国の加盟を了承すると表明し、事態が好転するかと思われた。しかし、最終日の記者会見でエルドアン大統領はスウェーデンが73名の「テロリスト」の送還を約束したと暴露し、「密約」の存在をほのめかした。さらに7月18日になって、エルドアン大統領は両国が約束を果たさなければ批准手続きを凍結すると強い口調で述べたことから、両国の前に立ちはだかる暗雲を改めて認識することとなった。NATO加盟にあたって、スウェーデンは自国の安全保障を優先するか、それとも人権の尊重を貫くのかの岐路に立たされている。

軍事的要衝であるゴットランド島の重要性が再び高まるなかで、常に最新鋭の兵器を開発、配備しているスウェーデンがもし首尾よく正式に加盟を果たせば、バルト海地域のNATOの防衛力は一段と強化されるばかりでなく、スウェーデンにとっても加盟から得られる安心感は計り知れないものがあろう。

（清水　謙）

追記：スウェーデン側の粘り強い交渉の末、トルコ議会は２０２４年1月23日にスウェーデンの加盟を可決し、25日にエルドアン大統領が批准法案に署名した。そして、ハンガリーのオルバーン大統領も2月23日にクリステション首相との会談を持ち、26日にハンガリー議会も加盟を可決した。これにより２０２４年３月７日、スウェーデンはNATOに正式加盟を果たした。

40

ボスニア

★「拘束衣」の功罪★

ユーゴスラビア社会主義連邦共和国（以下、ユーゴ）の後継諸国は、独立時やその後に何らかの大規模な紛争を経験している。そのなかで最大の被害を受けたのは、ボスニア（正式名称はボスニア・ヘルツェゴビナ）であった。１９９２年４月から１９９５年11月のボスニア内戦により、当時の人口４３０万人のうち、死者は10万人を超え、難民や避難民は住民の半数近くに上った。最新の国勢調査（２０１３年）によれば、国民は３８０万人に減少している。

１９９５年11月の「デイトン合意」の付属書４がボスニア憲法となり、内戦後のボスニアの統治構造の根幹を形成している。それによれば、ボスニアは、ボスニア連邦（以下、連邦）とセルビア人共和国（以下、共和国）という二つの構成体に分けられ、加えて、地理的重要性のために、どちらの構成体にも含まれずに国際的に管理されているブルチュコ行政区が存在している。二つの構成体は内政の重要部分を掌握し、さらに連邦ではそれを構成する10の県（カントン）が実際の行政を牛耳っている。その結果、ボスニアには国家、構成体、県という13の政府（ブルチュコ行政区を含めれば14）が存在すると評される。さらに、連邦の主たる民族がボスニア人とクロアチア人、共和国のそれがセルビア人であり、国家レベルでは主要三民族の平等性が制度化されている。たとえば、三民族の代表各1名から構成される大統領評議会が置かれ、輪番で務める議長が国家元首を務めるし、国家レベルの重大事案においては、三民族が議会で拒否権を行使できるのである。

大きな被害を出した内戦後のボスニアの安定には、国際社会の関与が欠かせなかった。民生面では監視役として、EUや日本を含めた主要国によって構成される和平履行評議会が設置され、その下に執行機関として上級代表事務所が置かれている。上級代表はEUボスニア特別代表も兼任していた。治安面では、「デイトン合意」後、NATOを中心とした「和平履行部隊（IFOR）」「平和安定化部隊（SFOR）」が担当していたが、EU指揮下の部隊が引き継ぎ、規模も大幅に縮小されている。

ボスニア内戦開始とともに、ボスニア防衛省、その下にボスニア軍（正確にはそれぞれボスニア共和国の防衛省と軍）が結成された。しかしこれはボスニア人主体であり、その現実的な位置づけは統一的な国軍ではなく内戦の当事者の一つであった。すなわち、セルビア人共和国には共和国防衛省と共和国軍が存在していたし、クロアチア人もヘルツェグ＝ボスナ防衛省とクロアチア国防評議会部隊を有していた。このうちボスニア人とクロアチア人の組織は内戦中に統合され、「デイトン合意」時のボスニアでは、連邦防衛相と連邦軍に改編されていた。

ボスニアは内戦終了からNATOとEUの加盟を目指し、NATOについては国防組織の改革が加盟の前提であった。しかし国防組織改革は当初看過され、SFORは国連やEUのミッションとともにPKO活動を展開する一方で、内戦中に分散した武器の回収と破壊に注力していたのである。

国防組織の改革が注目されるきっかけは、イラクに対する武器禁輸破りに共和国の企業がかかわっており、さらに共和国の軍高官や政治家の関与していた事件が、２００２年10月に発覚したことである。これは、共和国軍司令官のみならず、大統領評議会のセルビア人代表も辞任するというスキャンダルに発展した。

この事件以後、国際社会は国防組織改革に本腰を入れ始めた。上級代表アシュダウンは、共和国の国防に関する最高意思決定機関である最高防衛評議会を廃止し、文民統制、防衛権限の大統領評議会への移譲、国内の軍事組織の統一などのルールが定められた。こうした動きの結果の一つが、２００4年3月の国家レベルでの初代防衛相の就任であった。職業軍人出身の防衛相の登場は、国防組織が統一された象徴であった。２００５年８月には共和国議会が２００６年1月までに共和国軍を廃止することを決定し、連邦もそれに続いた。２００６年1月には統合参謀部議長が任命され、軍の統一的な概観が整えられた。しかし連隊レベルでは、依然としてボスニア人、セルビア人、クロアチア人という民族別の編成が中心である。

軍事組織が曲がりなりにも統一されたことが評価され、ボスニアは２００６年12月に「平和のためのパートナーシップ（ＰｆＰ）」に加わった。さらに、「個別のパートナーシップ行動計画（ＩＰＡＰ）」の枠内における対話も２００８年に始まった。２００９年10月にボスニアは「加盟のための行動計画（ＭＡＰ）」への参加を申請し却下されたが、翌年には条件つきの参加が認められた。その条件には、各構成体が有している軍事基地を含む防衛関連資産の国家への登録が含まれていた。２０１８年12月までに連邦領の資産登録は終了したが、共和国では資産登録は終わっていなかった。しかし、ＮＡＴ

OはMAP関連の年次報告書の提出を求め、MAPへの参加が認められたのである。共和国は年次報告書の提出に反対し、ボスニアの国家政府は共和国の同意なしにはNATOに加盟しないと明言しているが、共和国は独自の住民投票の実施に言及している。共和国の動きの背後には、セルビアの存在があり、さらにその後ろにロシアが控えている。共和国第一の有力者であるドディクはしばしばプーチンとの関係を誇ってきたのである。

セルビア人、クロアチア人における民族的本国とのつながりに加え、主要民族の関係維持のために「デイトン合意」が導入した複雑な統治構造が、NATO加盟をはじめとしたボスニアの対外政策を強く規制している。こうした統治構造は「デイトン合意」によって国際社会から着せられた「拘束衣」ともいえよう。ボスニアでは「拘束衣」を脱ぎ捨てることを訴える政治家の発言が散見される。ボスニア人政治家はボスニアの集権化、セルビア人政治家は構成体への分権化を求め、クロアチア人政治家のなかにはクロアチア人地域の自治拡大、さらには自前の構成体設立を主張したりする者もいる。「拘束衣」がボスニアの改革や発展可能性を制限している一面があることは確かであるが、他方で「拘束衣」がなくては、ボスニアの統一が維持されるであろうかという疑問も浮かんでくるのである。

（月村太郎）

41

ウクライナ

★脱中立の苦しみ★

　ソ連の構成共和国であったウクライナは、1991年12月の連邦解体によってNATO・ロシア間の独立国として立ち現れた。ウクライナ指導部は自国を「中・東欧国」と定義していたが、同時にウクライナを「スラブ兄弟民族国」とみなす隣国ロシアとの関係を意識しており、ソ連時代の1990年7月に「軍事的中立国」と「非核保有国」を宣言していた。中立と非核保有国は、ソ連解体を決定づけたロシア・ウクライナ・ベラルーシ三国による「独立国家共同体（CIS）創設条約」内でも引き続き確認された。独立後、ウクライナは、中立圏を創造しロシア・NATO間の架け橋となる中立外交を推進したが、その一方で、旧ソ連の戦略核兵器の所有権や黒海艦隊基地の帰属をめぐってロシアと対立を深めており、欧米からの安保の提供を求めるようになった。

　このような安全保障政策は、中・東欧諸国のNATO加盟志向と、欧米のリスボン議定書（「核兵器のロシア搬出」「非核保有国として核兵器不拡散条約（NPT）加盟」）履行を渋るウクライナに対する不信により、行き詰まっていく。一方、ウクライナ国内では「中立」は受け入れられ、「NATO加盟」「（ロシアを含む）ＣＩＳ諸国との軍事同盟」を上回る支持を獲得した。西部ハリチナ地方では反ロ感情が強かったが、大多数の国民はロシアを脅威とみなさず、ロシアの侵攻を受ける２０１４年まで「ＮＡＴＯ加盟」支持が多数意見となることはなかった。

１９９４年1月にＮＡＴＯが立ち上げた「平和のためのパートナーシップ（ＰｆＰ）」は、中立圏構想が破綻していたウクライナにとって渡りに船であった。中立を維持しつつＮＡＴＯとの関係を強化できるからである。調印後、ウクライナはＰｆＰを通じてＮＡＴＯとの信頼醸成に努めて、ＮＡＴＯからなんらかの安全保障の確約を得る政策へとシフトしていった。また、１９９４年12月には、核保有国がウクライナの安全を保障することを約したブダペスト議定書が調印され、ウクライナの非核化に道筋がつけられた。

１９９７年は、「ＮＡＴＯ・ロシア基本文書」が調印された年であるが、同時に、「ウクライナ・ＮＡＴＯ特別パートナーシップ憲章」「ウクライナ・ロシア友好善隣条約」が結ばれた年でもある。特別パートナーシップ憲章で明記された安全保障は「ブダペスト議定書」において核兵器保有国が提供した「安全保障の確約（Security Assurances）」文言の繰り返しにすぎなかったが、両者の接近はロシアを刺激することになった。友好善隣条約と同時に二国間で結ばれた黒海艦隊分割協定は、ウクライナの対ロ・ガス債務と相殺することで２０１７年までロシア黒海艦隊がウクライナ領クリミアに合法的に駐留することを規定しており、「ウクライナのＮＡＴＯ加盟を阻止するもの」とロシアは位置づけていた。こうした自国の安全保障と経済とのトレードは、当時のウクライナ政権にとってＮＡＴＯ加盟が喫緊の課題ではなかったことを示している。

２００１年9月の同時多発テロによるＮＡＴＯ・ロシア関係の改善は、ウクライナがＮＡＴＯ加盟の意思を公式表明する奇貨となった。翌年、ウクライナ政府は従来のＥＵ加盟に加えＮＡＴＯ加盟も国是とする外交政策を採用したが、この時期のウクライナ・ＮＡＴＯ関係は、クチマ政権（当時）の非民主的な統治とイラクへのレーダー設備売却疑惑によって最悪であり、関係進展は２００４年のオレンジ革命を待たなければならなかった。オレンジ革命を経て大統領に就任したユーシチェンコはＮＡＴＯ加盟路線を加速させ、２００８年4月のブカレストＮＡＴＯ首脳会議でウクライナの「将来的な加盟」が言及されると政権は黒海艦隊基地協定の延長を行わないことを表明した。しかし政権の支持率上昇に結びつかず、リーマンショックによる経済危機のなか、再選を果たせず政権を去った。代わって２０１０年に大統領に就任したヤヌコヴィッチは、景気浮揚のため、ロシアの求めに応じて安全保障の切り売りをはじめた。同年4月、ヤヌコヴィッチは天然ガス供給価格の引き下げを条件にロシア黒海艦隊の駐留契約の延長で合意し、さらにウクライナ議会に中立回帰を決議させた。２０１３年秋にはロシアからさらなるガス価格引き下げと財政支援策を提示され、ＥＵとの連合協定の調印が延期された。このことが首都キーウにおける抗議集会を引き起こし、最終的にヤヌコヴィッチ政権の崩壊、ロシアのクリミア占領・編入宣言とウクライナ東部ドンバス地方への

ミンスク２合意時（2015年）の口独仏ウ首脳。左端は会談場所を提供したベラルーシ大統領（ロシア大統領府提供）

軍事干渉へつながっていった。ロシアはドンバスで二度にわたりウクライナ軍に大打撃を与え、ドイツ、フランスが仲介した和平合意（ミンスク合意）を通じてウクライナ新政権に軍事的中立を迫った。しかし、ときのポロシェンコ政権は、ロシアによる国土占領と親ロ的な有権者（クリミア、ドンバス）の消滅を受けて、中立破棄・NATO加盟路線を選択し、2019年には憲法にNATO加盟条項が盛り込まれた。ブダペスト議定書がまったく機能しなかったことも、こうした政策の背景にある。ロシアのウクライナ侵攻に際し、NATOは「ウクライナ側に立つ」ことを表明していたが、「加盟のための行動計画（MAP）」に参加させることはなかった。

しかし、ウクライナはNATOから、既存のプログラムやNATO信託基金を通じて軍の組織改革の支援を受け、また、NATO加盟国との二国間軍事協定により、武器供与だけでなく、軍事顧問による訓練を受け、急速に国軍の強化・NATO標準化を進めていった。

ウクライナのNATO加盟路線は2020年に誕生したゼレンスキー政権においても維持されたがミンスク合意の履行をめぐりロシアとの緊張が高まっていった。2022年2月、ロシアは、ミンスク合意を通じたウクライナ中立化を諦め、特別軍事作戦と称する全面侵攻を開始した。開戦により、ウクライナ国内の反ロシア感情、NATO加盟支持が沸騰したが、開戦直後の停戦協議において中立回帰が条件として登場したり、その後の反攻成功で停戦協議が打ち切られNATO加盟申請が行われたりと、ウクライナの加盟政策は戦況の影響を受けている。いずれにしても将来的な加盟までの期間、どのような安全保障をNATOやその加盟国から取りつけるかが、停戦・ロシアの再侵攻抑止のカギとなっている。

（藤森信吉）

42

ジョージア

★NATO加盟に係るジレンマ★

２００８年８月７日、ジョージアは、分離独立派地域の南オセチアに武力行使し、ロシアは同武力紛争に介入する形でジョージア支配地域内へ侵攻した。これは、ロシアが旧ソビエト連邦（ソ連）崩壊後にはじめて他国に侵攻した事例であったのみならず、NATO拡大、および今般のロシアによるウクライナ侵攻の流れを理解するうえで重要な事案である。本章では、このロシア・ジョージア戦争の生じた背景に触れつつ、ジョージアのNATO加盟問題を概観したい。

ジョージアは、黒海とカスピ海に挟まれた南コーカサス地方に位置し、アルメニア、アゼルバイジャン、トルコ、ロシアと国境を接しており、世界銀行の統計（２０２１年）によると人口約３７０万人、一人あたりのGDPは約５０４０米ドルの国である。

西欧諸国にとり、ジョージアの地政学的重要性は大きい。なぜなら、アゼルバイジャンの天然資源が、世界第２位の敷設距離を誇るBTC石油－BTE天然ガス・パイプラインによりジョージアを経て欧州へ輸出されているからである（図参照）。

ジョージアは、ジョージア人で、民族の分断統治を行った旧ソ連の指導者スターリンが人工的に引いた境界線内に形成され

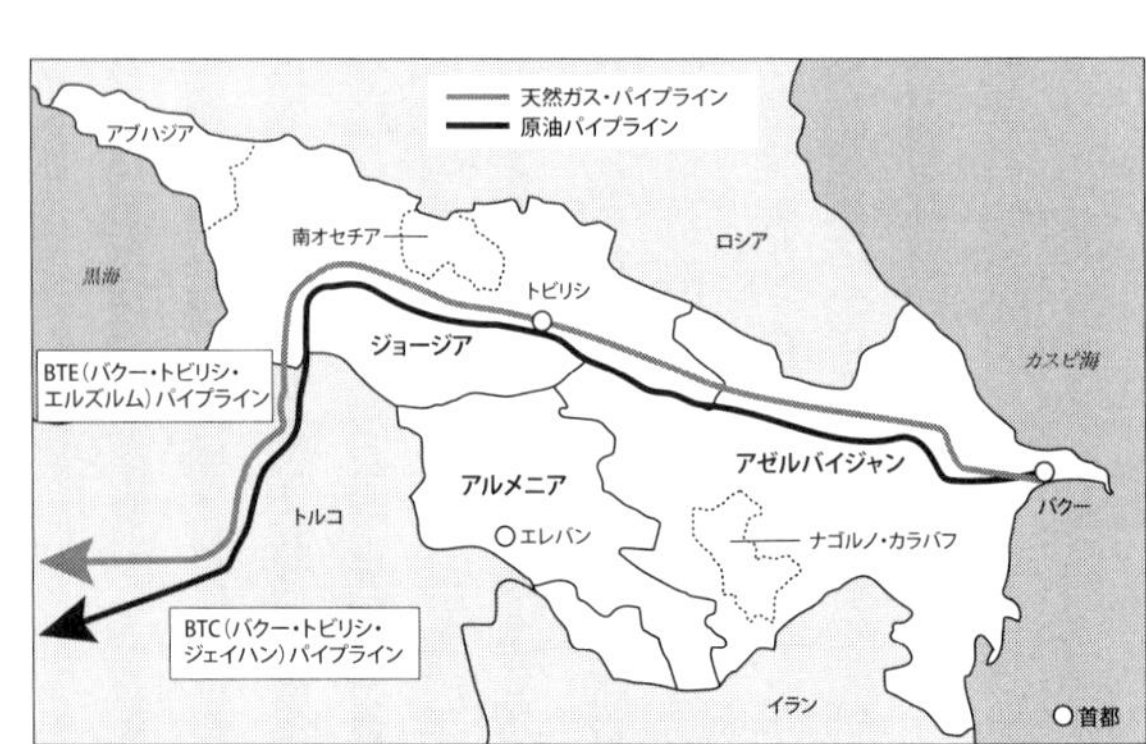

図　南コーカサス諸国とBTC・BTEパイプライン
出所：外務省ホームページ（https://www.mofa.go.jp/mofaj/press/pr/wakaru/topics/vol95/index.html）より作成

た南オセチアと、黒海に面したアブハジアという二つの分離独立派地域を抱えている。なお、ロシアは2008年の戦争後にこの二地域を国家承認しており、ジョージアのNATO加盟の最大の障壁の一つは、この分離独立派地域の存在である。

1991年の独立回復後のジョージア初代大統領はガムサフルディアで、ソ連外相として名高いシェヴァルナッゼ（シュワルナゼ）第2代大統領は、2003年、汚職に抗議する勢力が手にバラの花を持って議会を占拠し、無血で政権交代を果たしたことで失脚した。いわゆる、バラ革命である。その際の中心人物が後の第3代大統領サーカシヴィリであった。このころから、NATO・ジョージア間の急接近が始まった。

NATO・ジョージア関係は、1992年、北大西洋協力理事会（NACC）にジョージアが加盟したことが嚆矢である。ジョージアは、1994年に「平和のためのパートナーシップ（PfP）」に参加し、2002年、NATOのプラハ首脳会議で、NATO加盟の意思を正式に表明した。2003年、ジョージアは、イラク戦争への派兵でアメリカへの貢献を示し、2005年には、PfPの枠内でNATO連絡担当官の同国への派遣が決定された。２００６年までジョージアにはソ連時代の遺構であるロシア軍基地が残っており、サーカシヴィリ大統領はロシアと交渉のすえ、同基地の撤退を取りつけた。その際、ロシア側が提示した条件は、ジョージアに「西側の軍事プレゼンス」を招かないことであった。しかし、その後、ＮＡＴＯ・ジョージア間はますます接近していった。

事態が決定的になったのは、２００８年４月に行われたＮＡＴＯブカレスト首脳会議でジョージアの将来のＮＡＴＯ加盟がウクライナとともに認められたことである。当時のアメリカ、および旧東側の国々は、ジョージアのＮＡＴＯ加盟に肯定的であったといわれている。一方、ドイツ、フランスは、ロシアを過度に刺激するという大局的な懸念と、民主主義、法の支配、人権の尊重等に課題が残されている旨主張し、ジョージアに「加盟のための行動計画（ＭＡＰ）」が付与されることは見送られた。つまり、事実上、ジョージアの将来の加盟は承認された一方、「いつ」「どのように」という点は棚上げされたのである。このブカレスト首脳会議での決定に関し、ラブロフ・ロシア外相が「ジョージアのＮＡＴＯ加盟は、（二国間関係を）次なる対立のステージに導く」と発言するなどロシアは幾度となく警告を発し、同首脳会議の４カ月後にロシア・ジョージア戦争が勃発した。

２０１２年、筆者がジョージアのＮＡＴＯ加盟にフランスが懸念を持つ理由を、とあるフランス駐在武官に問うた際、「装備等の問題ではなく、権力の相互監視体制が不十分で、大統領の恣意的な判断により２００８年の戦争のような事態を起こすことが可能である制度上の問題、もっと言えば、その抑制的ではないある種の文化のようなものに懸念を持っている」と筆者に述べた。これがフランス側の懸念をすべて言い表しているとはいえないものの、当時のフランスのジョージア観を知る一助となるであろう。

次に、2008年、ロシア・ジョージア戦争以降の各NATO首脳会議等でのジョージアの扱いで、特筆すべき点を挙げたい。2009年のストラスブール／ケール首脳会議で、NATOは、ブカレスト宣言を再確認し、ウクライナとの併記で改革を歓迎し、ジョージアの主権と領土一体性を支持している。一方、2012年のシカゴ首脳会議からは、基本的にジョージアはウクライナとの併記ではなくなり、同首脳会議では（北）マケドニア、モンテネグロ、ボスニア・ヘルツェゴビナと併記された。このことは、ジョージアでは加盟に向けた前進であると評価された。また、ここではジョージアのNATOとの「年次国家プログラム（ANP）」にも言及されている。このANPは、制度改革のチェックシートの役割を果たしており、ジョージアでは、ANPがMAPと同等の意味を持つと解釈されている。2014年ウェールズ首脳会議では、能力強化等を謳った「本質的な（支援）パッケージ（Substantial Package）」がジョージア側に提示された。2016年のワルシャワ首脳会議のコミュニケでは、ジョージアは、イラク、ヨルダン、モルドバと併記され、また、「パートナーシップ相互運用性イニシアティブ」枠内で「高次の協力機会（Enhanced Opportunities for Cooperation）」が付与されるとして、オーストラリア、フィンランド、ヨルダン、スウェーデンと併記された。2018年ブリュッセル首脳会議ではワルシャワ首脳会議の内容がほぼ踏襲されたものの、2019年のロンドン首脳会議では、宣言文書も9パラグラフと非常に短文なものとなり、ジョージアへの言及はなかった。2021年のブリュッセル首脳会議では、ジョージアに関する文言が復活し、ワルシャワ首脳会議の内容をほぼ踏襲している。2022年は、ロシアによるウクライナ侵攻を受け、特別会合を含め数次の首脳会議が開催されるという異例の展開となった。6月のマドリード首脳会議では、ジョージアは、ボスニア・ヘルツェゴビナ、モルドバと併記され、ウクライナでの戦争に深刻な影響を受けるジョージアに対し、テーラーメイドの支援が表明された。一方、ロシアを刺激することを避けるためか、これまで踏襲されてきたブカレスト宣言の再確認は見送られた。

ロシアのウクライナ侵攻に関し、ジョージア政府の対ロシア制裁には不十分な点もみられ、ロシアのカラシン元外務次官に称賛されるという奇異な事態も生じている。NATO加盟を果たしたいが、ロシアを刺激したくないジョージア政府は、イラク戦争やアフガニスタン国際治安支援部隊（ISAF）へは積極的に貢献してきたものの、ウクライナでの戦争に積極的に関与することは避け、NATO加盟に向けても加速度的に前進する状況にはない。一方、2022年春のジョージアの世論調査では、NATO加盟支持が71%、また、ウクライナ人への支持が98%と圧倒的結果を示しており、ジョージアからは多くの義勇兵も参加している。また、2012年に民主的な選挙で政権交代を果たしたジョージア政府は、前政権に対する正義の問題として、サーカシヴィリ元大統領を逮捕するなど内政問題に多くの労力を割いているが、これには政府への過度な権力の集中がみられるとして、リトアニアをはじめとするNATO加盟国が懸念を表明している。

2023年には、リトアニアでNATO首脳会議が開催予定である。これまでリトアニアは、ジョージアのNATO加盟支持の最右翼であり、本来であれば加盟前進の千載一遇の好機でもある。ジョージア政府は、内政と外政のバランス、さらに国内世論にも配慮する必要があり、難しい舵取りを迫られている。

（内田 州）

43

永世中立国スイス

★中立概念の変遷とNATO加盟の可能性★

スイスにとって、永世中立国であることはナショナル・アイデンティティの一つであり、言語的、文化的、宗教的に多様なスイスを結束させる要素でもある。

スイスの中立政策には16世紀からの長い歴史があるが、国際的にスイスが永世中立国として認められたのは、1815年のウィーン会議である。大国に囲まれたスイスの中立がヨーロッパの安寧に資すると考えられたのである。それ以降、中立はスイスの安全保障政策と外交政策の要となっている。加えて、スイスの中立は自国の軍隊と国民皆兵制度による武装中立でもある。

中立国が試練に立たされるのは、周辺国が戦争状態に陥ったときである。戦時における中立国の義務と権利は1907年のハーグ条約によって規定され、スイスもこれに従っている。

それでは、20世紀以降スイスはどのような中立政策をとってきたのだろうか。第一次世界大戦時、スイスは中立を宣言し、国土防衛に腐心し、国家としては中立を守った。しかし、国内は協商国側を応援するフランス語圏とドイツ陣営を応援するドイツ語圏で二分され、国内分裂の危機を経験した。これを受けて、1930年代から「精神的国土防衛」と呼ばれる国内結束のための政治文化運動が官民挙げて行われ、1960年代まで続いた。

第一次世界大戦後、平和維持を目的にベルサイユ条約でスイスの中立が承認された。一方で国際的な連携による平和構築も模索され、1920年、スイスは国際連盟に加盟する。その際、軍事制裁参加は免除されたが、経済制裁参加が義務づけられた。しかし、日本、ドイツ、イタリアが国際連盟を脱退するなど、国際政治的な緊張が高まるなか、1938年にスイスは経済制裁不参加が認められ、「絶対中立」へと戻った。

第二次世界大戦時にもスイスはすぐに中立を宣言し、国民総動員体制を敷いて、国防に傾注した。国内分裂という第一次世界大戦時の轍を踏むことなく、国内は一致団結して、国土の中立は守られた。しかし、経済取引においては、連合国よりもはるかに多い武器をナチ・ドイツに輸出し、ナチの資金を「洗浄」するなど、中立違反を犯していた。

第二次世界大戦後、冷戦の影響により、スイスは国際連合（国連）には加盟せず、常駐オブザーバーの地位にとどまり、政治的中立を厳密に保とうとした。その一方で、1953年から朝鮮半島の北緯38度線監視のための兵士派遣（スウェーデンと合同）をはじめ、国外の平和維持活動に積極的に貢献する「積極的な中立政策」に取り組み始める。

さらにスイスは1975年に原加盟国として、中立を条件に、欧州安全保障協力会議（CSCE、現・欧州安全保障協力機構：OSCE）に加盟する。

冷戦終結による国際情勢の変化はスイスの中立政策の根本的な転換をもたらし、スイスはますます

スイス連邦議会議事堂（筆者撮影）

国際的な協力を通じて国内外の安全保障政策を行うようになる。しかし、それは決してスイスの中立性を脅かすものではないと認識されている。

スイスはすでに加盟前に国連と行動をともにし、1990年、イラクに対する国連の経済制裁に参加し、1995年にはボスニア・ヘルツェゴビナへ非武装平和維持軍を派遣している。

1996年、スイスはNATOと平和のためのパートナシップ（PfP）を結んだ。その際、NATO加盟を前提とせず、紛争時の軍事参加が要求されないことが確認されている。PfPは、どの分野でNATOと共同行動をとるか個別に判断できる柔軟な協力手段である。

2001年には軍法が改定され、国連とOSCEの平和維持活動への参加と自衛のための武装スイス軍の国外派遣が認められた。

国連加盟は国民の賛成が得られずなかなか実現しなかったが（超国家的組織の加盟には国民投票が必須で、1986年に否決されていた）、2002年にようやく加盟を果たす。これにより、スイスは国連の経済制裁参加を義務づけられるとともに、国連の軍事制裁を妨げることを禁止されている。

2022年、スイスははじめて国連安全保障理事会の非常任理事国に選出された（2023〜24年）。スイスは、独立的で客観的に合意形成された意見により、重要な役割を果たせると考えている。しかし一方で、国内には中立的な立場で仲介役を担ってきたスイスの独立性が脅かされ、今後そのような役割を担うことが不可能になるという批判もある。

2022年2月のロシアのウクライナ侵攻により、スイスの中立政策が改めて問われることになった。スイスはEUのロシアに対する経済制裁に参加し、日本では「中立政策の転換点」という報道もみられたが、これまでみてきたように、スイスの中立政策は決して硬直的なものではなく、状況に合わせて柔軟に行われてきた。

スイスはEUには加盟していないが、二つの二者間協定（1999年、2004年）によりEUと密接な関係にある。また、1963年に欧州評議会に加盟して以来、ヨーロッパ諸国と人権、民主主義や法治国家など基本的価値観を共有してきている。

スイスは、中立であることは立場を表明しないということではないと主張し、人道や世界平和に反することに対しては強硬に対応する姿勢をみせている。また、EUとの関係を考えるとEUと協調しない選択肢は難しい状況である。

しかし、国内にはこの政策に反対する声もある。第一党で右派保守政党のスイス国民党は、ロシアへの経済制裁参加によってスイスの中立性が損なわれたとして、絶対中立に戻るべきだと政府の決定を非難している。

それでは今後スイスのNATO加盟の可能性はあるだろうか。2022年5〜6月にスイス連邦工科大学チューリヒ校軍事アカデミー（MILAK）がスイス市民約1000人に行った世論調査によると、NATO加盟の支持率はウクライナ侵攻前後で大きな変化はなく、27%（前年比1%増）だった（ただし、2012年から10年の平均は21%）。一方、NATOとの協力関係を強化すべきという意見は、前年比7%増の52%に上昇し、近年の傾向に拍車がかかった。つまり、NATOとの協働はより重要視するものの、国民の大多数はNATO加盟に反対している。他の軍事機構への加盟は中立に反すると考える国民が多数を占めており、前提となる国民の賛成を得ることが難しい状況である。

21世紀に入り、単純に国境を守るだけで自衛できる時代が終わり、国境をまたいだテロ、空からの攻撃やサイバー攻撃などには国単位では対応が難しくなった。スイスは国是である中立を堅持しつつ、国際的な協力と連帯を通じて国内外の安全保障を確立していく必要性に迫られている。

（穐山洋子）

44

オーストリアの中立

――★NATOとロシアの狭間で揺らぐ小国のサバイバル外交★――

2022年2月24日の黒い木曜日（プーチンのヨーロッパ最大国家ウクライナへの侵攻）で、ユーラシア大陸西部には激震が走った。スウェーデンとフィンランドはNATO加盟申請で自らの中立外交を180度転換させる決断をするが、両国と同時の1995年にEU加盟国となったオーストリアは中立のままである。

EU加盟以降オーストリアではNATO加盟の是非がしばしばニュースになるが、ロシアと国境を接しておらず、また、中立が憲法で規定されている点で、北欧諸国とは異なる。

オーストリアが中立を自国の外交政策の中心に掲げることになったのは、第二次世界大戦後、東西対立が激しさを増していく時期である。戦後のオーストリアは戦勝国（アメリカ、ソ連、イギリス、フランス）に占領されたまま、ソ連とアメリカの二極対立に巻き込まれていく。

占領統治下のオーストリアに転機が訪れたのは、ソ連の指導者スターリンが亡くなった1953年3月であった。NATOの拡大を警戒するソ連の新政権が軍事同盟への不参加とオーストリア国内の外国軍基地設置の禁止を条件にオーストリアの独

オーストリア現代史を語り継ぐ王宮（筆者撮影）

立を認めることを提案すると、モスクワでオーストリアの独立をめぐる交渉が始まった。その結果、1955年4月にオーストリアの永世中立に関する初の国際文書となるモスクワ覚書が調印された。こうしてオーストリアは、スイスを手本としながら、法的拘束力があるものの、政策としては国家に自由裁量がある中立を永久に遂行することで、自国の独立を目指すこととなった。

1955年6月になると、オーストリア国民議会は「外国からの永久的な独立と国内の秩序維持という目的で永世中立を宣言し、同時にあらゆる手段でこれを維持し擁護する」と決議し、将来いかなる軍事同盟にも参加せず、自国領域に外国の軍事基地を認めないと意思表示をした。ここには占領軍の撤退とともに国際社会への復帰を果たそうというオーストリアの思惑があった。

以上の手順を経て、ドイツとの合邦の禁止を付記した国家条約が発効した翌日の1955年10月26日、オーストリア議会は中立宣言を採択し、独立を果たした。翌1956年には国連に加盟し、表向きはオーストリアが自主的に中立を憲法として明文化し、国際法上も保障されるという体裁をとりながら、現在に至る。

独立と引き換えに中立という足かせを背負ったオーストリアは、中立を生かす外交を展開するべく、国連での平和維持活動に積極的に参加し、オーストリアに国際機関を数多く招致した。その結果ウィーンはニューヨーク、ジュネーブに次ぐ国連都市となった。また東西対立が激しさを増すなか、ハンガリー動乱など近隣諸国の非常事態には難民を受け入れ、米ソ首脳会談などのホスト国として東西の橋渡し役を務めるなど、中立ゆえの積極的外交を展開した。

このように冷戦期のオーストリアでは、自らの独立・主権を勝ち取るための「中立」が民主主義の重要な要素となり、同盟との狭間で独自の外交路線を確立した。積極外交の手段として国内に浸透した「中立の精神」は、やがて人々のアイデンティティとして根づいていった。また、オーストリアは自身をピースメーカーと位置づけて、調停者の役割を担おうとするようになる。

冷戦が終わりに近づいてきた1989年、オーストリアとハンガリーの国境が開かれ、ソ連の衰退が顕著になると、オーストリアは西ヨーロッパとの関係強化を図るべくヨーロッパの統合（EC）に加盟申請した。オーストリアの加盟が実現したのは1995年、ECがEUへと発展し、ヨーロッパ共通の外交安全保障政策が統合の柱に位置づけられるようになったタイミングであった。

ヨーロッパ共通の外交安全保障政策は全EU加盟国の全会一致が基本である。EUメンバーの大半がNATOにも加盟していることから、中立を維持したままでヨーロッパ統合に仲間入りしたオーストリアは、NATO非加盟のEUメンバーとして「中立」と「団結」の間で揺れ動き続けることとなった。オーストリア国内では中立放棄・NATO加盟の是非についてたびたび議論されてきたが、常に中立法規がNATO非加盟の根拠とされてきた。そこでオーストリアはEU加盟以降、自国の自由裁量が認められるNATOの「平和のためのパートナーシップ（PfP）」に参画している。オーストリアの場合、PfPのなかでも特に災害・人道支援や捜索・救助活動を中心としたPfPミッショ

ウィーン市内の国会議事堂（筆者撮影）

ンに参画し、これまでにボスニア・ヘルツェゴビナ、クロアチア、アルバニア、コソボ、北マケドニア、アフガニスタンの六つのＮＡＴＯ主導のミッションに累計でおよそ２万５０００人を派遣してきた。

このようにオーストリアはＰｆＰの枠組みでＮＡＴＯと協力強化をはかってきたと自負しているが、ＥＵ加盟と同時に自国の外交安全保障政策をＥＵの共通外交安全保障政策に融合させながら現在にいたる。したがってオーストリアがヨーロッパで独自外交を展開することはほぼ不可能であり、中立は事実上損なわれているというのが実態である。

黒い木曜日から1カ月あまりが経過し、ロシアから安定したエネルギー供給が継続されるかどうかが不透明になってきた２０２２年4月、カール・ネハンマー首相はまずウクライナに行き、その後、開戦後はじめて西側の国家元首としてロシアに赴いてプーチン大統領と会談した。一連の訪問の行方に注目が集まったが、世界が期待するような成果はあがらず、オーストリアの中立がその機能を失っていることを露呈した。

その後、オーストリア国内では政府の外交安全保障政策に対する意見書が出された一方で、ウクライナがオーストリアモデルの中立を取り入れていれば、ロシアのＮＡＴＯ拡大への疑念を払しょくできたのではないかという見解もある。ネハンマー首相自身、軍事的中立は道徳的中立を意味しないとして、ウクライナにおけるロシアの行動を強く非難している。

北欧諸国のNATO加盟申請を受けて実施された2022年6月のオーストリアの安全保障についての世論調査では、中立維持が71％、NATO加盟は16％と、中立を支持する声が大きい。したがってオーストリア国内に根づいた中立は不動のようである。

ただし、ソ連の政変・消滅がオーストリア外交の転機となってきた歴史に鑑みると、今後のロシアをめぐる世界情勢の変容次第では、オーストリアが積極的中立外交の新たな展開を模索し始める可能性もある。

21世紀のオーストリアでは中立をめぐる「会議は踊る、されど進まず」の状態が続く。（上原史子）

45

アイルランドの中立政策

★なぜNATOに加盟しないのか★

ロシアによるウクライナ侵略はヨーロッパの安全保障環境に地殻変動を起こし、従来、中立政策をとっていたフィンランドとスウェーデンはＮＡＴＯ加盟を申請したが、ヨーロッパの中立国のすべてが同様の動きをみせたわけではない。中立政策に変更がなさそうな国の一つがアイルランドである。

これは中立国と一括りでいっても、中立政策をとる背景・理由が様々であり、ロシアの行動によって安全保障上の考慮が大きく変わる国もあれば、そうでない国もあり、アイルランドは後者だからである。

本章では、アイルランドが中立政策をとった歴史的経緯、その後の変化と継続性、ロシアのウクライナ侵攻を受けた方向性をみていきたい。

アイルランドが中立政策をとったのは、１９３９年９月、第二次世界大戦の勃発の際、中立を宣言したことにさかのぼる。アイルランドは「イギリスによる７５０年に及ぶ支配」を受けてきたが、対英独立戦争を戦い、１９２２年に英帝国内の自治領という地位で「アイルランド自由国」として独立を果たした。だが、この際の条件が完全な独立ではなく、共和国にいたらなかったことで賛成派と反対派との間で凄惨な内戦をも経験した。こうした経緯が背景にあり、１９３９年のアイルランドにとっては主権の確立が重要であった。

さらに、アイルランド島32県のうち、アイルランド自由国として独立したのは26県であり、６県は北アイルランドとしてイギリスに残留した。イギリスに対しては、本来自国の一部であるはずの北部の６県を奪い取られているという意識もあった。

このため、第二次世界大戦の勃発の際、「イギリスに引きずられて戦争に巻き込まれるのでは主権の行使にならない」との認識があり、中立を宣言した。「中立は主権確立の手段であった」とも評される。さらにいえば、国防能力に限界のあるアイルランドにとって、中立は自ら望んだわけではない戦争の災禍を避ける最も有効な手段との判断もあった。

この中立政策は戦後も国民から支持された。特に、戦闘に関与せず、紛争から距離をとって中立的立場から外交を展開するとの平和志向が国民の求める外交姿勢となった。国連、欧州共同体（ＥＣ）には加盟したが、軍事同盟であるＮＡＴＯには加盟しなかった。

こうした中立政策が可能だったのは、安全保障上の脅威といえば、イギリス以外の要素をほぼ捨象できる地理的な環境による面もあった。イギリスから攻められず、イギリスが安泰であるかぎりは、アイルランドにとっての安全保障上の脅威はほぼないといってよい状況だった。それゆえ、アイルランドは、イギリスの核戦力を含む国防力、ＮＡＴＯのしくみに「ただ乗り」しているとも指摘される。

フィンランドをはじめとするヨーロッパ大陸の中立国とは異なり、アイルランドの中立政策にとって最も重要な国はイギリスであり、ソ連／ロシアは大きな意味を持たなかった。別の言い方をすれば、アイルランドにとって地理的条件は、フィンランドのように中立を「必要とした」というよりも、中立を「可能にした」要因であった。

とはいえ、アイルランドの安全保障政策にも変化はあった。冷戦の終結後、１９９１年からの旧ユーゴスラビア内戦など新しい型の紛争が起こったことを踏まえ、ヨーロッパの安全保障のしくみに以前より積極的に関与するようになった。１９９９年、アイルランドはＮＡＴＯが域外の非加盟国との対話・協力を行うための枠組みである「平和のためのパートナーシップ（ＰｆＰ）」に参加した。中立政策を放棄したわけではなく、アイルランドの政策は軍事的中立であって軍事同盟に参加しないことと１９９６年に再定義をしており、それを踏まえた判断であった。

ＥＵの枠内での安全保障、防衛面の協力への参加ももう一つの側面であった。だが、「どこまで参加できるか」は常に難しい課題だった。アイルランドでは、欧州統合の主要条約の批准のためには国民投票を経て憲法上にその権限を規定することが必要とされているが、ニース条約（２００１年）、リスボン条約（２００８年）の批准のための国民投票はそれぞれいったん否決された。いずれも政府の準備不足とともに安全保障、防衛分野での協力が中立政策に反するとの懸念がその一因であった。アイルランド政府と欧州委員会は、これらの条約が軍事的中立政策を害するものではないとの保証をして再度の国民投票においてようやく可決の結果を得た。リスボン条約には「共同防衛にいたりうる共通防衛政策」への言及があったため、アイルランドは共同防衛には加わらないことを憲法上付記して、ようやく批准が可能となった。このように軍事的中立政策を維持しつつ、ＥＵ内の安全保障、防衛分野の活動に参加するのはデリケートな作業だった。分野としては信頼醸成や平和維持活動（ＰＫＯ）

などを中心とし、戦闘に関与しない、紛争から距離をとるという姿勢を維持してきた。

そこに起こったロシアによるウクライナ侵略である。アイルランドはウクライナ支持の立場を明確に打ち出し、人道支援の供与、ウクライナからの避難民の受け入れなどの対応をとったが、ＥＵのウクライナ軍支援については、殺傷性武器の提供には参加せず、非殺傷性物資の提供のみに参加した。

中立政策をとってきたフィンランドとスウェーデンがＮＡＴＯ加盟申請に踏み切ったこともあり、アイルランドでも軍事的中立政策を維持するのかの議論が起こったが、２０２２年4月に行われた世論調査では「現在の軍事的中立のやり方を維持することを望むか」という質問に対し、賛成する者が66％、変更することを望む者が24％だった。軍事的中立政策は今後も続きそうな情勢である。

ただ、変化の兆しもみえる。ロシアによるウクライナ侵略に際しては、アイルランドのミホル・マーティン首相（当時）は「軍事的中立ではあるが、政治的中立ではない」と頻繁に述べてきた。国防体制を拡充すべきとの主張も強まっており、アイルランド政府は国防費の対ＧＤＰ比率でわずかに０・３％の国防費を増額する方針を打ち出した。今後のあり方としては、軍事的中立政策を維持しつつ、従来、軽視されてきた国防体制により資源を振り向ける方向が有力視される。

（北野　充）

46

なぜモルドバは永世中立に固執するのか

★EU加盟候補国はNATO加盟への第一歩★

モルドバ共和国（以下、モルドバ）では、2020年11月と2021年7月の大統領選挙と議会選挙で、中道右派の「行動と結束の党」が勝利した。同党はロシアか欧米かといったそれまでの地政学的選択ではなく、構造汚職を撲滅してEU加盟を果たし生活水準を引き上げようと訴え、議会で101議席中63議席を獲得して、大統領と首相ポストを掌握した。

同政権は、ロシアが2022年2月24日にウクライナに軍事侵攻すると、「平和のためのモルドバ」を掲げて平和を最優先する姿勢を誇示し、西側の対ロ制裁への不参加、憲法が規定する中立主義の遵守、西側からウクライナへの武器供与ルートの拒否など、ロシアを刺激しないよう努めた。しかし、他方では、ロシアのウクライナ侵攻を非難する3月2日の国連総会決議では賛成票を投じ、ウクライナ難民の受け入れなど人道支援には協力を惜しまなかった。また、非常事態宣言を発して、ロシアの宣伝機関であるスプートニクの放送を停止し、国民がロシア政府の意のままに扇動されないよう予防措置を講じた。

ロシアとの関係強化を掲げて選挙に臨んだ社会党＝共産党連合ならともかく、EU加盟を最優先する同政権がなぜ中立主義に固執するのであろうか。それは、第一に、1994年憲法11条2項がモルドバを永世中立国家と定め、142条1項が同条の修正には国民投票による有権者の過半数の賛成が必要であると規定しているため、国民のおよそ3分の2が中立を支持している現状では中立国家を放棄することは容易ではないからである。

第二は、モルドバ領土内トランスニストリア（沿ドニエストル）に駐留するロシア軍（平和維持部隊と機動部隊）の存在と弱小なモルドバ軍である。歴代のモルドバ政府は、「自国領土への他国軍の駐留を認めない」（11条2項）との憲法規定を盾にロシア機動部隊の撤退を迫ってきたが、ロシアはトランスニストリア問題の解決や、同地が抱えるガス代金の負債返済問題と絡めて、自国軍の駐留を引き延ばしてきた。それゆえ、モルドバがロシアの意に反してNATO加盟に踏み切れば、同国に駐留するロシア軍による軍事攻撃を招きかねないし、コバスナにある武器庫をめぐるウクライナとロシアの争奪戦を誘発しかねない。それにもかかわらず、モルドバは個別パートナーシップ行動計画（IPAP）においてNATOとの軍事協力メカニズムを発達させてはきたが、ロシアへの配慮から、本格的な軍事力強化を怠ってきたのである。

第三は、モルドバの領土保全を脅かすトランスニストリアとガガウズィア（トルコ系正教徒であるガガウズ人居住地域、ガガウズ自治区）の存在である。両地域は、NATO拡大への防波堤などとモスクワにアピールしたり、モルドバとルーマニアの統一の可能性を喧伝したりして、しばしばモルドバからの独立を要求してきた。1992年7月のトランスニストリア紛争停戦協定や1994年のガガウズィア自治法において、モルドバの法的地位に変更があった場合、すなわちモルドバがルーマニアと統一した場合、両地域の分離独立権が認められているのである。他方、ロシアは、2003年11月にモルドバのNATO加盟を妨げる内容のコザック・メモランダムを公表した。モルドバを連邦化して両地域に「特別の地位」を付与し、NATO加盟など外交・安全保障問題に関して拒否権を与えようとするもので、モルドバ国民と欧米国際社会の強い反対にあって頓挫したが、それは2014年のドンバス紛争に関するミンスク和平合意として結実した。

第四の要因は、ロシアの影響力が浸透しやすい、モルドバの脆弱な政治経済社会構造である。ロシア国内で働く数十万人ともいわれるモルドバ人出稼ぎ労働者、社会党、共産党、ショール党（イラン・ショールを党首とする政党）などの親ロ政党、ロシア正教会に属する「キシナウおよび全モルドバ司教区」やマスメディアを介した世論操作、ガスや電気の対ロおよび対トランスニストリア依存などを利用して、ロシアはモルドバに影響力を行使してきた。ロシアの世論操作がいかに効果的であるかは、ウクライナ戦争の性格に関する次の世論調査（2022年4月）結果に表れている。すなわち、正当性を欠いたロシアによる軍事侵略と答えた人は半数未満の45・7％にとどまり、ナチズムからのウクライナ解放戦争およびドンバス住民のロシアによる保護と回答した人は各々18・3％と20・1％で、ロシア政府の主張を支持するモルドバ市民はおよそ4割にも達するのである。

さらに、第五の要因として、ドイツやフランスなど欧州主要国がロシアの要求を受け入れ、旧ソ連諸国へのNATO拡大に反対してきたことが挙げられる。ブッシュ政権が2008年4月のNATOブカレスト首脳会議でウクライナとジョージアに「加盟のための行動計画（MAP）」の資格を与えようとしたのに対し、ドイツとフランスがそれに断固反対し、最終コミュニケが加盟期日を明記しない

「両国の将来のNATO加盟」に落ち着いたことは、周知の事実である。

第六は、ロシアがモルドバに対して中立主義の堅持を再三要求してきたことである。第五の要因からNATO加盟が現実的な選択肢でないとすれば、モルドバの政治安全保障エリートが、ロシアの安全保障要求、つまり中立主義を受け入れることで、ロシアによる軍事侵攻を未然に防ぐ方がより現実的であると判断したとしても不思議ではない。モルドバの脆弱な軍事力や政治経済社会構造を勘案するとなおさらであるし、実際、ロシアはNATO加盟を要求したジョージアやウクライナとは対照的に、モルドバに関してはトランスニストリアの独立やロシアへの帰属を認めてはこなかったのである。

以上指摘した諸要因から、モルドバはNATO加盟に向けて舵を切れず、中立に固執してきた。ところが、2022年4月にトランスニストリアで爆発騒ぎが起き、ロシアがモルドバ在住ロシア系住民に対する権利保護義務に言及すると、モルドバでもIPAPを介してNATOと協議すべきであるとか、即座にNATOに軍事支援を要請すべきであるといった主張が出始めた。同年秋にはNATOとのパートナーシップ強化を謳う「結束と繁栄のための連合」党が結成された。海外でも、イギリスのトラス外相のように、モルドバの防衛力強化を支援すべきであるとの発言が聞かれるようになった。また、NATOもマドリード首脳会議宣言（2022年6月）やブカレスト外相会議声明（同年11月）で、モルドバの防衛力強化支援に言及した。

今後も国内外においてNATO重視の傾向は高まっていくであろうが、前述したようなスウェーデンやフィンランドとは異なるモルドバ固有の諸要因が克服されないかぎり、モルドバがNATO加盟に向けて舵を切ることは容易ではない。このような状況において、モルドバが2022年6月にEU

欧州理事会がモルドバをEU加盟候補国として承認したことを発表するサンドゥ・モルドバ大統領（2022年6月24日）（モルドバ大統領府提供）

加盟候補国として認められた意義は計り知れない。EUは、これまで旧ソ連6カ国に対しては、ロシアへの配慮から、西バルカンとは対照的にEU加盟を前提としない「東方パートナーシップ」を適用してきた。そのEUが、今回ウクライナとモルドバをEU加盟候補国として認定することで、ロシア勢力圏を認めない姿勢を鮮明にしたのである。

今後EUは、トランスニストリア問題を含むあらゆる分野でモルドバへの関与を深化させ、EU加盟に不可欠な構造改革を支援していくことになろう。それゆえ、NATOと異なり軍事力を保持しないEUは、モルドバの集団防衛に直接貢献できないとしても、同国のNATO加盟申請を妨げ、同国を中立国家にとどまらせてきた脆弱な政治経済社会構造の改革支援や同国の防衛力強化支援を介して、モルドバの安全保障とNATO加盟に不可欠な条件整備に貢献していくことになる。この意味で、モルドバはEU加盟候補国のステータスを得たことで、NATO加盟に向けて第一歩を踏み出したといえる。（六鹿茂夫）

Ⅵ

ウクライナ危機とNATO主要国の対応

47

アメリカのウクライナへの対応

★インテリジェンス・軍事協力による手厚い支援★

2022年6月にマドリードで開催されたNATO首脳会議では、対ロシアの軍事同盟回帰と米欧の団結が明確になった。バイデン米大統領は会議後、「開戦前にプーチン露大統領に、ウクライナ侵攻を行えばNATOは強化されるのみならず一層結束すると伝えたが、それがわれわれが今日まさに目にしていることだ」と発言した。

これまでNATOは度重なるミッション（使命）と存在意義の喪失に直面してきた。NATOはソビエト連邦の軍事的脅威に対抗するために形作られたが、冷戦終結でソ連が消失すると、旧ユーゴスラビア紛争への対応において、ヨーロッパ内の危機管理というミッションを見出した。2001年9月11日のアメリカでの同時多発テロでは国際テロへの対処が加わった。これで、いったん団結を取り戻したNATOだが、2003年のイラク開戦で、アメリカがドイツ、フランスの反対を押し切ったことで溝が広がり同盟の漂流が始まった。

2003年の「バラ革命」で政権に就いた、ジョージアのサーカシヴィリ大統領の強いNATO加盟への意志とロシアの反発は、2008年のロシア・ジョージア戦争を引き起こした。

しかし２００９年に始動したオバマ政権は、ロシアとの関係の「リセット」を重視してロシアの責任を追及せず、２０１４年のロシアによるクリミア併合とウクライナ内戦介入にも、米欧の対ロ制裁は中途半端だった。当時のＮＡＴＯはロシアの脅威を再認識し始めたが合意と団結をもたらすレベルにはなかった。

その間、ＮＡＴＯ加盟国は、対テロ協力としてアフガニスタンでの治安回復と復興支援のための国際治安支援部隊（ＩＳＡＦ）に部隊を派遣してきたが、２０２１年8月の米軍の拙速な撤退とアフガニスタン政府の崩壊とタリバーン政権成立はアメリカへの大きな失望感をもたらした。

このような経緯を振り返ると、ロシアのウクライナ侵攻は、国際秩序にとっては不幸な出来事だが、ＮＡＴＯという軍事同盟の存在意義を強く蘇らせたと考えていいだろう。ただし、バイデン政権のウクライナ危機への当初の対応は、過去のオバマ政権同様、対ロ姿勢という点では「生ぬるい」対応だった。２０２１年12月7日、バイデン大統領とプーチン大統領は、ウクライナ国境にロシア軍が集結するという緊張状況のなかで、オンラインでの会談を行ったが、翌日、バイデン氏はロシアがウクライナに侵攻した場合でもアメリカが一方的に武力行使に出ることはないとの考えを示したからだ。

バイデン氏の発言が、ロシアのウクライナ軍事力行使のハードルを下げたともいえる。とはいえ、アフガニスタンとイラクでの約20年間にわたる「長い戦争」に疲れ、トランプ前大統領の「アメリカ・ファースト」を熱狂的に支持するアメリカ内政の状況を考えれば、バイデン政権にそれ以外のオプションはなかったともいえる。2月8日から11日のＣＢＳニュースの世論調査では、ロシアとウクライナの対立に対してとるべきアメリカの姿勢について、53％が「軍事的に関与すべきではない」を選択し、「関与すべき」は41％にすぎなかった。

その後のバイデン政権の動きは戦略的だった。２０２２年２月17日、ブリンケン国務長官が、国連安全保障理事会で「ロシアの侵攻シナリオ」を示し、「ミサイル攻撃や空爆で口火を切り、通信妨害を仕掛け、重要な機関をサイバー攻撃で機能不全に陥らせて、地上部隊と戦車がウクライナの主要都市へ進軍し、そのなかには首都キーウも含まれている」と暴露した。さらにブリンケン氏は、２月23日、ロシアが24日夜明けまでにウクライナに侵攻するとの見方を示してけん制したが、実際、24日にロシア軍はウクライナへの侵攻を開始した。

数日後、ロシア軍はウクライナ軍の強い抵抗にあい、作戦難航があきらかになった。アメリカの軍事支援とインテリジェンス情報協力がウクライナのロシアへの抵抗に大きく貢献している実態が認識され、開戦前のインテリジェンス情報開示によるけん制を含め、アメリカの「軍事支援力」が評価されるようになった。事実、アメリカはウクライナ軍に対して、対戦車ミサイル「ジャベリン」などの兵器供与と米軍による訓練という軍事支援を、クリミア併合があった２０１４年から、着実に行ってきた。

４月２日、ロシア軍がウクライナの首都キーウ近郊から本格的に撤退を始め、ウクライナ国防省はキーウ州全域が「解放された」と発表した。電撃的な首都陥落によりゼレンスキー政権を崩壊させ、親ロ政権を作るというプーチン大統領の戦略遂行は失敗した。これを受け、４月10日、ジェイク・サリバン米国家安全保障担当大統領補佐官は、ＣＮＮへのインタビューで、ロシア軍のキーウ周辺での敗北は、ウクライナの果敢で粘り強い抵抗によるものだが、それを可能にしたのはアメリカとヨーロッパの支援した兵器であると発言した。

バイデン政権は、「第三次世界大戦を避けるために」という表現を再三使って、核兵器の応酬にエスカレートするリスクがあるＮＡＴＯ軍とロシア軍との直接対決を極力回避しようとしており、ウクライナ軍への軍事情報の提供やサイバー戦での協力の事実は表に出してはいない。

しかしアメリカとＮＡＴＯのウクライナ軍への手厚いバックアップが、ロシア軍を押し返す作戦の成功に寄与していることは状況証拠から明らかだ。その一端を示す事実として、８月２日、ロシア国防省報道官は、ウクライナ軍関係者の傍受から、ウクライナ軍が高機動ロケット砲システム「ハイマース」を使ってロシア側を攻撃する際にアメリカ側の承認があったとして、アメリカの直接介入を批判した。

結局のところ、バイデン政権が、内向き志向が高まっているアメリカの有権者が嫌う直接の軍事介入を避け、アメリカ人の血を一滴も流さずに、国際秩序に対する現状変更を阻止する方向で、ＮＡＴＯ加盟国間の連帯を強化していることは特筆すべきことだ。アメリカにとって目下の最大の安全保障上の懸念は中国の武力による台湾併合だが、ロシアのウクライナ侵攻を失敗に終わらせることで、中国の武力行使のハードルを上げる効果も考えている。マドリードで合意された２０２２年のＮＡＴＯの新戦略概念には中国への対処がはじめてミッションに入れられた。

（渡部恒雄）

48

カナダとNATO

★カナダ国防政策の根幹★

NATO設立において、カナダはイギリスと組んでアメリカを入れることに努力した。米欧西側諸国と集団的自衛権を結ぶことで、ソ連を抑止することがカナダ国防政策の根幹だったからである。カナダはまた、NATO加盟地域が単なる軍事的共同防衛機構にとどまることのみを望んでいたわけでもない。そのために、北大西洋条約第2条の経済社会協力を約する、カナダ条項と呼ばれる文言挿入にも成功した。また、1957年にはアメリカ空軍との間に北米防空（現在の航空宇宙防衛）司令部（NORAD）という、司令官をアメリカ軍将校、副司令官をカナダ軍将校とする統合軍事機構を設置するが、NORADはNATOの「カナダ・アメリカ合衆国地域計画グループ」の一部とした。実質的にカナダ・アメリカとも他のNATO加盟国を北米空域防衛に関与させることは望まなかった。そのために、NORADはNATOのカナダ・アメリカ地域計画グループを通じて、「北米防空のための取り組みについての情報」を受けとるのみとなった（これは2006年の最新NORAD協定交渉後も文言として残っている）。

冷戦期には、1万人規模のカナダ軍を、最初はフランス、そしてドゴール時代以降は、西ドイツに駐屯させ、在欧NATOカナダ軍の核弾頭装備も実施した。戦闘機と地対地ロケットにアメリカが供与した核弾頭を搭載し、カナダ軍も戦略目標に核弾頭を投下することが可能になった。いわばカナダもNATO戦域でアメリカと核共有することになったのである。ただし、NATOにおけるカナダも東西デタントの潮流とは無縁ではなかった。1968年スタートのピエール・トルドー時代は、カナダのNATO脱退も政府内で考慮されたこともあったものの、在欧NATOカナダ軍を半減させ、核弾頭も撤去させた。この在欧NATOカナダ軍も冷戦後のマルルーニー政権の決定を受けて、1993年に完全に本国に撤収された。

そのうえ、カナダはNATOの主要軍事作戦にも積極的に参加してきた。たとえば、1999年のコソボ紛争ではカナダはCF18ホーネット機を爆撃に使用したし、2001年の9・11同時多発テロを受けてのアフガニスタン戦争にも派兵した。その後の国際治安支援部隊（ISAF）にもカンダハール地域にカナダ軍を派遣して、165名の犠牲者を出しつつも、2014年まで継続した。

リビアで43年間にわたり独裁政権をしいてきたカダフィが、2011年2月の反政府デモを受けて、弱体化したときにもNATOの出番となった。反カダフィ勢力による内戦勃発時に、国連安保理が、一般のリビア人に対するカダフィ政権側の攻撃を非難し、経済制裁を科す決議を可決する。さらに、NATOではフランスが中心となり、反政府軍側支援の軍事介入を主張した。3月には国連安保理がリビア上空に飛行禁止区域を設定し、カダフィ政権空爆を認可する決議1973を可決した。カナダのハーパー政権もアメリカとともに戦闘に加わる決定を下した。リビアへの「人道的介入」を正当化した「保護する責任」の面からもカナダの軍事介入は実行され、435名のカナダ軍人が派兵された。

その結果、同年10月にはカダフィが死亡し、リビアの独裁体制崩壊につながっていく。

カナダにとってウクライナ共和国は特別な関係を持っていた。それはカナダ国内に180万人ものウクライナ系住民が住んでいたことにもよる。ロシアに次いで世界で2番目にウクライナ系住民が多いのがカナダであった。そのために、カナダは常に親ウクライナ的である。躊躇(ちゅうちょ)するアメリカを尻目に、1991年、ソ連からの独立賛成の住民投票結果を受けて、主権国家としてウクライナを承認した西側諸国の最初の政府が、カナダのマルルーニー政権だった。

2014年の違憲かつ国際法上非合法なクリミア半島の住民投票を受けて、ロシアが同半島を吸収・合併した際にも、カナダは断固反対した。ウクライナの領土保全を訴え、これまでに9億カナダドルほどの人道的支援などを供与してきた。また、900以上の親ロシア系ウクライナ人やロシア人、それらの関連組織に対して、資産凍結などを含む経済制裁にもカナダは参加してきた。さらに、6機のCF18機を2014年9月〜15年1月までラトビアに送り、NATOの防空警戒任務に就かせたのである。この「リアシュアランス（安心供与）作戦」の一環として、ラトビアには455名のカナダ空軍軍人を駐屯させたが、2018年7月にはその数を540名まで増援している。さらに、NATOの「ユニファイアー作戦」にもカナダは参加し、ウクライナ軍訓練のために、200名規模のカナダ軍人をウクライナに派遣していた。

2022年2月24日のロシアによるウクライナ侵攻が始まると、カナダのジャスティン・トルドー（ピエールの長男）政権はただちに旗幟(きし)を鮮明にした。ロシアによる蛮行を最大限に非難し、ロシアは「ウクライナの主権と領土保全」を侵し、国際法にも違反しているとした。カナダはウクライナ政府と国民を支持するとも付け加え、ロシアによる侵攻停止と軍撤退を訴えた。国内のウクライナ系コミュニティも守ると述べ、G7などと協調し、対ロシア制裁を追加することもトルドーは決めている。約1億カナダドルに上るウクライナへの軍事支援がこれらの声明の後に続いた。

その後のトルドー政権の動きもNATOの結束を固めることを目的に、約1400名のカナダ軍人を「リアショアランス作戦」に従事させ、そのうち、700名をラトビアに駐屯させている。また、2022年4月にはウクライナからの難民支援やカナダへの難民受け入れを実施するために、ポーランドにも150名までのカナダ軍人を派遣、2023年3月を超えて継続する予定である。

さらに、国防費面での増額もロシア・ウクライナ戦争により約束された。トルドー政権では2017年の国防白書で10年間かけて、前任のハーパー政権以上の軍備整備をすることになっていた。しかし2021年のGDPに占める国防費比率は約1・4%にとどまり、NATO目標の2%には届かずにいた。2022年カナダ予算では今後5年間で国防費を80億カナダドル追加支出することで、GDPの1・59%を国防費にあてる計画も発表されている。

ロシア・ウクライナ戦争はNATOにおけるカナダの役割も変化させた。2005年のマーティン・ジュニア自由党政権以来、カナダはNATO加盟国のなかで唯一、ミサイル防衛に参加してこなかった。当時のブッシュ政権やそれ以降のアメリカ政権も失望を表明してきたが、カナダは自由党から保守党、さらに現在の自由党少数与党政権になっても、不参加の立場を変えなかった。ところが、今回のロシア・ウクライナ戦争を受けて、ミサイル防衛に対しても全面的見直しを打ち出した。その結果、参加の可能性が高まったといえよう。

（櫻田大造）

49

イギリス

★安全保障で際立つ存在感★

イギリスはNATOの生みの親だといってよい。第二次世界大戦後の西ヨーロッパへの恒久的な関与を躊躇するアメリカを引き込むにあたって、当時のイギリスは枢要な役割を果たした。NATOの基礎を築いたのも、初代事務総長のイズメイをはじめとするイギリス人だった。EUがフランスを筆頭とするヨーロッパ大陸諸国主導の、法律や規則によって精巧に構築された体系だとすれば、規則も機構も柔軟なままに発展してきたNATOはイギリス的である。プラグマティズムを特徴とする。

ただし、イギリスの歴代政権が、組織としてのNATOをどれだけ重視してきたかについては疑問もある。というのも、イギリスにとっては「特別な関係」と呼ばれるアメリカとの二国間関係が、常に最優先事項だからである。米英関係を特別ならしめているのは、世界各地でともに戦ってきたという経験と同時に、インテリジェンスと核兵器に関する協力である。

インテリジェンス協力の枠組みとしては、米英両国に加えて、カナダ、オーストラリア、ニュージーランドを含む「ファイブ・アイズ」が有名であり、イギリスの外交・安全保障政策においても重要な位置を占めている。また、イギリスは戦略原潜から発射される弾道ミサイル（ＳＬＢＭ）で核戦力を運用しているが、核弾頭は自ら開発・製造しつつ、ミサイル（現在はトライデント）はアメリカから調達したものである。常時1隻の潜水艦が核兵器を搭載して海中を航行する態勢を維持し、それはＮＡＴＯの防衛のために提供される形をとっている。このことに代表されるように、イギリスにとっては、ＮＡＴＯへの関与にあたってもアメリカとの関係が基礎になってきた。

冷戦後は、旧ユーゴスラビアのボスニアやコソボでのＮＡＴＯ主導作戦に、部隊とともに司令官を出すなど深く関与し、２００1年の9・11同時多発テロ事件を受けたアフガニスタンへの関与においても、アメリカとともに軍事面で主要な役割を果たした。２００３年からのアフガニスタンにおけるＮＡＴＯ指揮下の国際治安支援部隊（ＩＳＡＦ）でも、アメリカに次ぐ最大の部隊貢献国になった。最盛期、イギリス軍はアフガニスタンに約1万名の部隊を駐留させ、全期間を通じて４５０名以上の犠牲者を出した。それゆえに、２０２1年8月のタリバーンによるカブール陥落はイギリスにとっても大きな衝撃であり、アメリカのバイデン政権による一方的な撤退方針への反発も聞かれた。しかし、アメリカが撤退を決めるなかで、イギリスを中心とするヨーロッパ諸国のみで作戦を継続する現実的可能性はなかった。力の限界である。ブレア政権時代の２００３年のイラク戦争への参加を含め、アメリカに従う姿勢は、「アメリカのプードル」と揶揄(やゆ)されることもあるが、イギリスがこれまでの経験から導き出した生きる道でもある。

２００８年のロシア・ジョージア戦争、そして、２０１４年のロシアによるクリミアの一方的併合とウクライナ東部ドンバス地域への介入を受けて、ＮＡＴＯはロシアの脅威に対応するために抑止・

防衛態勢を強化することになる。ここにおいてもイギリスは重要な役割を果たしてきた。2016年以降は、NATOにおける「強化された前方プレゼンス（eFP）」の枠内で、バルト三国のラトビアに大隊規模の部隊をローテーションで駐留させることになった。ポーランドやバルト諸国と並んで、イギリスは対ロシア強硬派の急先鋒という色彩が強い。その背景には、2018年3月にイングランド南部のソールズベリーで発生した、ロシア当局による元ロシア・スパイの毒殺未遂事件などへの反発があるほか、エネルギーでの対ロ依存度が低いという事情も指摘できる。

2022年2月以降のロシアによるウクライナ侵攻に対しては、当時のジョンソン政権の積極的な関与が目立った。ロシアへの経済制裁やウクライナへの武器供与において重要な役割を果たした。加えて、2022年4月に首都キーウを訪問した際には、ゼレンスキー大統領と市内を散策してみせた。これは、その直前までロシア軍に包囲されそうになっていたキーウが安全になったことを、ウクライナ国民と世界に対して示す重要な機会になった。

ウクライナ軍への訓練支援は、戦争前から行われていたが、開戦後はさらに大規模にイギリス国内で実施されることになった。4カ月ごとに1万名のウクライナ軍を訓練する計画で、2022年夏以降に動き始めた。当初はイギリス独自のプログラムだったが、カナダやオランダがすぐに加わったほか、NATO加盟を控えたフィンランドとスウェーデンも参加することになった。NATOの枠にとらわれずに、同志諸国を巻き込んで具体的なプロジェクトを進めていくイギリスの力が示された格好になった。訓練支援は、イギリスが比較優位を有する領域である。

さらにイギリスは、2022年5月にNATO加盟を申請したフィンランドとスウェーデンとの間で、加盟までのNATOとしての集団防衛が適用されない期間に関する事実上の安全の提供を含めた防衛協力強化のための文書に署名した。こうした形での、北欧やバルト諸国、さらにはより広く中・東欧地域の安全保障への関与が、近年のイギリスの特徴といえる。

イギリスは、2020年にEUを離脱（ブレグジット）したが、それまでも、政治・経済・外交の各方面において、北欧諸国やバルト諸国を含む中・東欧諸国とは、立場が近いことが多く、緊密な協力関係を築いてきた。それら諸国にとっても、特に防衛面で、アメリカとの二国間関係に加えてイギリスの後ろ盾を得ることは大きなプラスになる。

イギリスはロシア・ウクライナ戦争前の2021年3月、ジョンソン政権下で、安全保障・防衛・外交に関する「統合レビュー」を発表した。同文書に関しては、「インド太平洋傾斜」と呼ばれた日本を含めたインド太平洋地域への関与強化が注目されたものの、文書全体としては、バルト・北欧地域を中心とするヨーロッパの安全保障への関与強化が主たる柱になっていた。ブレグジットはあくまでもEUからの離脱であり、ヨーロッパ全般から距離を置くものではないという意思表示でもあった。

ロシア・ウクライナ戦争を受けて、ヨーロッパの安全保障が緊迫化するなかで、イギリスの役割への高い期待は、今後とも続くとみられる。それはイギリスにとっては負担だが、影響力の源泉でもあり、広い意味の国益の一部である。ただし、それを持続可能なものにするには、新型コロナウイルス危機に次いで物価高で疲弊した国内経済の立て直しが急務となる。ジョンソン政権後継のトラス政権が2022年10月に発足2カ月未満で退陣に追い込まれたような政治的不安定を乗り越えることも、イギリスの対外的信頼を維持するために必要であろう。

（鶴岡路人）

50

ウクライナ危機とドイツ

★慎重な対応から貢献の拡大・強化へ★

ＮＡＴＯはドイツの安全保障政策の中核であるのみならず、歴史的にみれば国家の存在そのものの前提でもある。占領下から東西に分断された形で独立した西ドイツ（ドイツ連邦共和国）は、１９５５年にＮＡＴＯに迎え入れられることで外交主権を回復し、国際社会に復帰した。１９９０年の統一は西ドイツが東ドイツを吸収する形で実現したため、ＮＡＴＯは統一ドイツの防衛政策の要であり続けた。しかし、冷戦後のヨーロッパでは旧社会主義諸国の民主化・市場経済への移行と、欧州評議会（ＣｏＥ）、欧州連合（ＥＵ）、ＮＡＴＯの拡大もあり、自国と同盟国領土の領域防衛よりも、ＮＡＴＯ域外の紛争地域での危機管理が、安全保障政策の中心と認識されるようになった。

冷戦後に湾岸戦争などで危機管理のための国際貢献を求められると、ドイツでは連邦軍のＮＡＴＯ域外活動をめぐって論争が起きた。１９９４年の連邦憲法裁判所の判決は、連邦軍のＮＡＴＯ域外派遣論争に終止符を打ち、連邦議会の承認があれば国連、ＮＡＴＯ、ＥＵなどの作戦での各地への連邦軍の派遣が可能となった。その結果、旧ユーゴスラビアでの危機管理とその後の平和構築のため、連邦軍はボスニア・ヘルツェゴビナ、コソボなどで重要な役割を果たした。２００１年の同時多発テロ後には北大西洋条約第５条に基づきドイツはアフガニスタンに連邦軍を派遣し戦闘行動にも参加し、その後の国際治安支援部隊（ＩＳＡＦ）、確固たる支援任務（ＲＳＭ）にも参加し、最終的に２０２１年まで活動した。この間に、危機管理により適した連邦軍とするための改革が行われ、２０１１年には領域防衛を前提としていた徴兵制が停止された。

冷戦後ドイツは多くのＮＡＴＯの活動に参加しているが、２０１１年のリビア内戦ではＮＡＴＯの空爆には参加しなかった。国連決議のような強い正統性を背景とした多角的な枠組みでの軍事力の行使は議会承認を前提としてたびたび行われているものの、リビアの事例のように、国内で問題への関心が低く軍事力の行使について合意が十分に形成できない場合もある。

ドイツ統一が当時のソ連の承認により平和裡に実現され、旧東ドイツ地域からのソ連軍の撤退も１９９４年に完了したことから、その後のロシアとの関係は重視された。１９９８年に就任した社会民主党（ＳＰＤ）のシュレーダー首相の任期中は、プーチン大統領との個人的な友好関係も背景として、ガスパイプライン「ノルドストリーム」の建設など経済関係も深化した。ウクライナではオレンジ革命後のユーシチェンコ政権が積極的にＮＡＴＯ加盟を目指したが、メルケル政権のドイツはウクライナ国内の改革の進捗状況が思わしくないことやドイツ国民のウクライナ加盟支持が弱いことから加盟に反対した。

独ロ関係はロシアのプーチン政権の強権化もあり次第に冷却化していく。ロシアによる２０１４年のクリミア併合をドイツは国際法違反として強く非難し、ＥＵによる対ロ経済制裁は独ロ貿易関係に

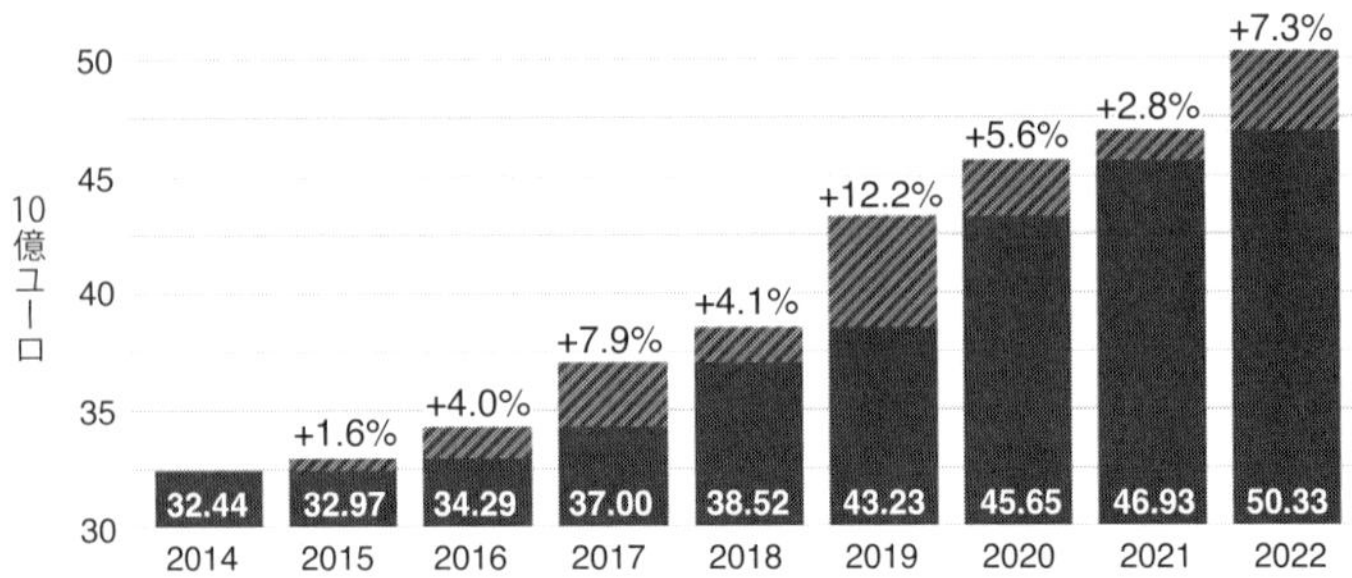

図　ドイツ国防予算の推移
出所：ドイツ国防省ホームページ https://www.bmvg.de/de/aktuelles/deutlich-aufgestockt-verteidigungshaushalt-5372564

も大きな影響を与えた。しかし、同時にウクライナ東部地域での紛争の終結のため、ドイツは外交的努力も継続しミンスク合意の形成にも貢献した。その後も経済制裁は継続し政治的にはシリア介入や人権問題でロシアを批判するなどしながらも、「ノルドストリーム２」の建設も進み、ロシアとの関係は重視された。

２０２１年にロシアがウクライナ周辺へ軍事力を集結させると、ドイツは緊張緩和のための外交努力に注力しつづけた。この時期に連邦議会選挙が実施され、16年続いたメルケル政権に代わって12月にショルツ政権が発足した。この政権は、伝統的に対ロ関係を重視してきたＳＰＤと、ロシアの人権状況やガスなど化石燃料への依存を批判してきた緑の党と自由民主党（ＦＤＰ）による三党連立政権であるが、ロシアによるウクライナ侵攻によって大きな衝撃を受けた。侵攻からわずか３日後の２０２２年２月27日にショルツ首相は連邦議会で安全保障政策の転換を表明し、通常の予算とは別立てで１０００億ユーロの連邦軍特別予算枠を設定し、長年の課題となっていた連邦軍の装備の更新と拡充を短期間で行うことを表明した。ドイツの国家財政は基本法（憲法）の規定により厳しい財政規律ルールで規制されているが、この予算枠を財政規律の適用例外とするため、6月には憲法改正も実施された。

ウクライナ危機は、ロシアと緊密な関係を構築し対話を続けることでロシアの軍事行動を抑止できるという考え方が間違っていたことを認識させ、長年にわたって論争の対象となってきた連邦軍予算問題を短期間に大きく転換させた。2014年のNATOウェールズ首脳会議で合意された防衛予算をGDPの2％以上とする合意について、ドイツ国内では慎重論も多く、むしろ開発援助を増額し、開発援助と防衛予算を合わせてGDPの2％とする方がドイツの国際貢献としては好ましいとの意見もみられた。しかし同時に、クリミア半島併合後の安全保障環境の変化に対応すべく、ドイツはNATOのバルト諸国領空監視活動に参加し、「強化された前方プレゼンス（eFP）」においてはリトアニアで主導国の任務を担ってきた。つまり、一方でロシア脅威を強く認識する同盟国へ配慮し軍事的な貢献をしつつも、他方で国内での脅威認識の低さが予算対応で中途半端な対応を続ける背景となっていた。しかし、ウクライナ危機は同盟国の領域防衛の重要性を強く認識させ、局面を転換させた。

ショルツ政権は初期にはウクライナに対する軍備供与問題でロシアとの戦争に巻き込まれるリスクから慎重な姿勢を示したが、次第に重火器・高度な兵器の供与も実施した。ドイツは紛争地域には兵器輸出を行わないという原則を有していたが、民主的に選出されたウクライナ政府が国際法的に正統な防衛を行うのを支援するために、政策を変更した。ロシアからのガス供給は停止されたが、対ロ経済制裁を継続し、エネルギー供給の問題を解決しながら、ウクライナに兵器を供与し、同時にNAT

Oにおける軍事的な役割を果たし続けるためには国内の支持が前提となる。政権担当経験のある主要政党はみなNATOと安全保障政策を支持しており、世論も一定の犠牲を払ってもウクライナ支援を継続すべきとの考えを支持する者が多数となっている。連邦レベルで政権に入る可能性のないドイツのための選択肢（AfD）と左派党のみが異なった対応をしている。スウェーデンとフィンランドのNATO加盟承認の手続きもドイツでは短期間で完了した。こうしてウクライナ危機はドイツのNATOへの貢献を拡大する契機となった。ショルツ政権はNATOの強化と同時にヨーロッパ諸国がEUの強化により安全保障政策分野でも行動能力を高めることも目指しており、今後EUとNATOの関係性をどのように展開していくかにも注目される。

（森井裕一）

51

ロシア・ウクライナ戦争とフランス

★冷戦終結後の欧州安全保障観の摩擦★

2022年2月24日ロシア軍のウクライナ侵攻で始まったロシア・ウクライナ戦争の根源にあるのは、冷戦終結後の欧州安全保障をめぐる行き違いである。

冷戦終結後NATO不要論がヨーロッパでは議論された。東西対立がなくなったのだから、共産主義陣営の脅威に対抗する集団防衛機構＝NATOは必要ないという独仏を中心にした西欧諸国の主張だった。欧州安全保障協力機構（OSCE、欧州安全保障協力会議〔CSCE〕の常設機構化）を中心とした紛争予防のための安全保障体制の構築が提唱された。もともと冷戦時代から、平和のための集団安全保障体制を強調していたのはソ連側であったし、冷戦終結後ミッテラン仏大統領もその立場であった。CSCE首脳会議は1990年11月に、1975年のヘルシンキ会議以来15年ぶりにパリで開催され、パリ憲章を調印したことにそれは示されていた。そこにはロシアも重要なパートナーとして存在した。これがフランスの旧東欧諸国を含む集団安全保障体制の根本的発想だ。

そうしたフランスの姿勢は、1996年12月のOSCEリスボン首脳会議でOSCEを欧州安保の最重要機関としたいロシアとＮＡＴＯ重視のアメリカが対立したときにもみられた。フランスは、ＯＳＣＥを国際法上の基盤を持った国際機関にすることを欲し、国連憲章に対応する「欧州安全保障憲章」の採択を主張したが、アメリカに拒否された。

フランスがドイツとともに提唱する欧州独自の軍隊「欧州軍団」やＰＥＳＣＯ（常設軍事協力枠組み）などはそうしたヨーロッパ独自の集団安全保障体制構築の試みだが（共通安全保障防衛政策〔ＣＳＤＰ〕と呼ばれるが機能的には潜在敵への防衛ではなく、集団安全保障的機能を主たる目的として想定している）、その実効性にはまだ克服しなければならない問題が多い。

フランスのウクライナ危機対応は、そうしたフランスの欧州安全保障秩序観を背景としている。２０２２年ロシアのウクライナ侵攻は２０１４年ロシアのクリミア併合の延長線上にある。２０１４年当時はウクライナのＥＵとの経済協力協定締結が論点だったが、２０２２年のロシアの侵攻はＮＡＴＯ加盟問題へと米欧ロ摩擦がより先鋭化した形となった。２０１４年クリミア併合の際の西欧諸国の対応は、経済制裁措置の実施がロシアによるマレーシア航空機の撃墜後の８月に行われたことや、９月になって独仏ロ中心のミンスク合意が実現したことにみられるように緩慢であった。しかもこのミンスク合意は実現せず、ウクライナ東部での小競り合いは終息しないまま、２０２２年ロシアのウクライナ侵攻の一因となった。西欧諸国のなかではフランスもドイツと同じく、ロシアとの関係が断絶してしまうことには慎重であった。フランスは原発中心のエネルギー政策をとっているのでドイツのようにロシアへの資源面での依存はないが、安全保障上の配慮は大きい。２０１９年マクロン大統領が、「欧州安全保障共通機構」を提唱し、ロシアとの安全保障協力を提案したその背景には、ロシアを西欧諸国から引き離してしまうことは中ロ接近を促進させることにつながるという認識がある。パワーポリティックス的なユーラシア外交の一環としてのロシアの戦略的な位置づけがフランス外交の特徴だ。

ロシア軍がウクライナ国境付近に集結し、危機感が高まるなかで2021年12月初旬、米英仏独伊5カ国首脳会議が行われ、侵略の際の経済制裁などの対ロ協調政策・ウクライナの領土保全などで合意した。これはその1週間後のEU首脳会議でも確認された。2022年前半EU議長国となったフランスの姿勢はこうした米欧主要国間の合意の路線に即したものであったが、他方で先の対ロ観からくる摩擦がウクライナとの間に生じたのも事実だ。

NATO東方拡大をめぐる議論に収斂（れん）していった米ロ間の交渉が2021年12月から22年1月にかけて決裂したころから、マクロン大統領は精力的に動いた。1月下旬NATO・EUトップを交えた米英独仏首脳会議、その直後のマクロンとショルツの独仏首脳会談、そして2月上旬マクロン大統領はバイデン大統領と電話会談後、モスクワに赴き、プーチン大統領と6時間あまりに及ぶ会談を行った。ゼレンスキー大統領との会談も行った。その後独仏首脳はポーランド首脳とも会談、同月10日には休眠状態になっていたミンスク合意の実行体制である独仏ロ・ウクライナによる政府会談「ノルマンディーフォーラム」を再開した。こうして戦争は回避されるかにみえた時期もあったが、EUならびにマクロン大統領の仲介努力は徒労に終わった。

開戦後、すぐにEUは経済制裁を発表し、4月にはロシア産の石炭・ガスなどの禁輸措置を公表した。マクロン大統領はヨーロッパの代表者としてウクライナ危機には積極的に対応し、存在感を示した。ロシアによる侵攻が始まってからは制裁措置を積極的に進めることにも尽力し、世論調査では低迷し続けていた支持率を上昇させた。しかし戦争が長期化の様相を呈するなかでヨーロッパ各国とフランスの対ロ・ウクライナ政策は決め手を欠いた。

２００２年6月25日欧州理事会（首脳会議）はウクライナをＥＵ加盟候補国として承認した。これに先立つ16日マクロン、ショルツ独首相、ドラギ伊首相、ヨハニス・ルーマニア大統領の四首脳がウクライナを訪問し、ウクライナのＥＵ早期加盟を目的とした加盟候補国の承認の約束をした。他方で四首脳は激戦地イルビンを訪問、戦禍のなかの悲惨さに心を動かされたマクロンは「ウクライナ国民のヒロイズム」とその勇気をたたえ、フランスがこれまでに供与した「セザール型砲（精度・可動性で優れた自走砲）」12門に加えて新たに6門の同砲の供与を約束した。

しかしこの間フランスはＥＵ議長国でありながら、ウクライナを支援する同盟国のなかでウクライナにとって最も評判の悪い国になってしまった。その直接の理由は、①マクロン大統領がプーチンとの対話を執拗に主張したこと、②ロシアを辱めないようにという警告を発したこと、③6月マクロンはウクライナを訪問したが、遅きに失していたこと、などがウクライナ首脳のマクロンに対する印象の悪化となっていたからだ。

4月に入ってロシア軍がキーウから撤兵し、ブチャなど首都近郊の都市でのロシア軍の残虐行為が発覚した後、ヨーロッパ各国首脳が次々と来訪したにもかかわらず、マクロンはウクライナを訪問せず、その一方でプーチン大統領との対話を説く姿勢が顕著になった。ロシアへの譲歩を示唆する交渉による和平の勧誘は、犠牲者を増やしたくないという同大統領の真意であったろうが、ウクライナ国民には逆効果だった。5月9日ナチスからの欧州解放記念の日に、欧州議会でのマクロン大統領の「ロシアを辱めないようにする」と述べた演説はウクライナ側の反発を買った。

その後マクロン大統領がウクライナのEU加盟を支持し、加盟促進のために「欧州政治共同体」の設立を提唱、遅ればせながらコロナ外相をウクライナに派遣して関係修復に努めた。しかしマクロンの提唱するフランス主導のロシアとの「対話」提案はゼレンスキー大統領の反感を買った。ロシアのウクライナ侵攻前に、マクロン大統領は「ウクライナがNATO加盟を保留すればよい」と述べ、5月には「ウクライナが領土的譲歩をすれば和解になる」と発言して再三物議をかもした。そこにはロシアを含めた包括的欧州安全保障体制を意図するフランスの姿勢が顕著だ。ウクライナや東欧諸国にすれば、西欧の大国主義にみえるだろう。

しかしその後フランスは国際世論の批判を受けて、軍事支援を強化した。2022年12月終盤、セバスティアン・ルコルニュ軍需相は初めてウクライナを訪問、クロタール砲2門の供与と2億ユーロの軍事支援のための基金設立を約束した。12月中旬にはパリでウクライナ支援の国際会議を開催し、主要インフラに総額10億ユーロを超える支援を約束した。

他方で2022年10月、EUと西バルカン・南コーカサス諸国、イギリス、トルコなど欧州44カ国による対話フォーラム「欧州政治共同体（EPC）」が発足したが、これは同年5月マクロン大統領の提案によるものだった。フランスの「外交による平和」の姿勢が依然として強いことを示していた。

（渡邊啓貴）

52

イタリア

★ドラギ退陣後も国際社会の信頼は得られるか★

ＮＡＴＯとＥＵの原加盟国であるイタリアは、ユーゴ空爆やコソボでのＰＫＯ活動への参加を契機に、米ロ英仏独の5カ国とバルカン和平を協議する非公式の「コンタクト・グループ」に参加し、その後も、ロシアが抜けた5カ国の「クイント（Quint）」で、シリア内戦などの国際問題を協議してきている。

２０２２年2月にロシアがウクライナに侵攻を開始したとき、イタリアでは元欧州中央銀行総裁のドラギ首相が率いる挙国一致内閣が政権を担当していた。この内閣は前年の2月、コロナ危機からの復興のために、首相など主要閣僚に実務家を配置しつつ、主要政党のほとんどが入閣して成立したものであった。

イタリアではウクライナへの武器供与に警戒感が強く、ロシアの侵攻開始直後の世論調査では、賛成が33％、反対が55％であった。しかし、ドラギ内閣による、ウクライナへの武器供与と周辺のＮＡＴＯ諸国への派兵の決断は早く、公示から施行可能な法律政令「ウクライナ」として2月25日に発令され、連立与党と野党で右派の「イタリアの同胞（ＦＤＩ）」の賛成を得て、3月17日には法律となった。

武器供与には、連立与党の左派ポピュリスト政党「五つ星運動」が慎重で、「武器供与は紛争激化を招く」とする党内文書を駐伊ロシア大使が引用したために、批判を集めた。これを機に、同党のディマイオ外相は離党し、新党を結成した。さらに、追加支援を盛り込んだ「ウクライナ2」政令の法律化審議中にも、五つ星運動の上院外交委員長がSNSで武器供与反対を呼びかけたために、委員20人が抗議の辞表提出を行い、委員長は辞任し、五つ星運動を離党した。

イタリアのウクライナへの武器供与の詳細は公式には明らかにされていない。しかし、内外の報道から、155ミリ榴弾砲FH70、軽機関銃、重機関銃、迫撃砲、スティンガー携帯防空ミサイルシステム（MANPADS）、M113装甲兵員輸送車、ミラン対戦車ミサイルなどを送ったとみられる。

イタリアはロシアのクリミア侵攻以来、NATOの「強化された前方プレゼンス（eFP）」で、カナダ指揮下のラトビアに機械化歩兵中隊を派遣していたが、2022年4月に装甲部隊を増派し、総勢238人、車両135台の派遣となった。この増派を含め、NATOの高度即応統合部隊（VJTF）の枠組みでは、最大1350人の派遣が可能になった。

さらにNATOが東欧4カ国に展開した戦闘群による拡大監視活動（eVA）では、イタリアはハンガリーに250人を派遣し、派遣部隊の指揮を執るブルガリアには750人を派遣した。このほかにも、ポーランドの対ウクライナ国境上空の監視に偵察機が、ルーマニアにユーロファイター2000戦闘機8機が派遣されている。

イタリアの立場は、ウクライナを断固支持しつつも、人道的な問題解決のために戦闘停止の交渉はすべきであり、そのためにロシアとの交渉チャンネルは維持すべきであるというものである。202

2年5月には、ディマイオ外相から国連のグテーレス事務総長にイタリアの解決案が示された。この案は、①戦闘停止（休戦監視、前線非武装化、休戦地帯設置）、②休戦交渉のためのウクライナの一時的な中立（EU加盟は可能）の国際的な保証、③ロシアとウクライナによるクリミアとドンバスの領域問題の交渉（境界、主権、休戦地帯管理、両地域の憲法・法律上の規定や自治制度、言語的・文化的多様性の保証など）の国際的な仲介、④欧州安全保障協力機構（OSCE）やEU近隣諸国政策の蓄積に基づく、ヨーロッパの平和と安全保障の新協定の締結（武装解除、武器管理、紛争予防からロシア軍の漸進的撤退を経て侵攻前の状態に回帰）の4段階からなる。こうした一連の外交交渉は、国連、EU、イタリアなど主要国を含む「国際ファシリテーション・グループ」が担当すべきとしている。

フィンランドとスウェーデンのNATO加盟に関する議会での批准は、野党のFDIを含む主要政党すべての賛成を得て、2022年8月3日に終了した。イタリアはウクライナのEU加盟も支持し、EU加盟を長く待たせているトルコにも、北欧2国のNATO加盟への支持を求めたとみられる。

イタリアのロシアの天然ガスへの依存は、1960年代に国策エネルギー会社のENIが当時のソ連政府と契約を結んで始まり、危機前にはロシア産が天然ガス輸入の4割を占め、発電用の3割を占めていた。ただし、イタリアは、1983年からアルジェリアとリビアからも輸入し、2007年にはアゼルバイジャンとも契約するなど、調達先の多様化の努力はしてきた。ドラギ首相は、アルジェリア等を訪問し、ガスの調達に努めており、EUにはロシア産ガスの価格上限設定を求めていた。

ドラギ内閣は、欧米諸国で最初にウクライナ危機の犠牲になった政権ともいわれる。ドラギ首相個人への支持は高かったが、2022年7月の内閣信任決議の採決に連立与党の五つ星運動が参加せず、フォルツァ・イタリア、同盟は欠席したため、ドラギ首相は政権基盤を失い、辞任した。これは、国民の生活に打撃を与える物価高に直面した各党が、２０２３年春の議会任期満了を待たずに、それぞれの持ち味を出すべく、早期の議会解散に動いたためといえる。

２０２２年9月の総選挙ではＦＤＩ、同盟、フォルツァ・イタリアの右派連合が圧勝した。はじめて第一党となったＦＤＩの前身は、ネオ・ファシスト政党「イタリア社会運動（ＭＳＩ）」やその後継の保守政党「国民同盟（ＡＮ）」であるため、メローニ党首の首相就任を危惧する声は内外で高かったが、右派連合は選挙公約で反欧州路線はとらないと強調している。ＦＤＩは唯一の野党としてドラギ政権を批判してきたが、ウクライナへの支援は支持し、同年10月に首相に就任したメローニは２０２３年末までの支援継続を決定している。むしろ、連立与党の同盟のサルビーニ書記長が、ロシアへの制裁に消極的であることが危惧されるが、支援を妨げることはないだろう。

メローニ首相は、国際社会の懸念の緩和もねらってか、元欧州議会議長のタヤーニ（フォルツァ・イタリア）を外相に据えた。また、メローニとともにＦＤＩを創立したクロゼットが国防相に就任し、ウクライナにＳＡＭＰ－Ｔミサイル防衛システムの供与も検討している。国民生活重視を掲げ、対外関係には消極的だったＦＤＩや同盟などの右派ポピュリスト政党も、政権中枢の重責を担うこととなり、イタリアの国際的地位はＮＡＴＯとＥＵを通じたウクライナ支持への貢献なくして維持できないことを痛感しているであろう。

（八十田博人）

53

ベルギー、オランダとNATO

★微妙に異なる「生命線」★

ベルギー、オランダはルクセンブルクとセットにされて「ベネルクス三国」と呼ばれるが、イギリス、フランス、ドイツなどと比べればNATOにおいて重要なポジションを担っていないといわれることがある。ロシアのウクライナ侵攻において、執筆時点（2022年8月）ではともに目立った行動はとっていないようにも映る。しかし両国のスタンスには微妙な違いがある。

ベルギーの首都ブリュッセルには1966年以来、国際空港近くにNATOの本部が設置されている。これは当時、対米関係の見直しを望んだフランスのシャルル・ドゴールが、自国に置かれていたNATO機関の撤収を要求したことに端を発する（第12章参照）。当時のベルギー外相であったピエール・アルメルは、国内世論が必ずしも好意的でなかったにもかかわらず、回想録で「ベルギーが［NATO本部を］受け入れたことは、同盟国の眼に私たちの国の政治的な重みが増したと映った」と語っている。小国ゆえの国際的地位を高める戦略の一環だったようにみえる。

そもそもベルギーにとってNATOは安全保障上重要な生命

線である。それゆえ、「ベルギーの人々は自国単独の安全保障戦略やビジョンなど必要ないと考えている」とか、「ベルギーが単独でテロなどの国際的脅威に立ち向かうべきではない」といわれることすらある。人口1100万人程度で、二つの世界大戦で二度ともドイツに占領された経験を持つ国としては仕方のないことだ。

王立軍事歴史博物館に展示されている戦闘機（ブリュッセル）
（筆者撮影）

しかし自らのために集団安全保障体制を維持するには、多様なプレイヤーを適切に動かすため調整や旗振りが必要となる。冷戦終結前のベルギーの安全保障戦略は、①一同盟国としての忠誠心、②適切だが対費用効果の高い防衛政策、③同盟内の連帯、④NATOの政策決定における小国の「影響力」、⑤NATO内部における西欧の声の拡大、⑥東西の架け橋役としてのベルギー、を軸にしていたとされるが、近年のロシア、アメリカ、中国といった大国における自国中心主義の台頭、非国家アクターによる（サイバー）テロ、そして特に新型コロナウイルス感染症（COVID－19）への対応などの国際情勢に直面し、ベルギーは2020年から加盟国間の調整に失敗したときのことを想定して独自の「国家安全保障戦略」を策定する試みを始めた。

しかしなおベルギーは、その「戦略」のなかで国際社会における自らの役割を、①EUとNATOにとっての「良きホスト」である国家、②信頼できるEU構成国であり、NATO同盟国、③世界と平和のための活発な「架け橋」役、と位置づけている。NATO依存、そのなかでの重みを増そうという路線はあまり変わっていないようだ。

ロシアのウクライナ侵攻について、ベルギーのアレクサンダー・ドゥ＝クロー首相は、2022年2月24日、「プーチン大統領が耐えられないのは、ウクライナが自由な市民の国であり、自由な国であることだ。自由な国が西側を向いているからといってロシアが攻撃をするのであれば、それは自由への攻撃である」と議会で非難してウクライナ支援を表明した。3月30日にはロシアの外交官21人をスパイ容疑で国外追放した。しかしその後エネルギー対策に追われるようになり、2025年に予定していた原発の廃炉を延期し再稼働を検討している。こうしたなかでもテレビのニュースでブリュッセルが映るたびに、ベルギーの国際会合の「場」としての地位が高まっていくように感じるのは筆者の勘違いだろうか。ベルギーが架け橋役として平和に貢献しようとしていることは間違いないが、自国の国際的地位を高める戦略の一環ともみえなくはない。

他方のオランダだが、先述の通り「ベネルクス」とひと括りにされることが多いが、実は1830年にベルギーがオランダから独立した当時は大いに怒り、独立宣言直後にオランダ軍がアントウェルペンを砲撃した「十日戦争」が起きた。フランス軍がベルギーを援護したためベルギーの再併合をあきらめたが、当時ウィーン体制は動揺した。両国関係が正常化したのは1839年のことだ。

その後、伝統的に「国際法秩序」を重視し、中立を重視してきたオランダが1949年にNATO

に加盟したのはソ連の脅威による。そして長年ヨーロッパの火種の一つだったドイツとフランスの対立を抑制しうるアメリカのリーダーシップを期待した。冷戦期のオランダの安全保障方針も、①他の政策目標よりもNATOの利益の優先、②同盟におけるアメリカのリーダーシップの承認、③NATOへの西ドイツ参加の必要性、④戦略的抑止の強調、を軸にしており、NATOを「生命線」としている状態はベルギーと似ているが、特に②はヨーロッパ重視のベルギーと方向性が異なっている。その「大西洋主義」がオランダの安全保障政策の核だと論じる者もいる。

ヨーロッパの統合が進むにつれ、「ヨーロッパ」の中心であろうとするベルギーに対してオランダは「アメリカを含むNATO」を重視した。しかし冷戦終結後、特に9・11同時多発テロ以降はアメリカがヨーロッパより中東に目を向け、国連やNATOを自国利益のために動かそうとすると、オランダは対米重視から大陸重視へと方針を転換した。

ロシアによるウクライナ侵攻が起きると、オランダは2月26日にウクライナに対する軍事支援等を発表した。政府によれば「ウクライナの援護という立場でNATOの結束を示す」ものであるが、つまりウクライナ侵攻で再びオランダはアメリカを含む「大西洋主義」路線に回帰しているようにみえる。一見同一視される両国の対NATOスタンスが微妙に異なることは興味深いが、この戦争が長期化しても両国と、その「生命線」であるNATOの関係が大きくぶれることはないだろう。

（松尾秀哉）

54

北欧のNATO原加盟国

★消極的姿勢から頼れる加盟国へ★

北欧のNATO原加盟国（デンマーク、ノルウェー、アイスランド）は、冷戦期はNATOに積極的に貢献する姿勢ではなかった。デンマーク（自治領のグリーンランドを除く）とノルウェーは平時にNATOの基地と核兵器を設置せず、アイスランドは自国軍を保有していないがNATOの基地が置かれていた。グリーンランドにはアメリカの空軍基地があり、対ミサイル早期警戒と宇宙空間の監視・制御といった機能を担ってきた。ノルウェーは北東部でソ連と国境を接していることもあり、北部で軍事演習を実施しないなど、ソ連への刺激を考慮する安全保障防衛政策をとっていた。

冷戦終結後、NATOの任務が集団防衛のみでなく国際的な平和支援活動に広がると、3カ国はNATO主導のミッションに積極的に参加するようになった。1990年代からの旧ユーゴスラビアにおけるNATOのミッション（IFOR／SFOR〔ボスニア〕、KFOR〔コソボ〕）に、3カ国は多くの人員を派遣した。特にデンマークは軍事的手段の有効性を認識し、国連安全保障理事会の決議に基づかないNATOの軍事ミッションにも積極的に関わるようになっていった。

アフガニスタンでの国際治安支援部隊（ISAF）にも3カ国は人員を派遣し、デンマークは南部の治安状況が悪い地域で戦闘部隊が活動した。2011年時点で人口比で兵士の死者数が最多であったが（100万人当たり7・6人）、アフガニスタンでの活動に対する国民の支持は高かった。ノルウェーも迅速に派兵し、軍事活動に参加した。アイスランドは、医療、警察、空港の管理運営など文民分野での参加であったが、派遣された人員が軍服で任務を遂行する映像が流れると、国内で議論となった。国防費削減などの国際的な潮流から、2006年9月にアイスランドの基地からアメリカ軍は撤退したが、レーダー基地としての機能は継続した。

2008年のロシア・ジョージア戦争は3カ国の安全保障防衛政策を大きく変える出来事とはならなかったが、NATOの事務総長が2009年から2014年はデンマークのラスムセン、2014年から2023年現在までノルウェーのストルテンベルグと、NATOへの協力に積極的な北欧諸国の首相経験者が続いている。安全保障面での国際環境が変容するなかで、3カ国にとってNATOへの貢献の重要性は増していった。

2011年に内戦中のリビアに設定された飛行禁止空域での軍事行動では、デンマークとノルウェーはNATO主導の軍事作戦に戦闘機などを派遣し、空爆に積極的に参加した。2014年のロシアによるクリミア併合に対し、アメリカとEUがロシアに経済制裁を科すなかで、EU加盟国ではないノルウェーもEUと同様の制裁を実施した。ノルウェーとロシアの軍事協力の多くが延期されるなど、安全保障面にも影響が及んだ。また、同時期の国際テロ組織の勢力伸張やサイバー攻撃の脅威なども大きな国際環境の変化として3カ国に認識され、各国で安全保障防衛政策が見直されることに

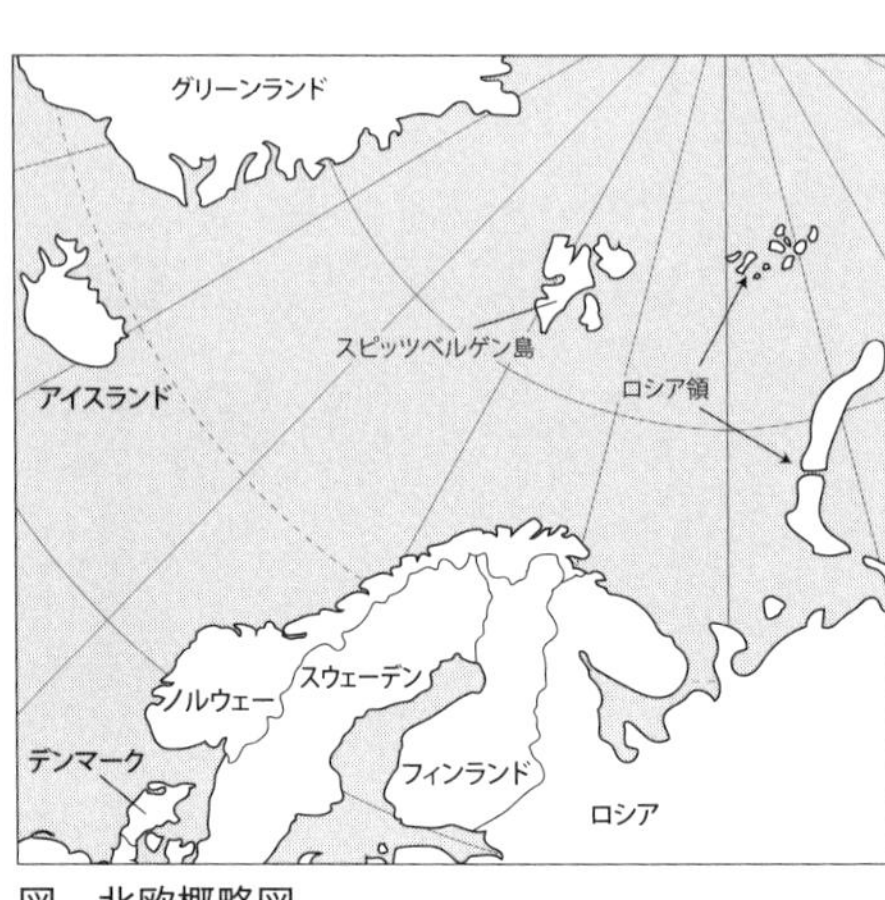

図　北欧概略図

なった。

安全保障に関わる国際状況の変容は、３カ国のＮＡＴＯとの関係の緊密化を促進した。デンマークは中東地域でのＮＡＴＯによる複数の軍事作戦において、空爆に積極的に参加するなど、ＮＡＴＯへの貢献の姿勢をさらに強めた。同時期のバルト海地域や北極圏でのロシアによる軍事活動の活発化も背景となり、２０１５年からノルウェーはＮＡＴＯとの関係を強化した。本格運用に先行してＮＡＴＯの即応部隊へのノルウェー部隊の提供を決定し、従来はロシアへの配慮から軍事演習を行わなかったノルウェー北部で、ＮＡＴＯとの合同演習を実施するようになった。２０１７年からは中部トロンヘイム郊外の基地に、常駐ではないが米軍海兵隊の駐屯が許可されている。アイスランドは２０１６年に、ＮＡＴＯ諸国の部隊のアイスランドにおける活動への支援を確認するアメリカとの共同宣言に署名し、その後もアメリカおよびＮＡＴＯとの協力を強化した。イギリスが主導する合同遠征軍（ＪＥＦ）は、デンマークとノルウェーが２０１５年の創設時に参加し、２０１７年にスウェーデンとフィンランド、２０２１年にアイスランドが加わったことにより、北欧５カ国が参加する枠組みとなっている。

２０２２年のウクライナ危機において、３カ国はロシアへの経済制裁に参加し、デンマークとノルウェーは迅速にウクライナに軍事支援を行った。デンマークのフレデリクセン首相は4月21日にスペインのサンチェス首相とウクライナの首都キーウを訪問し、ウクライナ支援の国際会合をイギリスと共催するなど、ウクライナへの支持・支援の姿勢を明確に示した。デンマークはウクライナへの財政支援を表明するとともに、装甲兵員輸送車、榴弾砲M10、対艦ミサイル（ハープーン）などをウクライナに供与した。ノルウェーは対戦車ミサイル、対空ミサイル（ミストラル）、自走榴弾砲、軍事用マイクロドローン（同国企業が開発したブラック・ホーネット）などを提供し、アメリカとノルウェーが共同開発した高性能地対空ミサイルシステム（NASAMS）もアメリカからウクライナに提供された。ノルウェーは、北極海のノルウェー領スピッツベルゲン島に在住する旧ソ連圏の住民への貨物輸送をロシアへの経済制裁により停止し、一時はロシアとの外交摩擦に発展した。ロシアから欧州諸国へのガス供給が減少するなかで、欧州最大のガス生産国であるノルウェーは、EUに対するガス供給を拡大するなどの対応もとった。

デンマークは、国民投票によるマーストリヒト条約批准の否決を受けてのエジンバラ合意によって、EUの共同防衛は適用除外となり、EU主導の国際危機管理活動で軍事ミッションに参加していなかったが、2022年5月に実施された国民投票によってEUの軍事的活動への参加が可能になった。ノルウェーはEU非加盟国ながら、EU主導の軍事ミッションに参加し、アイスランドも文民部門で協力している。しかし、3カ国ではEUに対する懐疑傾向が強く、NATOへの貢献とアメリカとの緊密な関係の構築が、自国の安全保障防衛政策において必要不可欠と認識されている。3カ国は信頼できるNATO加盟国と認識されうる政策を志向しているといえよう。

（五月女律子）

55

冷戦後のトルコとNATO

★その貢献と立ち位置★

1991年にソ連邦が解体されると、NATOの存在意義が問われたのと同様に、ソ連に隣接していたトルコのNATOにおける重要性も問題視された。冷戦後の時代のNATOは、グローバルな平和と安定のためにNATO域外の紛争への関与を行う機構へと変化し、他の国際機関やNGOと協力を行い、国内紛争の終結とその後の安定を目指す組織となった。トルコもこうしたNATOの新たな活動に関与していく。具体的には、ボスニア・ヘルツェゴビナの和平履行部隊（IFOR）および平和安定化部隊（SFOR）、マケドニアにおける武装解除などの平和活動、コソボ治安維持部隊（KFOR）、アフガニスタン国際治安支援部隊（ISAF）に参加した。

その中でもトルコが力を入れたのがISAFでの活動であった。トルコのISAFにおける貢献は、カブール近郊への部隊の派兵と地方復興支援チーム（PRT）の活動の二つに分けられる。PRTは軍事組織と文民組織が協同して平和と安定に取り組む活動であった。部隊の派兵に関して、トルコはまず国連安保理決議1386に基づき、ドイツ・オランダ連合軍指揮下の2002年6月から2003年2月の8カ月間、1400人の部隊を派兵した。さらに２００５年２月から８月にかけ、再び１４００人の部隊、２００７年４月から12月の間、フランス・イタリアとともに地域協力会議を設立し、１２００人の部隊を派兵した。一方、ＰＲＴに関してはカブールに隣接するウォーダックと北部のジョウズジャンで約１０００人が参加し、アフガニスタン人の訓練、教育、保健・衛生、建設という四つの分野で活動を展開した。

その一方で、トルコの国内政治がトルコのＮＡＴＯでの対応に影響を及ぼすことが近年増えている。これは冷戦期のようにトルコとＮＡＴＯの脅威が一致せず、トルコが国益を優先する形でＮＡＴＯの活動に関与する機会が多くなったと解釈できる。ＮＡＴＯのリビア介入がその一例である。２０１１年３月18日に決議されたリビアのカダフィ政権に対する武力行使を容認する安保理決議１９７３を受け、リビアからの武器流出を防ぐためにＮＡＴＯはリビアの地中海海域と空域の監視を強めた。こうしたＮＡＴＯの動きに際して、加盟国であるトルコも同年３月24日の大国民議会でＮＡＴＯのリビアに対する軍事作戦に参加することを決定した。ただし、トルコ政府は空爆には関与せず、人道的援助を供給するためのベンガジ空港の取り締まり、飛行禁止区域の取り締まり、トルコ海軍による地中海のベンガジとクレタ間の海路警備、を実施すると発表した。これは同じムスリム（イスラーム教徒）が多いリビアへの介入にトルコ政府が消極的であったためと理解できる。

また、トルコは国内の安全保障で常に争点となっており、１９８４年から抗争を続けるクルディスタン労働者党（ＰＫＫ）とＮＡＴＯの活動を結びつけている。たとえば、２００９年にデンマーク首相を務めていたラスムセンのＮＡＴＯ事務総長立候補に対するトルコの反対が挙げられる。トルコはデンマークの親ＰＫＫテレビ局、Ｒｏｊ－ＴＶを問題視してきた。そのため、ラスムセンのＮＡＴＯ

事務総長立候補に反対した。しかし、最終的にトルコはラスムセンの事務総長就任を承認した。その後、翌2010年9月にデンマーク政府はRoj－TVの活動を禁止した。ここから、トルコとデンマークの間でPKKの取り締まりに関して何らかの合意があったことが推測される。

さらに最近のスウェーデンとフィンランドのNATO加盟申請に対するトルコの反対もPKKに起因するものだった。ロシアのウクライナ侵攻から約3カ月後の2022年5月18日、地理的にロシアとウクライナとも近いスウェーデンとフィンランドの2カ国がNATO加盟申請を行った。これに対し、トルコは両国のPKKとの関係を理由に反対した。スウェーデンに約10万人、フィンランドにも約1万5000人のクルド人が居住しており、その一部がPKKと関係が近いとみられている。また、2019年10月にトルコ政府が決行した北シリアへの越境攻撃、通称「平和の泉」作戦に際し、イギリス、フランス、ドイツ、フィンランド、スウェーデンを含むヨーロッパの数カ国がトルコに対し武器禁輸措置をとった。エルドアン政権は、北欧2カ国のNATO加盟申請承認に際し、両国のこの対応を再度非難し、禁輸措置を撤回するよう求めた。トルコが北シリアに介入した理由は、北シリアでPKKの関連組織とトルコ政府が位置づけている民主統一党（PYD）およびその軍事部門である人民防衛隊（YPG）の影響力を排除するためであった。6月28日、マドリードでの3カ国会談を経て、最終的にトルコは両国のNATO加盟申請を承認した。ただし、エルドアンはまだトルコの議会で両国の加盟を正式に承認したわけではなく、両国、特にスウェーデンの対応次第では承認できない可能性があると釘を刺している。8月26日にはヘルシンキでトルコ、スウェーデン、フィンランドの各代表者が集まり、第1回三者会談が実施され、対応が話し合われた。

　また、トルコは２０１０年代に老朽化した防衛ミサイルシステムの刷新を図ったが、その際の対応が他のＮＡＴＯ加盟国の警戒心を高めた。なぜなら、トルコはＮＡＴＯ加盟国からではなく、中国、そしてロシアから新たなシステムの購入を試みたからである。２０１３年９月、中国精密機械輸出入総公司社がトルコの防空ミサイルシステムの共同開発の入札を獲得した。中国精密機械輸出入総公司社のＦＤ２０００は、ロシアのＳ－３００を参考に製造した紅旗９型（ＨＱ－９）ミサイルによる防衛システムであった。もし中国精密機械輸出入総公司社が正式にトルコのミサイル防衛システムを手がけることになれば、ＮＡＴＯの情報と技術が中国に漏れる可能性があった。さらに中国精密機械輸出入総公司社はアメリカの制裁対象となっている企業でもあった。結局、２０１５年11月にこの交渉は破談したが、今度は２０１７年９月にトルコはロシアの防空ミサイルシステムＳ－４００の購入を決定したと発表した。そして、トルコはＳ－４００を購入し、２０２０年10月に黒海でその試射も実施した。これに対し、アメリカのトランプ政権が対ロシア制裁法を２０２０年12月に発動した。これはＮＡＴＯ加盟国に対してはじめての発動となった。

　２０２２年２月24日から始まったロシアのウクライナ侵攻に際して、ロシアおよびウクライナと良好な関係を保つトルコは他のＮＡＴＯ加盟国と歩調を合わせロシアの侵攻を非難し、ロシアの国連人権委員会での資格停止に投票するなどする一方、ロシアに対する経済制裁には反対し、ロシアを国際社会につなぎとめるために仲介外交を展開した。まず、３月９日に危機が起こってからはじめてのウクライナ・ロシア外相会談をアンタルヤで実現させた。さらに３月29日にもイスタンブールでロシア、ウクライナの代表団による停戦交渉が実施された。また、ロシアのウクライナ侵攻で問題となったのが、世界有数の穀倉地帯であるウクライナの小麦が輸出できなくなったことであった。この問題は徐々に顕在化し、世界的な食糧危機に発展する可能性を秘めていた。そのため、ウクライナの港を封鎖したロシアに対し、国連、そしてモントルー条約によって黒海の出入り口であるボスポラス海峡とダーダネルス海峡を管理するトルコが説得する形でウクライナの小麦輸出再開を模索した。7月13日にイスタンブールで四者協議が実施され、その1週間後に小麦の輸出が再開された。イスタンブールには両海峡を通る船をチェックする調整センターが設置されることとなった。

このように冷戦後のトルコとNATOの関係をみると、トルコはISAFなどで貢献する一方、脅威認識が他のNATO加盟国と一致しないなどの理由から、他の加盟国と足並みがそろわない場面が散見されるようになっている。また、ロシアのウクライナ侵攻に際してはロシアとの関係を生かし、ウクライナとロシアの仲介を行うなど、他のNATO諸国では困難な役割を果たしてもいる。冷戦後の時代、トルコはNATO加盟国のなかでも独自の立ち位置を確立しているといえるだろう。

（今井宏平）

56

スペイン

★東からの脅威、南からの脅威★

1990年の東西ドイツ統一、翌年のワルシャワ条約機構解散を経て冷戦が終焉すると、スペイン国内の反NATO、反米駐留軍の世論も鎮静化し（第15章参照）、スペインはNATOのオペレーションに積極的に参加していった。1992年NATOの多国籍部隊へはじめて参加以来、ボスニア・ヘルツェゴビナにおける平和履行部隊（IFOR）、平和安定化部隊（SFOR）など22のミッションに、延べ12・5万人を派兵している。なお、スペイン社会労働党（PSOE）の元外務大臣ウエステンドルプは、1997〜99年、ボスニア・ヘルツェゴビナ上級代表を務めた。

1995年には、NATO加盟反対派であった、PSOEのソラーナがNATO事務総長に就任した（〜99年）。1997年、マドリードで開催されたNATO首脳会議においては、ロシアとウクライナとの新たなパートナーシップ、そして「門戸開放政策」によりハンガリー、ポーランド、チェコの加盟が決定された。また、スペインのイニシアティブで、地中海諸国との対話強化が提示された。その後スペインは、中道右派の国民党（PP）政権の下、下院で9割を超える賛成で承認された後、1

999年にNATOの軍事機構へ参加を決定し、徴兵制も廃止した。

21世紀、スペインはNATOのなかでも重要な役割を担っていく。ただし、国防費対GDP比は1%でルクセンブルクに継ぐ低さである（2021年）。1999年より、スペインはコソボ治安維持部隊（KFOR）へ10年にわたり、約2・2万人の兵を派兵するものの、カタルーニャの独立問題を抱えているため、セルビアから分離独立したコソボを国家承認していない。その他、2002～21年、和平・復興のために19年にわたってアフガニスタンへ派兵し、NATOによる活動を国連が支援した国際治安支援部隊（ISAF）の下や、後継の確固たる支援任務（RSM）において、現地の治安部隊の教育・訓練に参加していた。イラクでもNATOによるイラク治安部隊などの教育・訓練を行うミッションに引き続き参加している。

スペイン軍は、海域においても活躍している。ソマリア沖で海賊対策のオーシャン・シールド作戦（2009～16年）、地中海のテロ対策アクティブエンデバー作戦（2001～16年）などに参加した。後者が移行された、対テロ対処を含む地中海の安全保障のための「シー・ガーディアン作戦」（2016年～）にも参加している。

ソ連（ロシア）との関係については、反共政策を掲げたフランコ時代、スペインは1970年代までソ連や中・東欧諸国との国交がなく、ソ連とも特段の外交問題も抱えていなかった。また、エネルギーに関しても、民主化後エネルギー源およびその輸入先の多様化を図りリスク分散を行っており、ヨーロッパ諸国のなかではロシアへの依存度が比較的低い。2022年には、ロシアから石油の輸入は全体の2％、ガスは6％以下であった。

また、ソ連崩壊前後、他民族、連邦制の問題を危惧するスペインのゴンサレス首相とソ連のゴルバチョフの関係は、緊密であった。1991年マドリードで開催された中東和平会議の裏で、ゴンサレス首相は、ゴルバチョフとブッシュ米大統領の橋渡しを行った。2008年コソボ独立の際も、前述のようにNATO加盟国のスペインが承認しなかったことは、ロシアにとって重要であった。また、スペインはEUの旧東側諸国への拡大には慎重であった。8月のロシア・ジョージア戦争後、ロシアが南オセアチアとアブハジアの独立を支持する一方、スペインはこれに反対しつつも、フランス、ドイツとともにジョージアとウクライナの性急な加盟に消極的姿勢をみせた。2009年にはロシアのメドベージェフ首相のスペイン訪問に際し、スペインは経済・防衛・税制に関する協力協定を結び、戦略関係宣言を行うなどロシアと友好的な関係を築いていた。スペイン語に堪能なポーランドの大使は、「ソ連崩壊後も、独立した旧ソ連諸国とスペインの関係は、ほとんどロシアとの関係を通して考えられた」と看破した。

しかしそうした二国間関係も、2010年代カタルーニャ独立運動が活発になる前後より変化していく。ロシアによる独立運動支援疑惑があり、サイバー攻撃（偽情報、フェイクニュース拡散など）が危惧されたためである。ただし2014年ロシアのクリミア併合の際は、スペインを含むヨーロッパはクリミアの独立に関する国民投票に反対する一方、スペインはギリシャ、オーストリアなどとともに対ロシア経済制裁に消極的だった。

2021年、スペインには約11・5万人のウクライナ人、約9・5万人のロシア人が居住していた。2022年2月開戦前後は、スペイン人の約8割が、スペインがNATO加盟国であることを支持していた。また、国民の約3分の1が、最も脅威に感じる国をロシアとしている。ウクライナと近隣諸国に対して人道支援を行い、2022年6月末現在12・6万人以上の避難民を受け入れている。その他、ウクライナに対しては武器援助も行い、対ロシア経済制裁に参加している。

2022年6月には、NATO首脳会議がマドリードで開催され、従来中立政策をとっていたフィンランド・スウェーデンの加盟が決定され、ロシアは脅威と認識された。さらに、「加盟国のすべての領土」が守られるとされ、北アフリカに位置するスペインの自治都市、セウタ・メリーリャについては明言されなかったがNATOの「域内」防衛に入ると読めるとして、スペイン側は評価した。

スペインは、NATOの南端という立場で、ヨーロッパに貢献しようと試みる。常に南からの脅威を感じてきたこともあり、ヨーロッパの一員であることを念頭に置きつつ、連邦制の問題やNATOの東側拡大に消極的という意味ではロシアに近かった。しかしロシア（および中国）がスペインの南（すなわちヨーロッパの南）のマリ、リビア、シリアなどで勢力を拡大すると、ロシアへの警戒も強めていくのである。2023年にはEU理事会の議長国となるスペインは、引き続きEUと連携し、特に脱炭素政策、気候変動といったグローバルなイシューにおいて貢献していくことを目指している。

（細田晴子）

57

ポーランドの「東方政策」の変容

★EUとの協働から「大西洋指向」へ？★

この章では2000年代後半以降のポーランドのいわゆる「東方政策」の変容に焦点を当てる形で、ウクライナの状況をめぐるポーランドの対応について検討していくこととしたい。その際に注目すべきなのは、2008年以降のロシアの拡張的な動きへの対応ということもさることながら、ポーランド国内における政権交代がポーランドの政策の変化に与えた影響も無視することはできないという点である。

ポーランドでは2007年から15年の間は、比較的リベラル指向が強く、またEUおよびヨーロッパ諸国との協調路線をとる市民プラットフォームが政権の座にあった。この政権のもとで外務大臣を務めていたシコルスキは、2008年にEUの東方の境界となる旧ソ連諸国6カ国（アルメニア、アゼルバイジャン、ベラルーシ、ジョージア、モルドバ、ウクライナ）との各種の協力関係の強化を目指し、スウェーデンと共同で「東方パートナーシップ」の枠組みを提起した。これは2009年5月に正式に始動し、EUとこの諸国との連携の強化が進められることとなる。ただしロシアの2008年のジョージアへの侵攻と2014年のウクライナ東部およびクリミアへの侵攻を経て、この諸国の間でのEUへの早期加盟を求める国とEUと距離を置こうとする国の間の相違が明確になった。加えてベラルーシが2020年の大統領選挙での不正問題を経て東方パートナーシップへの参加を停止したこともあり、想定した成果は得られていないのが現状である。他方で2009年に大統領に就任したアメリカのオバマは、ロシアとの関係の再構築を目指してヨーロッパにおける軍事力の削減や、前任のブッシュ政権のもとで打ち出されていた新ミサイル防衛システムの配備をいったん中止するなどのいわゆる「リセット」政策を実施し、また当時の市民プラットフォーム政権のトゥスク首相もポーランドとロシアの関係について「リセット」を検討していたこともあり、これを支持していたとされる。

このようなEU重視の方向性に野党のときから抵抗していたのが、2015年に与党となった「法と正義」である。法と正義はナショナリズム指向が強く、またEUおよび欧州諸国との協力には懐疑的な立場をとっていたこともあり、早い段階からアメリカとの軍事的な関係の強化およびロシアに対する強硬な対応を主張していたが、2014年のロシアのウクライナ東部およびクリミアへの侵攻、ならびに2015年の選挙での勝利を経て、この路線をより積極的に進めていくこととなる。

この与党となったのちの法と正義の路線については、マリー・キュリー・スクウォドフスカ大学のパルフが、二つの段階があることを提起している。第1段階は2015年の政権獲得時から、2016年のNATOのワルシャワ首脳会議の開催までの時期である。この時期にはNATOのウェールズ首脳会議（2014年9月）の決定に対応する形で、NATOの東方加盟国に対する迅速な部隊展開やウクライナとの関係の強化などが進められていたが、法と正義としては短期的かつ一時的な対応でなく、ウェールズ首脳会議の決定よりもさらに踏み込んだＮＡＴＯおよび同盟国の恒久的な基地の配置を求めていたことで、その実現のために中欧諸国への働きを進める、あるいは防衛費を増額しＮＡＴＯが求める負担・責任の均衡に応える、などの対応を進めてきた。

ポーランドのNATO加盟23年を記念して、NATOが東欧で展開する対ロシア抑止のための「強化された前方プレゼンス（eFP)」により組織された多国籍軍と対面するポーランドのブワシュチャク国防大臣（2022年）（ポーランド国防省提供）

第２期となるのが、２０１６年７月のワルシャワＮＡＴＯ首脳会議以降の時期である。このときの首脳会議では、特にポーランドおよびバルト諸国における多国籍大隊の展開が決定され、その結果として東欧でのＮＡＴＯの軍事プレゼンスが大幅に強化されることとなった。法と正義はこの決定について、ウェールズ首脳会議での決定から踏み込んでロシアを明確な脅威とみなし、これに対応するための常駐軍の配備を可能とするものとしているが、これは同時に、ＥＵの共通外交・安全保障政策を軸とする安全保障を追求してきた市民プラットフォームの外交・安全保障路線から、ＮＡＴＯおよびアメリカに依拠する安全保障体制への転換（このアメリカへの依拠は、中・東欧諸国では「大西洋指向」と称されることが多い）がなされたことも意味している。その後２０１９年には、ポーランドのドゥダ大統領とアメリカのトランプ大統領の２回の会談を経て、新たにポーランドが財政負担を行うことで4500人の米軍がポーランドに駐留することも決定された。また2020年にはポーランドとリトアニア、およびウクライナの間で「ルブリン・トライアングル」が形成され、ここではウクライナの国際法的に認められた領土の回復、およびロシアのウクライナへの侵攻の中止が求められるとともに、共同でロシアの脅威に対抗することも確認された。

このような状況のなかで2022年2月のロシアによるウクライナ侵攻が開始されるが、これまでのところポーランドは、侵攻への対応に必要な兵器などの供与と避難民の受け入れを軸に、ウクライナとの協力を進めている。ロシアのウクライナへの侵攻の前には、ポーランドとウクライナの間では第二次世界大戦の時期の歴史に関する認識をめぐる対立があり、それにより一時両国関係が悪化した時期もあったが、現在ではこの協力関係により両国の間の関係は改善しているという指摘もある（*New Eastern Europe* 2022年5月27日の記事“The Russian invasion has united Poland and Ukraine, two countries with a fractious history”など）。

（仙石　学）

58

チェコおよびスロバキアの対応

★対ロ強硬姿勢とロシア・デカップリングの試み★

2022年3月15日にポーランド、スロベニア首相とともに欧州諸国首脳としてはじめてロシア軍が迫るキーウを訪問したチェコ共和国のフィアラ首相は、ゼレンスキー大統領と面談しウクライナとの連帯を表明した。また、チェコははじめて戦車などの重装備をウクライナに供与した国となったほか、スロバキア共和国も同盟を後ろ盾にS－300防空システムや弾薬などを供与している。この積極姿勢の背景には、自国をソ連軍に蹂躙（じゅうりん）された歴史によるウクライナへの共感や、戦火が自国に波及することへの懸念、ロシアの一方的な「力による権利確保」アプローチに対する小国の拒否反応、そして、その一方でロシア産天然ガスなどに大きく依存し代金支払いを継続していることへの後ろめたさなどがあった。

しかし、この大胆な貢献もNATOの抑止力が機能し、北大西洋条約第5条で守られているという安心感があるからこそ可能であることは言うまでもない。実際、NATOに対する満足度は、チェコ社会でロシアのウクライナ侵攻前の58％から73％、スロバキアで45％から61％へと増加している。NATO東方拡大第一陣・第二陣の国々が、加盟当初の自国防衛態勢の確保で精一杯という状況から、限定的な同盟への貢献を経て、①ウクライナ支援、②部隊提供、③国防力強化を通じて積極的に同盟に貢献していることは特筆すべき変化であろう。

チェコは、「ラムシュタイン・フォーマット」（ウクライナへの軍事装備・弾薬などの支援を話し合う国際枠組み）に先駆けて、２０２２年4月5日、戦略予備や民間武器商社保有分からT－72M戦車5両とBVP－1歩兵戦闘車5両などの重火器をウクライナに供与したはじめてのNATO加盟国となった。これまでにT－72M戦車40両、BVP－1／Pbv５０１A歩兵戦闘車61両、自走砲や多連装ロケット砲など60両程度のほか、Mi－35（Mi－24V）攻撃ヘリコプターなど総額35億コルナ（1億５２００万ドル）相当の軍事物資を提供したとみられるほか、アメリカおよびベルギーの資金支援によりウクライナへ供与するT－72戦車１５０両の整備を請け負っており、そのためのウクライナ人工員の受け入れも進められている。また、ポーランド国境に近いオストラバ市近郊モシュノフ空港内に兵站（たん）施設を建設し、NATO東縁部の軍事インフラ強化も進める予定である。さらに、国防省は、ウクライナに供与したT－72Mの代わりにドイツからレオパルド２A４戦車14両および戦車回収車1両の提供を受けるほか、レオパルド２A7戦車50両の購入も交渉していることを明らかにしたが、この「指輪交換方式」スワップがあるからこそ、安心して予備装備をウクライナに提供できるのである。

また、チェコはNATOスロバキア戦闘群（チェコ、ドイツ、アメリカ、スロベニア、スロバキア）の指揮を担当することとなった。２０２２年3月に下院議会が翌年6月30日までチェコ軍兵士６５０人のスロバキア派遣を承認したうえで、4月初旬にはチェコ軍空挺連隊を中核とする警戒活動強化任務部隊の第一陣が初期運用能力を確保した。このほか、「強化された前方プレゼンス（eFP）」に対して、チェコ軍は防空ミサイル部隊をリトアニアに、工兵部隊をラトビアに展開している。この陸上部隊派遣に加えて、JAS－39グリペン戦闘機5機を2022年7月末までバルト三国の領空監視任務に派遣した。NATOの国防費GDP2％目標を1年早めて2024年までに達成すると発表したフィアラ政権は、レオパルド2A7戦車やイスラエルのスパイダー防空システム、フランスのカエサル自走榴弾砲の導入などが目白押しとなっている。2022年7月20日、チェコ政府は、現在リースしているスウェーデン製JAS－39グリペン戦闘機14機の後継機としてF－35A戦闘機25機の導入を目指す一方で、ここ数年にわたり迷走してきた歩兵戦闘車の入札中止を決め、すでにスロバキアが導入を決めたスウェーデン製CV90歩兵戦闘車90両の購入をめぐってBAEシステムズ社と随意契約を目指すことを閣議決定した。これ以外にも、2023年末までに、米ベル社UH－1Y多用途ヘリコプター8機とAH－1Z攻撃ヘリコプター4機により旧ソ連製機材を置き換える。

ウクライナ当局が手配した破壊したロシア軍装備のプラハ市内での展示（筆者撮影）

このように、ロシアのウクライナ侵攻は、NATO加盟以後も経済的理由等から継続使用されてきた旧ソ連装備体系（装備のみならず、それらを支える軍需産業から運用思想、整備技術、訓練体系まで）を西側体系へ切り替えるロシア・デカップリングの格好の機会となっている。さらに、当初心配された天然ガスなどの対ロ資源依存も、原子炉燃料棒などを除いて、最小化できたと指摘される。

一方、スロバキアのチャプトバー大統領はロシアによるウクライナ侵略前から「スロバキアはNATO内の弱点とはならない」との決意を表明し、2022年2月4日に、スロバキア国内2カ所の空軍基地の使用許可を今後10年間米軍に与える一方で、アメリカがこれら施設の近代化に資金拠出する「スロバキア・米国防衛協力協定」に調印してアメリカのコミットメントを強化した。さらに、スロバキア議会は3月15日、最大2100名のNATO軍部隊の国内駐留受け入れを承認し、NATOがドイツ軍、オランダ軍のPAC2/3部隊と米軍のセンチネル・レーダーを展開して防空能力を提供する代わりに、4月中旬、S−300防空ミサイル一式がスロバキアからウクライナに供与された。

また、2022年6月初旬、国営武器工廠（しょう）が製造していた「ズザナ2」（NATO規格の155㎜）自走砲8両のウクライナ向け売却および軍事物資供与を発表したほか、6月中旬には、UH−70M導入にともない予備機体となっていたMi−17中型ヘリコプター4機および退役済みのMi−3ヘリコプター1機がウクライナに引き渡された。さらに、アメリカから導入するF−16Block70/72戦闘機14機が2024年に戦力化されるまで、チェコとポーランドがスロバキア上空の共同領空監視を9月上旬から開始した。一方、スロバキア軍部隊は、カナダ軍主導のラトビア戦闘群に参加しNATO東縁部防衛の任務に貢献している。

自国防衛力の強化に関して、ナジ国防相は、「NATOの国防費GDP2%拠出は目標ではなく必要な基礎だ」とし2023年までに再達成を目指す（2020年、2021年は2%達成も、2022年予算ベースでは2%を未達）考えを明らかにし、6月末には、スウェーデンからCV90歩兵戦闘車152両の購入を決定した。これは、スロバキアがNATOに約束している近代的な重機械化旅団創設に向けた重要な一歩であるが、ヘゲル政権に対する内閣不信任案可決（2022年12月15日）による国内政治の不安定化は、「ウクライナ人ではなくスロバキア人を優先すべき」という世論の増加とともに、今後の対ウクライナ支援の行方に影を投げかけている。

（細田尚志）

59

ハンガリーの東方開放政策

★ロシア寄りの対応★

２０２２年2月24日にロシアがウクライナへの軍事侵攻を開始すると、ハンガリー政府はウクライナの領土の一体性と主権を尊重するとの見解を示した。だが、ハンガリーは他のＮＡＴＯおよびＥＵの加盟国と比較しても、ロシアへの批判を抑えていた。２０１０年以降、ハンガリーのオルバーン首相は「東方開放（ケレティ・ニターシュ）」政策と呼ばれるロシアや中国との経済面での関係強化を模索していた。

ハンガリー政府のロシア・ウクライナ戦争への基本方針は、①ウクライナへの派兵の否定、②ウクライナへの兵器供与の否定、③第三国によるウクライナへの兵器輸送での領内通過の拒否という三点からなっていた。①に関して、アメリカやＮＡＴＯはウクライナへの直接の軍事行動を否定しており、ハンガリー国防軍のウクライナ派兵の可能性は皆無だった。①は4月3日に迫った総選挙を強く意識した国内向けのメッセージだった。戦争が始まると、主要なメディアを掌握している政権与党のフィデス・ハンガリー市民連盟は彼ら自身を「平和」の党と位置づける単純明快なスローガンを用いた。②、③は国内向けの①と異なり、戦争の局外に立つとの国外向け、特にロシアを意識した意思表示だった。ハンガリーは原油、天然ガスの輸入でもロシアに大きく依存していた。さらに、ハンガリーの対応次第では、ウクライナ西部のザカルパッチャ州のハンガリー系少数民族15万人がロシア軍の攻撃にさらされることを、ハンガリー政府は危惧したのである。

戦争勃発以前から、ハンガリー・ウクライナ関係は、ウクライナ国内のハンガリー人の二重国籍の是非、2017年のウクライナの教育法改正をめぐって良好ではなかった。オルバーン政権は、ウクライナのハンガリー系少数民族の母語で教育を受ける権利が損なわれると教育法を批判していた。教育法はポロシェンコ大統領の時代に改正された。しかし、2019年にゼレンスキーが後任の大統領に就任して以降も、ハンガリー・ウクライナ間の対話は進展していなかった。

ロシア・ウクライナ戦争が始まるとチェコ、ポーランド、ハンガリー、スロバキア4カ国による地域協力機構ビシェグラード・グループ（V4）の間で対応が分かれた。2022年3月15日、ポーランド首相モラビエツキ、チェコ首相フィアラ、スロベニア首相ヤンシャがウクライナの首都キーウを訪問してゼレンスキーと会談した。彼らはウクライナへの支持を表明したが、オルバーンは自国のウクライナへの兵器供与を否定しており、キーウ訪問に加わらなかった。また、ウクライナとの長い国境線を有し、ロシアの飛び地カリーニングラードと国境を接するポーランドは、ウクライナ情勢でロシアの脅威をより深刻に感じた。ポーランドとハンガリーはこれまでEU内部でコロナ禍からの復興基金の分配の条件としての法の支配への適合性をめぐって互いに擁護し合ってきたが、2月24日以降のウクライナ情勢では、両国の対ロシア姿勢の違いが明確になった。ロシア、ウクライナ双方と国境を接していないチェコは、他のV4の国と比較しても、戦争に巻き込まれる可能性が低かった。チェ

2022年2月1日のモスクワでのロシア・ハンガリー首脳会談（代表撮影／ロイター／アフロ提供）

コは4月に旧ソ連製のT－72戦車をウクライナに供与した。チェコのチェエルノホバー国防相は「今、ウクライナ人の血よりも安価なロシアの原油を大事にしている」とハンガリーを批判した。スロバキアも旧ソ連製の地対空ミサイルS－300をウクライナに供与した。

戦争が長期化するなか、フォン・デア・ライエン欧州委員長は5月4日にロシア産原油の輸入を段階的に禁止する第6次制裁案を示した。オルバーンはEUによるロシア産原油の禁輸は「自国経済への原爆投下である」と発言した。オルバーンは5月31日のEU首脳会議で、経済制裁案に反対した。加盟国の間からハンガリーへの批判の声が上がったにもかかわらず、EUは年内にロシア産原油の輸入を90％まで削減する、ただしパイプラインは例外とすることで妥協した。EUが妥協したのにはパイプラインに依存してきた海のない国にとって、より不利には、ハンガリーを含めた、ロシアからのパイプラインに依存してきた海のない国にとって、より不利にはたらくという懸念が背景にあった。

さらに、EU首脳会議では、プーチンと同郷で個人的にも親しく、ウクライナへの侵攻を支持したモスクワ総主教キリルI世への批判が高まった。キリルはEUの制裁リストに加えられる可能性があったが、ハンガリーの反対で除外された。域内の結束を重視するEUはハンガリーに譲歩して、5

月の首脳会議でキリルへの経済制裁を見送った。

6月28日から30日のNATO首脳会議には、ロシアのウクライナ侵攻に加え、中国の海洋進出を念頭に、加盟国のみならず、中立・非同盟を放棄して加盟の意思を表明したスウェーデン、フィンランド、アジア太平洋地域から日本、韓国、オーストラリア、ニュージーランドも参加した。5月のEU首脳会議とは異なり、ハンガリーにはNATO首脳会議で目立った動きはなかった。会議に参加したオルバーン首相、シーヤールトー外相、サライ・ボブロブニツキ国防相の関心は、ウクライナ情勢から、イスラーム圏からの難民が越境を試みる南部国境の管理の強化に移りつつあった。NATOがヨーロッパにとどまらないグローバルな安全保障のためにアジア太平洋地域の国々と連携しようとする転機にあっても、ハンガリーの指導者たちには、人の国際移動による自国の治安やテロ対策が最優先の課題だった。

7月21日にシーヤールトー外相はモスクワでロシアのラブロフ外相と会談した。シーヤールトー訪ロの目的は、天然ガス供給の保証にあった。また、ロシアの支援によるハンガリーのパクシュ原発の拡張について、経済制裁が二国間協力の妨げにはならないとの共通の認識を両者は示した。シーヤールトーの訪ロでは、ウクライナ情勢で何ら具体的な提案もなく、近い時期に予想される天然ガスの禁輸に踏み込んだEUの制裁を見越してのロシアへの働きかけであることは明らかだった。

確かに、ロシアは他のEU加盟国ほどにはハンガリーへの天然ガスの供給を減らしていない。だが、ロシアはハンガリーをEU内部で唯一の友好国と特別視してはいない。戦争が長期化すれば、ハンガリーの東方開放政策は困難な局面を迎えるだろう。

（荻野　晃）

60

エストニア

★NATO最東端の国の安全保障環境★

２００８年5月、エストニアの首都タリンにＮＡＴＯのサイバー防衛協力センター（ＣＣＤＣＯＥ）が開設された。サイバー防衛分野での協力拠点の必要性について、エストニアは２００４年の加盟直後から提案を行っていたが、その実現は２００７年4月に同国がロシアからのものと目される大規模なサイバー攻撃を実際に受けた後のことだった。まだ世界の電子化がそこまで進んでおらず、サイバー空間をめぐる安全保障の重要性が認識されていなかった２０００年代初頭にこの問題の提起にいたったのは、ＩＴ先進国・立国エストニアが得意分野でＮＡＴＯでの地歩を築きたいという政治戦略が働いたようにも思えるが、一方で、前述のサイバー攻撃で、政府機関のみならず、金融機関から各種マスメディアまで数日にわたって麻痺状態に追い込まれたことは、電子化の進度にサイバー安全保障対策がついていっていない状況を示してもいたのである。

同じ２００８年に起こったロシア・ジョージア戦争は、実戦とサイバー攻撃が同時並行的に行われた、いわゆるハイブリッド戦争の走りであったが、エストニアにとってこの戦争は、旧来型の軍事戦略を見直すきっかけとなった。ＮＡＴＯ加盟後、

タリンにあるNATOサイバー防衛協力センター（CCDCOE）の外観（元CCDCOE職員河野桂子氏提供）

技術・知識の高度化が顕著な現代の戦争においては徴兵制による国民の訓練や予備役部隊の重要性は低下するとの見方から、ラトビアやリトアニアでは徴兵制が廃止されたものの（リトアニアでは２０１５年に復活）、エストニアの軍事防衛発展計画では、逆に徴兵制度による予備役兵数の段階的増加が計画され始めた。エストニアは、ＧＤＰの２％というＮＡＴＯの軍事予算基準を２００７年に達成していたが、翌年の世界金融危機を受けての経済状況の悪化からその割合が再び基準を下回り、２％に回復したのは２０１４年のことであった。ロシアの軍事予算が年々増大していく状況への対応が求められたのか、あるいはそもそもロシアの反応を引き起こしたのがＮＡＴＯ拡大であったのかを論じても無駄であろう。オバマ政権初期の「リセット」政策などに表れているように、悪化の一途だったわけではないにせよ、ヨーロッパ東部の緊張は断続的に高まっていったのだ。

２０１４年のロシアによるクリミア編入によって、エストニアは情報コントロールの面でも、いっそう具体的な対策を迫られることになった。それは多岐にわたるものであったが、ここでは、エストニア情報局（ＥＩＢ）の改組を取り上げたい。同情報局は、独立回復直後の１９９２年に内閣府の下に設置され、外務省に移管された後に２００１年から防衛省の下部組織となり、２０１７年にエストニア対外情報部に改称された。この改称・改組の引き金となったのは、2014年から15年にかけてエストニア国内で起きた複数の情報漏洩スキャンダルだったものの、偽情報による社会の攪乱や機密情報の漏洩とロシア政府による影響力の行使とがこれらの事件と直接・間接に結びついているとの認識が強まっていたことがその背景にあった。クリミア編入とウクライナ東部の紛争により、国内外を問わずあらゆるメディアで「次はナルヴァか?」という不安があおられた(ナルヴァについては後述)。このEIBが、偽情報や情報操作が国民の心理的防衛に与える悪影響を防ぐことを目的として2016年、一般向け年次報告書である『国際安全保障とエストニア』の発行を開始した。EIB局長はこの報告書の主たる焦点はロシアに合わせると明言している。急速にグローバル化し、ITへの依存度がますます高まる世界では、安全保障の定義はあいまいであり、地理的に離れたところで起きた出来事でもエストニアの安全保障の文脈に戦略的影響を与えることはいうまでもないが、それでも、近い将来に限定すれば、ロシアの現政権はエストニアの国家体制に脅威をもたらす唯一の対外的パワーであり続けるという理由で、ロシアを主たる対象として扱うというのである。2022年2月15日に出された報告書では、ロシアはヨーロッパの安全保障体制全般に挑戦しているのであり、ウクライナ国境への前例のないほど大規模な兵力の配備はこれを支えるものである、この軍事的威嚇が成功するならば、ロシアの野心を止めるものは何もなくなるだろうと指摘している。だが、現実はこうした想定を超えてしまった。同月24日に開始されたロシア軍のウクライナ侵攻をエストニアが我がこととして捉えていることは、その支援の規模に表れている(2022年1月から11月までの二国間援助のGDP比は1・1%で支援国中トップ)。

エストニアの戦闘群部隊において演説をするカラス首相（NATO提供）

なものだ。2022年3月にブリュッセルで開かれた臨時首脳会議をはじめ、イギリス首相との会談でもカラス首相は「強化された前方プレゼンス（eFP）」の増強を求め、ジョンソン首相もこれに応えることを約束した。カラス首相は、同年6月のマドリード首脳会議数日前に『フィナンシャル・タイムズ』紙の記事のなかで、増援部隊による解放まで180日間侵略が続く現行のNATOの戦略では「ロシアから攻撃を受けたら、エストニアは地図上から消えてしまう」と主張して物議をかもした。この発言が奏功したというよりは、外交官や関係官僚の周到な準備の成果といえるだろうが、カラス首相が求めた抑止力と防衛態勢の強化は実現した（第65章参照）。

本章の最後に、前出のナルヴァが、人口わずか6万人弱の地方都市にもかかわらず、なぜこれほど注目されるのか、少しは触れておく必要があるだろう。ナルヴァは、ロシアとの国境に位置するエストニア東端の町であり、その住民の95％以上をロシア語話者が占めるばかりかロシア国籍者も相当数存在するが、だからといってナルヴァやその周辺地域のロシア語話者がロシアへの編入希望を表明しているわけではない。とはいえ、ロシア軍によるウクライナ侵攻後、「ナルヴァはやはり異質だ」という自己・他者認識が表面化しているのも事実である。そうした認識を強めたのが、ソ連時代に設置された戦車の記念碑だ。これは第二次世界大戦（ロシア語話者にとっては「大祖国戦争」）でのナチ・ドイツに対する勝利を記念するものである。日常の風景の一部となっていたこの記念碑が、公的な歴史認識とは異なる記憶を表象しているとして撤去が取りざたされるようになった。だが、ロシア語話者の多くはこれに納得せず、２００７年にタリンで起きた記念碑をめぐる騒擾（そうじょう）とそれに乗じたサイバー攻撃の再現が警戒されたものの、首相自らがナルヴァ市長と対話し、結論を出さない市議会に代わって、表立った混乱なく政府による移設が断行された。これを歴史的・文化的多様性の排除と断定するわけではないが、エストニアとの結びつきを構築してきたロシア語話者・ロシア国籍者の政治的・社会的権利が再び政治的論議を呼んでいることには憂慮の念を禁じ得ない。

（小森宏美）

61

ルーマニアの東方外交

★東の脅威に対する黒海戦略★

ルーマニアが冷戦後の最優先外交目標であったNATO加盟を達成した翌年（2005年）1月、トライアン・バセスク大統領は就任演説において、「ワシントン－ロンドン－ブカレスト枢軸」を高らかに宣言した。同宣言において、ルーマニアが米英同盟を基軸として黒海安定の碇となること、およびモルドバの支えとなる方針を明らかにしたのである。東方外交の幕開けであった。

それ以降ルーマニアは、黒海フォーラムをブカレストで開催したり、EU戦略のなかに黒海シナジーを加えたり、さらには地中海で展開するNATOのアクティブ・エンデバー作戦を黒海まで延長しようとしたりして、黒海をロシアとトルコの閉鎖的な海からNATOやEUに開かれた海に転換すべく、積極的な東方外交を展開した。また、ルーマニアは2005年12月に黒海沿岸のミハイル・コガルニチャヌ空軍基地共同使用に関する軍事協定をアメリカと締結し、2008年4月のNATOブカレスト首脳会議において、ウクライナとジョージアに「加盟のための行動計画（MAP）」資格を付与するアメリカ案を支持するなど、アメリカとの戦略パートナーシップを深めた。そして、8月にロシア・ジョージア戦争が起きると、バルト三国や中・東欧諸国とともにNATO集団防衛戦略を具体化すべきであると主張し、同案が葬り去られると、2011年にデヴェセル基地配備のイージス・アショア・ミサイル防衛システムに関する協定をアメリカと締結したのである。

そして、ロシアが2014年にクリミアを併合すると、ルーマニアはロシア・ジョージア戦争直後に実現できなかったNATO集団防衛戦略の具体化に乗り出し、黒海を含むNATO東部地域の対ロ抑止力と防衛力の強化に努めた。それは、第一に、ロシアがクリミアを併合したことで、ルーマニアの領海と排他的経済水域が脅かされ、黒海沿岸における石油・ガスの掘削に支障が出るなど、経済安全保障の脅威が増したからである。また、第二に、ロシアが黒海北岸における軍事支配を強化したため、ロシアがやがて蛇島を占拠して軍事支配領域をドナウ川河口まで拡大させるのではないかと、ルーマニアの安全保障エリートが憂慮したからであった。さらに、第三に、ロシアが接近阻止・領域拒否（A2AD）圏を創設してNATO軍の黒海進入を阻止する戦略に取りかかるとともに、第四に、ロシアが黒海から地中海を経て中東へと軍事的影響力を拡大し、中国やイランが黒海に進入し始めたことから、黒海が世界的対立の場と化したからである。

そこでルーマニアは2015年11月に東欧8カ国首脳を招いて「ブカレスト枠組み9」を組織したり、ポーランド―ルーマニア協議枠組みや三海（バルト海、アドリア海、黒海）イニシアティブを利用したり、さらにはアメリカとの関係を通じて、NATO東部地域の防衛力強化に努めた。ところが、2016年夏のNATOワルシャワ首脳会議では、北東部に高度前方展開戦略、南東部に個別前方展開戦略を適応することが決まり、両地域間の戦略的不均衡が歴然とした。また、黒海地域においてNA

TOのプレゼンスを強化する必要性が最終宣言に盛り込まれたが、ルーマニアに南東多国籍部隊司令部とNATO軍統合部隊を置くこと以外、具体的な戦略は何も決まらなかった。

そこで、同年10月と翌年2月のNATO国防相会議において、ルーマニアはアメリカの後ろ盾を得てNATO黒海艦隊とNATO連合海洋機構の創設を提案した。ブルガリアは、NATO黒海艦隊の創設は非現実的であるが、NATO諸国海軍の軍事演習は必要であるとしてNATO連合海洋機構の創設に賛同したが、トルコは、NATO黒海艦隊の創設はロシアのA2ADへの挑戦と受け止められて、黒海における軍事的緊張が高まるとして反対した。他方、NATO連合海洋機構の創設についても、トルコは、それがモントルー条約に反するばかりかロシアを念頭に置いたものであるとして賛同せず、ロシアによるクリミア併合以前から地中海と黒海で活動しているNATO常設海上部隊を用いるべきであると主張した。その結果、国防相会議ではNATO黒海艦隊とNATO連合海洋機構の創設は見送られ、NATO常設海上部隊の黒海における展開が決まった（2017年3月と9月に、ブリュッセルのNATO本部、ルーマニア、ブルガリア、トルコの外務省、国防省、大統領府にてインタビュー）。

そして、ロシアが2022年2月24日にウクライナに軍事侵攻すると、ルーマニアは同日11時から国家防衛最高評議会を開催して以下の三点を決議した。①NATO東部地域、とりわけ黒海地域の抑止力と防衛力を強化するために、ルーマニア国内にNATO戦闘群の創設を急ぐこと、②ウクライナ人道支援のハブとなること、③攻撃や難民流入に関してモルドバを支援することである。

第一のNATO戦闘群のルーマニア駐留に関しては、3月24日のNATO緊急首脳会議で、ブルガリア、ハンガリー、ルーマニア、スロバキアへのNATO多国籍戦闘群の駐留が決定され、主導国と

訓練中のNATO多国籍戦闘部隊（2022年4月、ルーマニア・チンク基地）（NATO提供）

してのフランス以外に、アメリカ、ベルギー、オランダ、ポーランド、ポルトガルなどの部隊がルーマニアに駐留している。

第二のウクライナ支援に関しては、ルーマニアはウクライナ人難民の支援、同国のＥＵ加盟支援に加え、３００億ユーロの武器供与を行った。また、ウクライナの穀物をルーマニア経由で輸出することにも尽力した。ウクライナがロシアに征服されれば、ルーマニアは再びロシアと国境を接するばかりか、蛇島やドナウ河口など戦略的重要拠点までロシアに支配されかねないので、ウクライナの領土保全はルーマニアの安全保障にとって死活的に重要だからである。

第三のモルドバ支援に関しては、ルーマニアはモルドバに押し寄せたウクライナ人難民の支援やモルドバのＥＵ加盟支持、さらには55トンの食糧支援に加え、従来ロシアやウクライナに輸出していたモルドバ商品に門戸を開くようＥＵ加盟諸国に協力を要請した。また、5月5日には技術財政支援プログラムの実施協定書を公布して、7年にわたる1億ユーロの無償支援を約束するとともに、ドイツなどと共同でモルドバ支援プラットフォーム会議を組織した。さらに、4月末にトランスニストリアで爆発騒ぎが起きて同地の情勢が不安定化すると、ルーマニアのヨハニス大統領とモルドバのサンドゥ大統領が電話協議をしたり、ルーマニア議会とモルドバ議会が6月18日にキシナウで合同会議を開いたりして、ロシアやトランスニストリアに対して両国の結束力を誇示した。ウクライナ南西部国境沿いに位置するトランスニストリアには現地住民からなるおよそ1万人の部隊に加え、ロシア平和維持部隊400名と1200〜1500名ほどのロシア機動部隊が駐留し、今もなお2万トンの武器弾薬庫が存在する。したがって、ロシア軍によるオデーサ攻撃が本格化すれば、トランスニストリアから軍事攻撃が開始されるであろうし、そうなればウクライナ軍によるモルドバ領トランスニストリアへの攻撃も必然性を帯びてくるからである。そして、ロシアが11月にモルドバへのガス供給を大幅に削減し、それを受けてトランスニストリアが電力生産量を減らしてモルドバへの電力供給を半減すると、ルーマニアはモルドバへのガスおよび電力の輸送量を増やして、同国の政情安定化に努めた。

ルーマニアは、これらのウクライナおよびモルドバ支援に加えて、国防費をGDPの2%から2・5%に引き上げる決定をするとともに、エネルギー安保や食料安保、対ロ制裁、国際機関との協力の重要性を強調した。とりわけ、ルーマニアはエネルギーの独立を目指して、既存の中国との契約を破棄し、アメリカとの協力を得てチェルナヴォーダ原子炉建設に着手する方針を固めた。ここにルーマニアの国際政治観や安全保障観、とりわけ、対米同盟優先と、ヨーロッパとインド太平洋の安全保障リンケージへの戦略的視野の広がりをみてとることができる。

（六鹿茂夫）

コラム4

NATOの脆弱点――「スヴァウキ回廊」を中心に

長島 純

中国の旅順にある標高203mの高地は、日露戦争の激戦地「二百三高地」として広く知られており、日本軍は、この戦略的に重要な高地を占領することによって、旅順攻略を成功させた。世界には、この二百三高地のように、軍事的に支配することによって全体を俯瞰し戦局を制することのできる「管制高地（Commanding Heights）」と呼ばれる戦略的な要衝が存在する。東西冷戦下、ヨーロッパにおいても、東西ドイツの国境地帯にフルダ・ギャップといわれる管制高地があり、NATOは、旧ソ連軍がフランクフルトへの進撃路として占領することを警戒していた。

東西ドイツが統一されてからは、その懸念も消失したが、現在も、ヨーロッパにはそのような管制高地が存在する。その一つが、「スヴァウキ回廊（Suwalki Gap）」である。この回廊は、ポーランド・リトアニア国境のわずか104kmの狭い地帯にすぎないが、ロシアの飛び地であるカリーニングラードに接し、軍事作戦上、きわめて重要な意味を持つ。万一、ベラルーシ領内に常駐するロシア軍部隊が、その核兵器の威

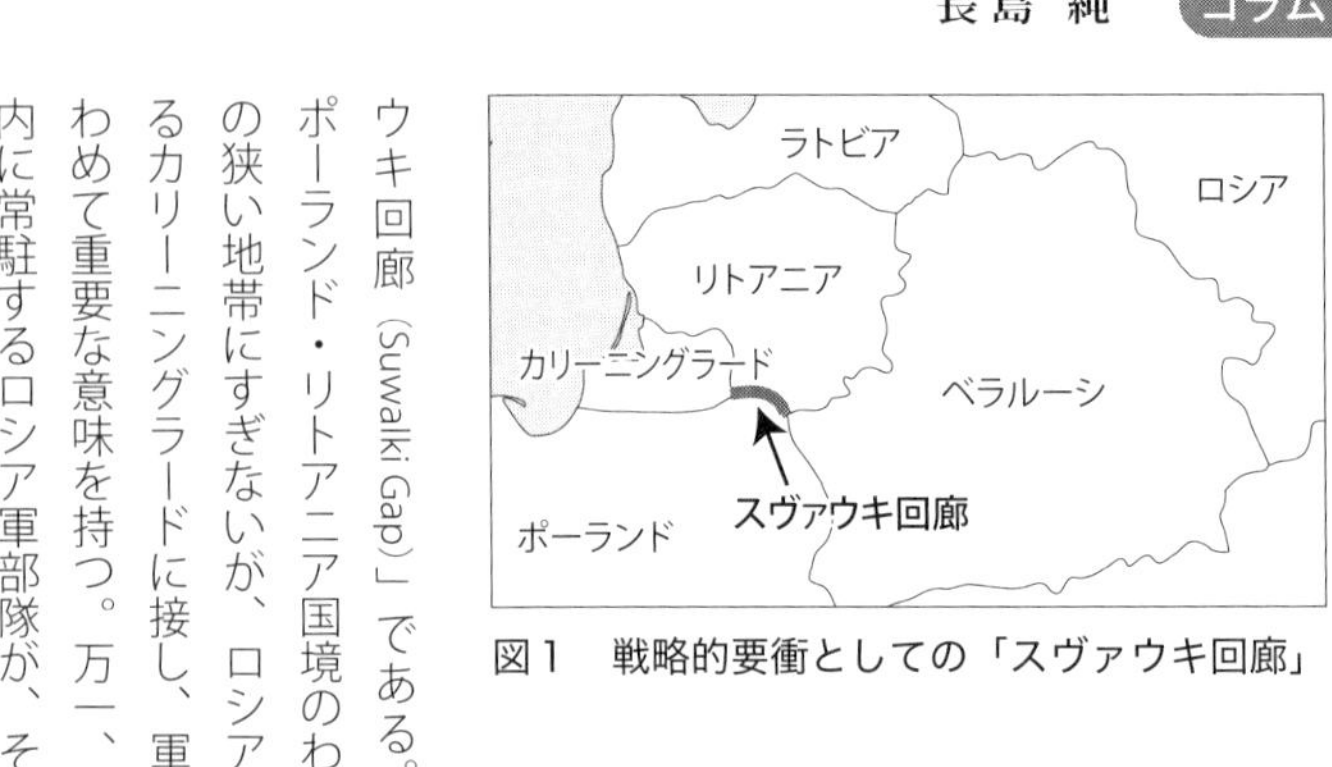

図1　戦略的要衝としての「スヴァウキ回廊」

嚇をもって、カリーニングラードからベラルーシにいたるスヴァウキ回廊を軍事的に制圧した場合、バルト三国は、指揮通信や作戦支援の点でＮＡＴＯから分断されることになる。そして、そのような状態で、ロシアによる本格的な軍事侵攻が生起した場合、バルト諸国はわずか数日で占領されると見積もられている。その事態は、

図2　ロシアの新たな前方防衛線（太線）によってバルト三国がNATOから分断される可能性（筆者作成）

組織的、物理的にＮＡＴＯを分断するばかりでなく、ＮＡＴＯの集団防衛条項（第5条）の発動、すなわちロシアとＮＡＴＯによる戦争の可能性をより現実のものとすることになる。

２０２３年を目途に、フィンランドとスウェーデンがＮＡＴＯに加盟することによって、バルト海に位置するオーランド諸島（フィンランド領）やゴットランド島（スウェーデン領）が管制高地として注目を集める。両島は、歴史的経緯から非武装地帯として扱われてきたが、将来、ロシア軍によって両島が占拠され、そこに核搭載可能な長射程兵器が配備される事態になれば、ＮＡＴＯ諸国は、その防衛領域からわずか数十㎞の先で直接的な軍事脅威と対峙することになる。同時に、スヴァウキ回廊が、ロシアやベラルーシによって占拠される事態が発生すれば、親ロ的なベラルーシから、スヴァウキ回廊、カリーニングラード、そして、バルト海の占領島嶼を結ぶ形で、ロ

シアによる長距離の前方防衛線が現れ、バルト三国はその内側に取り残される危険に直面しかねない。それは、これまでNATOが内包してきた戦略、戦術上の脆弱点が改めて顕在化することを意味する。そして、今回のロシアによるウクライナ侵攻を契機に、プーチン大統領が、

NATOの基軸であるアメリカを排除して、ロシアを軸とする欧州秩序の再編を狙っているのであれば、このような管制高地をめぐる駆け引きが本格的な戦争へと結びつかないよう、西側諸国はいっそう抑止と防衛の態勢を強化しなければならない。

VII

集団防衛への回帰
── 今後のＮＡＴＯ

62

ロシアによる2014年クリミア併合のインパクト

★漂流するNATO★

2014年3月、ロシアはクリミアのロシア系住民を使嗾して反政府運動を引き起こし、サイバー攻撃やプロパガンダ活動を駆使しつつ特殊部隊を潜入させる「ハイブリッド戦術」により、またたくまにクリミア半島を占領し、「住民投票」のうえで併合した。さらに、ロシア系分離主義者が反政府運動を行っていた東部ドンバス地域においてもロシアは介入を行い、事実上、ウクライナと切り離した。これらはいずれも、ウクライナの主権を無視して力により現状変更を図るという点で、2022年のロシアによるウクライナへの全面侵攻のいわば前哨戦であった。

しかし、「ベルリンの壁崩壊以来、ヨーロッパにおける最も深刻な危機」とのラスムセンNATO事務総長声明にもかかわらず、ロシアのクリミア併合という事態に直面してNATOは必ずしも一体となって対応することができなかった。たしかに米欧はロシアに対して経済制裁を科し、NATOロシア理事会も活動停止となった。また、NATOは90年代以来実施されていなかった集団防衛を目的とする軍事演習を再開した。2016年のワルシャワ首脳会議では、NATO即応部隊（NRF）

の整備強化や、「強化された前方プレゼンス（eFP）」としてバルト三国およびポーランドへの戦闘群の展開が打ち出された。しかしNATOロシア理事会は2016年には再開されており、戦闘群もバルト三国やポーランドが求めるような師団や旅団レベルの常駐部隊ではなく、歩兵を中心とした大隊規模のローテーション配備にすぎなかった。

さらに、加盟国の安全保障上の関心や認識は多様化していた。それぞれの安全保障戦略文書における脅威の記述も、西欧や南欧の多くの国は2011年の「アラブの春」以降のイスラーム国（IS）によるテロの拡大や、北アフリカ、中東からの大量の難民流入を主たる問題とみなしており、ロシアを名指しで脅威とみなす国は、イギリス、ポーランド、エストニア、ラトビア、リトアニアなど加盟国のなかではむしろ少数派であった。また、イギリスが2016年に国民投票によりEU離脱を決めたことは、EU内で、対ロ強硬派の影響力を低下させた。たとえばドイツは、相互依存を強めることで緊張緩和を実現できるという伝統的な東方外交の考え方の下で、ロシアとの天然ガスパイプラインである「ノルドストリーム1」（2011年開通）に続いて、2018年に「ノルドストリーム2」の建設を開始した（2021年完成するも2022年停止）。

ロシアのクリミア併合に対してNATO加盟国として結束できないという状況に拍車をかけたのが、2017年のアメリカのトランプ政権誕生であった。アメリカ第一主義を掲げるトランプは、大統領選挙中から、ヨーロッパ加盟国の防衛負担が少なすぎることを問題とし、NATOを「時代遅れ」だと痛烈に批判していた。もともとこの負担問題は、2014年ウクライナ危機後のウェールズでのNATO首脳会議で、加盟国が2024年までに軍事費をGDP比2％に引き上げることで合意してい

ウクライナのゼレンスキー大統領とストルテンベルグ事務総長（2021年）（NATO 提供）

たものだ。しかし２０１７年時点では、ヨーロッパ加盟国のうちわずか４カ国（イギリス、エストニア、ギリシャ、ポーランド）がこの基準に達しただけで、他の多くの国は軍事費が増加しないばかりかＧＤＰ比１％前後で低迷していた。トランプの意を受けてマティス国防長官は２０１７年２月の非公開北大西洋理事会において、もし軍事費が増えない場合、アメリカはＮＡＴＯの集団防衛への義務履行を控えるかもしれないとまで発言した。またアメリカは、ヨーロッパが重視してきたイラン核合意や、米ロの中距離核戦力（ＩＮＦ）全廃条約から離脱した。こうしたアメリカの多国間協力を軽視する姿勢や、ヨーロッパとの十分なコミュニケーションをとらない一方的な言動に反発したフランスのマクロン大統領は、ＮＡＴＯがいまや「脳死」状態にあるとまで表現した。

さらに中国の問題がＮＡＴＯを揺さぶりはじめた。アメリカは中国が「体制間の競争相手」だとして警鐘を鳴らし、政治経済面のみならず軍事面でも中国を警戒する姿勢を強めた。しかし、軍事的に脅威とはいえないうえ、２０２０年にはＥＵの最大の貿易相手国となった中国について、ヨーロッパ各国は必ずしもアメリカと立場を共有していなかった。２０１９年12月のロンドンにおけるＮＡＴＯ首脳会議の共同声明で、はじめて中国の問題が取り上げられた際に、「機会と挑戦」と両論併記のような表現で登場したのは、こうした米欧の立場の違いを反映していた。

米欧の亀裂は、大統領の交代によってもすぐには解消されなかった。２０２１年に成立したバイデン政権は、たしかに国際協調に復帰すると宣言し、最初の外国訪問の機会としてブリュッセルでのNATO首脳会議を選んだ。しかし、８月にアフガニスタンからの一方的な部隊撤収の決定を下し、９月には突然、軍事協力AUKUS（米英豪安全保障協力）結成を発表したことで、米欧関係には亀裂が残った。またバイデン政権は、トランプ政権以上にアジア・シフトが顕著で、「自由で開かれたインド太平洋」の実現に努力を傾注し、中国に対して強い立場で臨むことをためらわなかった。このため、中国を必ずしも安全保障の面で脅威と考えないヨーロッパとは溝が深まっていた。

結果的に、２０１４年のクリミア併合に対して、西側が２０２２年のロシア・ウクライナ戦争のような広範で強力な制裁を実施できなかったこと、NATOとして十分結束した対応ができなかったことは、プーチンに誤ったメッセージを送ることとなった。２０１４年のこうした対ロ宥和的な姿勢が、２０２２年のロシア・ウクライナ戦争の導火線となったのである。

（広瀬佳一）

63

ロシア・ウクライナ戦争をめぐるNATOの戦い

★防衛態勢の強化と援助の拡大★

2022年のロシア・ウクライナ戦争勃発直後から「かつてない結束」（バイデン大統領）を示したNATOは、ウクライナ支援のために大きく三つの役割を果たしていた。

第一は、ウクライナへの支援態勢や加盟国の防衛態勢を決める意思決定の場としての役割である。武器援助の方針についても協議や調整が行われている。通常は年1回の首脳会議が、ウクライナ侵攻直後の2月にはオンラインで、1カ月後の3月にはブリュッセルで、それぞれ開催された。2月の首脳会議には、非同盟のスウェーデンとフィンランドも参加し、米欧の結束を演出した。さらに6月にもマドリードで首脳会議が開かれ、そこには、スウェーデン、フィンランドのほか、日本、韓国、オーストラリア、ニュージーランドなどのアジア太平洋のパートナー国も参加して、幅広い国際社会の連帯をアピールした。

第二は、ロシアおよびウクライナに隣接する中・東欧加盟国への即応部隊の展開である。NATOは2016年以降、エストニア、ラトビア、リトアニアとポーランドに約5000人の部隊を展開していたが、ロシアによるウクライナ侵攻後にその増強が行われた。さらに上記4カ国に加えて、スロバキア、ハンガリー、ルーマニア、ブルガリアへも新たに戦闘群が配備され、その数は合計で2万5000人に達している。これは加盟国の領土を守る集団防衛の決意を示したものである。

第三は、情報収集と監視活動である。NATOは空のレーダーといわれる早期警戒管制機（AWACS）のE－3Aや無人航空機のRQ－4を連日ウクライナ国境沿いに展開し、米軍や英軍などの電子偵察機と連携してウクライナのロシア軍を監視している。AWACSはキーウより西の上空のロシア軍の動きを、UAVは黒海および黒海沿岸地域のロシア軍の動きを、それぞれ加盟国とリアルタイムで共有し、それらの情報はウクライナにも提供されている。

以上はNATOとしての役割だが、もう一つ、NATO加盟国がかかわっている重要な役割として武器援助を挙げておきたい。ロシア・ウクライナ戦争の停戦の行方を左右するのは戦況だが、ウクライナ側でこの戦況に決定的な影響力を持つのがNATO加盟国による武器援助である。武器援助は、個々の加盟国とウクライナとの二国間の問題だが、その方針をめぐってはNATOにおいても協議や調整が行われている。

武器援助の拠点となっているのはポーランド南東部ジェシェフの空港で、AWACSによる監視のもと、NATO加盟各国やパートナー国の大型輸送機が次々に飛来している。NATO加盟国の多国間枠組みSAC（戦略空輸能力）に基づくC－17による輸送も行われている。

NATO加盟国の武器援助は、戦況の変化に応じて、大きく三つの局面に分けられる。

第一の局面は2022年2月の開戦直後から4月はじめまでである。この局面では首都キーウの陥落が危惧されていたため、キーウ防衛戦のための「防衛的」武器として、小火器、携行式対空ミサイル（スティンガー）、携行式対戦車ミサイル（ジャベリン）の援助が中心であった。これが功を奏してロシア軍はキーウ方面から撤退を余儀なくされた。第二の局面はブチャの虐殺が発覚した4月はじめからである。ブチャの虐殺は欧米社会に大きなインパクトを与え、NATO外相会議（4月7日）において、より「攻撃的」武器援助の必要性についての合意が成立した。このため、ウクライナ兵が扱い慣れている旧ソ連製の戦車や歩兵戦闘車、ロケット砲などの重火器が、ポーランド、チェコから援助されたほか、アメリカのM777榴弾砲などの西側の重火器も援助された。第三の局面が7月以降で、これは、ウクライナ軍が東部ルハンスクで部分的撤収をした後にドンバス地域で戦線が膠着化する一方で、東部から南部の占領地域でロシアへの併合の動きがはじまった時期である。アメリカが、より長距離の射程（80㎞）を持つ最新鋭の多連装ロケットシステム（HIMARS）などの援助を、ウクライナ兵の訓練とパッケージで開始したことで特徴づけられる。これによりロシア軍の後方にある弾薬庫、鉄道や橋、司令部などが攻撃可能となり、ウクライナ軍の反転攻勢が可能となった。

このように段階的に進められてきた援助によりロシアの攻勢は押さえ込まれたが、NATO加盟国の武器援助にはいくつかの課題もみえてきている。

第一に、米欧の武器援助額の格差である。武器援助の額が圧倒的に大きいのはアメリカで、2022年2月から10月までの間に、実施済みと実施予定を合わせて180億ドル以上の軍事援助を発表したが、これは他のすべてのヨーロッパ諸国の援助額合計の2倍近い規模で、突出していた。アメリカの武器援助が、停戦のゆくえを左右するといっても過言ではない。

第二に、ヨーロッパ内の武器援助をめぐる格差である。2022年2月から10月までの実施済みおよび実施予定の援助額の第1位はポーランド（18億ユーロ）、第2位はイギリス（15億ユーロ）で、第3位はイギリスの半分程度のドイツ（7億ユーロ）、次いで第4位がラトビア（3億ユーロ）、第5位がエストニア（2億6000万ユーロ）となっている。バルト三国は武器援助の額こそ大きくないものの、援助額全体の対GDP比は、第1位がラトビア（0・9%）、第2位がエストニア（0・8%）で、リトアニア（0・4%）は第4位とそれぞれトップクラスを占めている。これらに対してフランスやイタリアの武器援助額はそれぞれ7位（2億2000万ユーロ）、10位（1億5000万ユーロ）とはるかに少ないほか、ハンガリー、ルーマニア、ブルガリアなどは武器援助をほとんど行っていない（以上、データはKiel Institute for the World Economy, Ukraine Support Tracker, Dec.6, 2022による）。

ロシア・ウクライナ戦争へのNATO加盟国の関与を通してみえてくるのは、依然としてヨーロッパの安全保障がアメリカに依存しているという現実である。アメリカが中国への警戒から今後、ヨーロッパへの関与を下げるようになった場合、ロシア・ウクライナ戦争の帰趨にかかわらず、ヨーロッパ加盟国は結束して防衛態勢の強化を図り、アメリカの負担を軽減しながらNATOの強靭さを保つ必要があるだろう。しかしそのヨーロッパでは、この戦争をめぐってパワーバランスの微妙な変化が生じており、従来のような独仏主導によるヨーロッパ秩序構築は軌道修正を迫られる可能性があるだろう。

（広瀬佳一）

64

戦略概念2022

★対ロ抑止・前方防衛への転換★

NATOは2022年6月末にスペインの首都マドリードで開催した首脳会議で、新たな戦略概念を採択した。冷戦後は、1991年、1999年、2010年に次ぐ、4回目の改定になった。

概ね10年ごとに新たな戦略概念を作成していることになるが、必ずしも改定の間隔が定められているわけではない。前回が2010年であったため、2014年のロシアによる一方的なクリミア併合とその後のNATOにおける集団防衛の強化も、インド太平洋の時代も反映されていなかった。そのため、新たな戦略概念が必要だとの声は長らく存在していた。しかし、NATO軽視を通り越して脱退を示唆するようなトランプ米大統領のもとで新たな戦略概念を作成する機運は盛り上がらなかった。ただし、当初の想定よりも後ろ倒しになった結果として、新たな戦略概念は、2022年2月に始まったロシアによるウクライナ侵攻という、ヨーロッパの戦略環境、そしてロシアとの関係の激変を踏まえた、きわめて時宜を得たものになった。

2022年の戦略概念は、ロシアを「最も重大かつ直接の脅威（the most significant and direct threat）」と明言し、「強要、転覆、侵略、併合などの直接的手段で勢力圏をつくろうとしている」と非難した。ヨーロッパの戦略環境全体の認識として、「欧州大西洋地域は平和ではない」「同盟国の主権と領土の一体性への攻撃を排除することはできない」と述べている点も注目される。これらは、２０１０年の戦略概念が「欧州大西洋地域は平和である」との前提のもと、ロシアとの関係については、「真の戦略的パートナーシップを目指す」としていたことと好対照をなしている。ＮＡＴＯを取り巻く戦略環境が激変したのである。

そのうえで、ＮＡＴＯの中核任務は、「抑止と防衛」「危機予防・管理」「協調的安全保障」とされた。この三本柱の大枠は以前から変わっていないが、抑止と防衛にさらなる重点が置かれていることは明確である。２０１０年の戦略概念では「危機管理」とされていたものが「危機予防・管理」に変更されたのは、危機を発生前に予防することの重要性が、ロシア・ウクライナ戦争で改めて認識されたからかもしれない。

このなかで最も注目されるのは抑止と防衛であり、当然のことながら焦点はロシアに対する抑止、そして防衛になる。なかでも、バルト諸国の防衛をいかに確保するかが喫緊の課題として浮上していた。採択された戦略概念は、

> 我々は、配備（in-place）された強靭でマルチドメイン（多次元）で戦闘態勢の整った部隊、強化された指揮命令系統、事前に前方で貯蔵された武器・弾薬、緊急の増派受け入れのための改善された能力・インフラによって、抑止と前方防衛を行う。我々は、同盟の抑止と防衛のための能力を強化するために、配備された部隊と増派とのバランスを調整する

と述べている。鍵となるのは「前方防衛」であり、そのためにあらかじめ部隊や装備を前方、つまりバルト諸国などに配備することの必要性が強調されている。

これまでもバルト諸国とポーランドには、「強化された前方プレゼンス（eFP）」として、各国に1000名から2000名という大隊規模のNATO部隊がローテーションで配備されていた。しかしそのような限定的な戦力ではロシア軍による侵攻の撃退は望めず、あくまでも「仕掛け線(tripwire)」とされていた。計画の詳細は機密事項だが、ロシアによる本格的な侵攻があった場合には、いったん退却したうえで上陸・解放作戦を行う想定だったといわれている。

しかし、ウクライナにおけるロシアの占領地域で行われた破壊や大量殺戮などを受けて、たとえ短期間であってもロシアによる占領を許してはならないとの声が、バルト諸国で強まり、それがNATO全体の認識になった。戦略概念は、「1インチ残らずすべての領土を守る」とも述べ、占領されないことを前面に打ち出すことになった。これは今回の戦略概念による重要な変化である。

ただし、バルト諸国に大規模なNATO部隊が常駐するわけでは必ずしもない。大規模部隊の国外常駐にはやはりコストがかかる。戦略概念が増派受け入れ能力の強化に触れているのも、常駐以外の有効な対応を重視していることの反映だといえる。その際に重要になるのが、即応性である。有事が発生した際、あるいは発生しそうな状況下でいかに迅速に部隊を展開できるかが問われる。マドリード首脳会議が戦略概念採択と同時に即応性強化を打ち出した背景にはそうした事情があった。

2022年の戦略概念は、ロシア・ウクライナ戦争がなければ、中国への言及がより目玉になるはずだったといわれる。NATOは2019年12月の70周年首脳会議の文書ではじめて中国に言及しており、その流れのなかで、戦略概念での扱いが注目されていたのである。結局、2022年の戦略概念は、「中華人民共和国が示す野心や強要的政策は我々の利益、安全保障、価値に挑戦している」と述べ、技術や重要インフラ、戦略物資、サプライチェーンの支配、さらにはロシアとの関係の深まりに懸念を示すことになった。中国との関係では建設的関与の可能性に言及しつつ、中国による「欧州大西洋の安全保障への体制上の挑戦に対処し、同盟国の防衛と安全を保証するNATOの能力を確保」すると、かなり踏み込んでいる。

そうした警戒を示す背景には、やはり価値観の相違があり、「我々の共有する価値と航行の自由を含むルールに基づく国際秩序のために立ち上がる」とも述べている。また、戦略概念は新興・破壊技術（EDTs）がもたらすリスクについても触れており、ロシアのみならず、直接の言及はないが、中国も念頭に置かれていると考えられる。EDTsには極超音速ミサイルやサイバー関連、人工知能、量子コンピューティングなどが含まれ、まさに中国が軍事面で活用を進めている領域である。

2022年の戦略概念の焦点は対ロ抑止・防衛態勢の強化であり、「前方防衛」への転換が最も注目される変化だった。他方で、ロシア・ウクライナ戦争にかかわらず、地上で国境を接するロシアと、冷戦期のソ連とのような軍事的対決を長期にわたって行っていくことにNATO内で強固なコンセンサスが存在するとは必ずしもいえない。今回の戦略概念は、後に回顧した際に、そうしたコンセンサスが成立するきっかけになったと評価されるのか、それとも、ロシアとの対立が高まった瞬間を反映した過渡期的なものだったということになるのか。答えはまだわからない。

（鶴岡路人）

65

新たな抑止と防衛の態勢

★NATOの新戦力構想★

2022年6月のNATOマドリード首脳会議は、今後10年の方針を掲げた新しい戦略概念が承認されたことで注目を集めたが、同時にロシア・ウクライナ戦争勃発を受けたNATO東翼の防衛態勢強化も打ち出された。そこには量的な強化ばかりでなく質的な強化も加えられていた。

もともと2014年のロシアによるクリミア併合以降、ロシアに隣接するエストニア、ラトビア、リトアニア、ポーランドの防衛態勢強化のために実施されている軍事任務が、NATO戦闘群（Battlegroup）による「強化された前方プレゼンス（eFP）」である。バルト三国やポーランドは2010年の戦略概念策定のころより、自国内へのNATO軍基地設置を求めていた。しかしこれは、1997年のNATOロシア基本文書におけるNATO側の誓約（新規加盟国へ部隊の常駐をしないこと）に抵触すると考えられていた。対ロ関係は2014年以降、厳しくなっていたものの、多くの加盟国はロシアとの決定的対立を回避したいと考えており、NATOロシア基本文書の誓約を逸脱することには積極的ではなかった。そうした経緯から、バルト三国とポーランドへのNATO部隊派遣は、いわゆる常駐的な基地設置と区別して、「プレゼンス」と呼ばれている。eFPは、NATO加盟国がローテーションにより、バルト三国とポーランドに、それぞれ戦闘群を計4個展開するというものであった（エストニアの戦闘群はイギリスが主導国、ラトビアの戦闘群はカナダが主導国、リトアニアの戦闘群はドイツが主導国、ポーランドの戦闘群はアメリカが主導国）。

これらの部隊は、単独でロシア軍に対抗できるわけではないが、NATOにとって「トリップワイヤー（仕掛け線）」的な機能を持つと考えられていた。仮にロシアがエストニアに侵攻した場合、最初にeFPが交戦することでただちにNATOが関与することになり、NATO即応部隊（NRF）が増援部隊として送り込まれることになる。また、そうした可能性を提示することで、ロシアの侵攻を抑止することになるわけである。

しかし、2017年8月に作戦可能態勢となったeFPは、各国にそれぞれ機械化歩兵部隊を中心とするわずか1個大隊規模の配備で、兵力のみならず重火器、対空能力、電子戦能力などが決定的に不足しており、航空部隊も不足していた。アメリカのシンクタンクであるランド研究所が2016年に行ったシミュレーションの結果によると、ロシア軍は侵攻後60時間でエストニアの首都タリン、ラトビアの首都リガに到達するとされており、それを防ぐには3個機甲旅団を含めた7個旅団が必要との結論を出している。そうであるならば、4カ国への配備を合計しても1個旅団程度のeFPでは非常に弱体なため、NATOによる増援部隊の到着前に占領されてしまう懸念がある。そもそも、ロシアがカリーニングラードにおいて対空ミサイルや対艦ミサイルなどによる強力な接近阻止・領域拒否（A2AD）態勢を構築しつつあるため、NATOのNRFによる増援も容易でない。したがって、e

FPの対ロ抑止力は必ずしも十分とはいえない状況にあった。

2022年2月のロシアによるウクライナへの全面侵攻は、こうした小規模の部隊による抑止態勢の信頼性に改めて疑問を投げかけた。そこでNATOはウクライナへの侵攻直後に、まずバルト三国とポーランドの戦闘群の増強を行った。そのうえで、これまで戦闘群の派遣されていなかったスロバキア、ハンガリー、ルーマニア、ブルガリアへも戦闘群を派遣し、中・東欧全体では2万5000人規模となった（第5章表1参照）。

こうしたことを背景に、2022年6月のマドリード首脳会議においては、NATOの中・東欧の防衛態勢の一層の強化と合わせて、NRFに代わるNATOの新しい戦力構想が発表された。

中・東欧の防衛態勢強化については、戦闘群の規模を、必要に応じて旅団レベルまで強化し、有事の際の戦闘群の展開先を、たとえばドイツの旅団はリトアニアへ、イギリスの旅団はエストニアへのように、あらかじめ割り当てることとなった。ただしこれは依然としてバルト三国が求めていたような常設基地設置による部隊配備ではなかった。常設配備は司令部要員のみで、旅団の本隊は演習・訓練のたびに展開するものの、基本的には本国に待機し、装備、弾薬などを事前備蓄することで、柔軟で迅速な即応態勢をとることとされた。さらに加盟国空軍の航空機やミサイル防衛によりバルト海から黒海までを隙間なく警戒監視する態勢（Air-Shielding）が発表されたほか、海軍の防衛態勢も強化されることとなった。

また、NRFに代わるNATOの新しい戦力についてストルテンベルグ事務総長は、これまでの14日間で4万人の即応展開を行う態勢から、10日間で10万人の展開を行い、30日以内に20万人の展開を実施するという段階的モデルを提唱していた。

ここで重要な点は二つあり、一つは即応態勢がこれまでよりも強化されたということであった。従来のNRFは、一部の高度即応部隊を除くと、15日以内の即応態勢となっていた。しかしたとえばキーウ近郊のブチャで起きた虐殺は、ロシアがウクライナに侵攻してから2週間から3週間の間に発生したとされている。したがってNRFでは虐殺が防げないのではないかという問題が浮上した。その結果、第1段階の増援部隊の即応態勢は10日以内とされたのである。第二に、この新戦力では、従来のような小規模の戦闘群を前方に配備し、有事の際には大規模な部隊を増援展開することでロシアを抑止するという「トリップワイヤー」の考え方から、より重装備な旅団以上の部隊を前方に配備し、攻撃を前線で食い止める「拒否的能力」の構築を重視する考え方への戦略の転換を意味していた。

こうした新しい戦力モデルのもとで、どの加盟国のどの部隊が組み込まれるのかという具体的な編成作業は、2023年以降に行われることとされている。

（広瀬佳一）

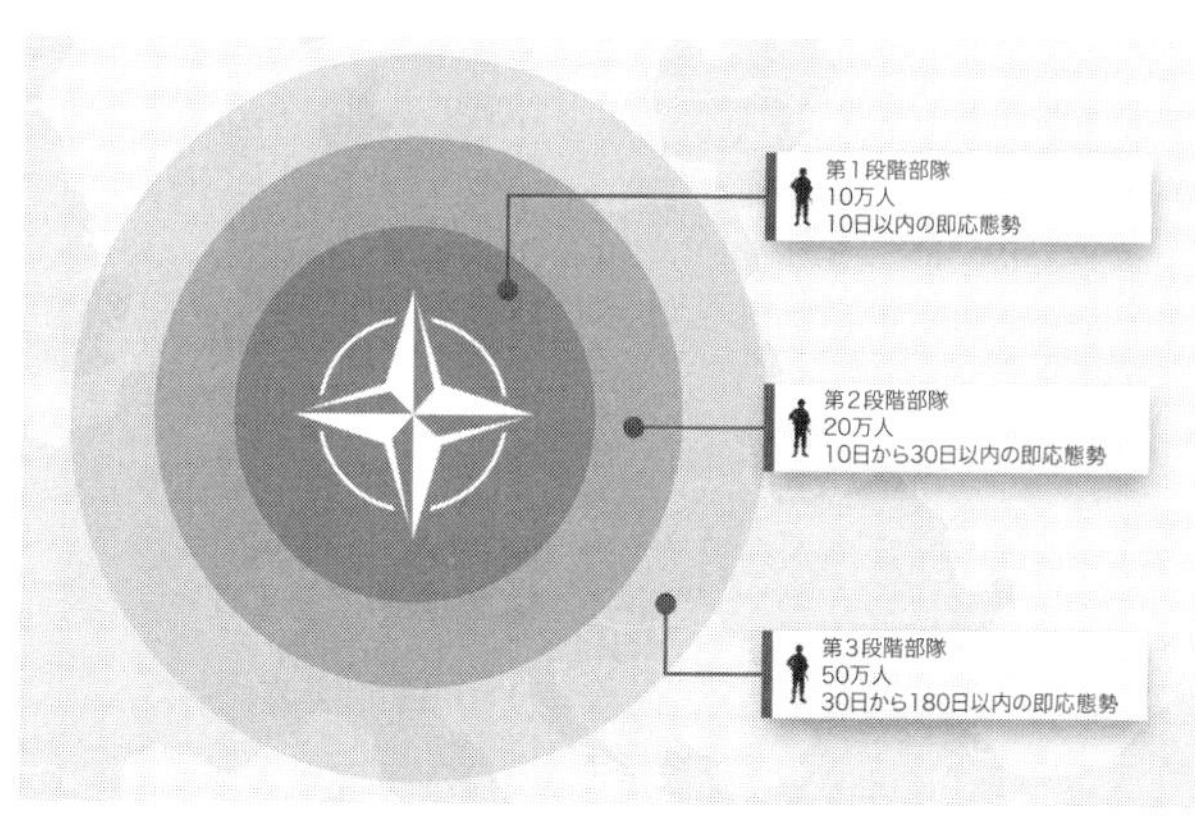

図　NATOの新戦力モデル
出所：NATOホームページより筆者作成

66

NATOの対中姿勢

★同盟の認識の変化とあり方★

冷戦中のNATOと中国の関係は双方にとり二次的なものであったが、冷戦後には徐々に軽視できないものとなった。冷戦後のNATOは、中・東欧への拡大や人道的介入を行ったが、中国にとってそれらはアメリカの一極支配の強化にほかならず、自国内の人権問題に対するNATOの外交的な関与まで懸念したといわれる。しかし、2001年のアメリカ同時多発テロ以降、NATOはアフガニスタンと国境を接する中国とも、テロとの戦いなどのグローバル課題に関する対話を行い、公式ではないが潜在的なパートナーとしてみなしていた。

この関係は、2010年代に入り徐々に悪化していく。その原因は、第一にロシアが中国に接近し中ロ関係が発展したことがあげられる。また、中国はバルト海や地中海におけるロシアとの合同演習を実施し、北極海への進出も試みるなど、ヨーロッパに対するけん制ともとれる姿勢をみせた。第二に、中国自身の軍事能力の向上である。中国の長距離兵器の開発やサイバー・宇宙における能力強化をNATOも軽視することができなくなった。第三に、中国の経済活動が安全保障上のリスクとみられる傾向が強まったことである。ヨーロッパの企業への投資・買収による技術流出やデジタルインフラに対する中国製品の導入などの動向が注視された。

こうしたNATO諸国内の対中懸念は、2019年以降に表面化した。12月のロンドンNATO首脳会議（以下、会議はNATO首脳会議を指す）では「中国の増大する影響力や国際政策が、同盟として共同して対処する必要のある機会と挑戦をもたらしている」との文言が宣言に含まれた。「機会」をつけたが「挑戦」との認識を示したのは初であり、一つの転換点であった。2021年のブリュッセル会議の宣言では、まず冒頭近くの総論的な認識を示す箇所において、中国に関してはロンドン会議の宣言とほぼ同様の表現で言及したが、そのなかで「機会」が落とされたことで「挑戦」が強調された形となった。ただ、宣言の後半における各種の論点についての認識を示す箇所で、中国については連続する二つの段落が言及し、前段においては「挑戦」となる部分が描かれた一方で、後段では国際的な課題などについて建設的対話を行う「機会」としての言及も残った。

同盟内で高まった対中懸念は、NATOの「戦略概念2022」にも記された。マドリード会議にて承認された当該文書の焦点は、ロシアのウクライナ侵略もあり、対ロ抑止・防衛態勢の強化であった。他方で、引き続き中国への言及もみられる。特に中国への言及が集中する連続する二つの段落で、前段においては、中国が「我々の利益、安全保障、価値に挑戦している」と記したうえで、各分野における中国の活動を指摘し、中ロ連携の深化も「我々の価値と利益に反している」とした。しかし、後段でも「中国への建設的関与」については可能であるとしたものの「機会」との表現はもはや使われず、再度「挑戦」としての記述がみられる。こうして、NATOの対中認識は、2019年の「機会と挑戦」の併記から、2021年の「挑戦」を比較的に強調しつつ「機会」を残した言及、そして

2022年の「挑戦」のみへの言及と、厳しくなっていることが読み取れる。それは、加盟国の対中認識にズレがありつつも、徐々に「挑戦」という認識には収斂してきたということだろう。

しかし、それでもNATOとしての対中政策をとることに加盟国内で合意があるとは言い難い。端的に言えば、2019年以降、米英や中・東欧の一部などが、中国の挑戦をロシアの脅威とセットとして認識し、NATOとして対峙すべきと主張してきた一方で、仏独などはあくまでNATOは対ロ抑止・防衛のためであるべきで、中国に対峙することに消極的な姿勢をみせる場面もあった。こうした齟齬（そご）は、ロシアのウクライナ侵略を受けて、短期的にはより広がっているかもしれない。「戦略概念2022」におけるロシアと中国に関する書きぶりの違いにも、策定の過程における加盟国の方針の相違が表れているとの指摘もある。

それでは、是非は別として、仮にNATOが対中政策をとる場合、それはいかなる形態となるのだろうか。このテーマについて考える際に、ストルテンベルグ事務総長の「NATOが太平洋に出向くというわけではなく、中国が我々に近づいている」という言葉は一つの前提となる。つまり、あくまで原則として、インド太平洋へNATOの部隊を派遣することはないだろうし、そこでの米仏領やNATO加盟国のアセットが攻撃を受けたとしても第5条（集団防衛）を発動することもないだろう。それは、単純に第6条（第5条の適用条件としての「北大西洋地域」および当該地域における軍隊、船舶、航空機への武力攻撃の規定）に該当しないためである。

NATOが「軍事同盟」として第5条を発動するのは、仮に中国が北大西洋地域に対して武力攻撃をした場合のみだが、伝統的な武力攻撃については今のところ考え難い。他方で、サイバー・宇宙における第5条の適用については近年の会議でその可能性について記されているため、攻撃の主体が中国であった場合、NATOが対応する場合もあろう。しかし、その防衛・反撃の手法などについては、必ずしも明確にされているわけではない。これらについては、最終的に北大西洋理事会が判断することになるだろうが、様々な想定や議論は加盟国間でなされていくことになるだろう。

他方で「政治同盟」の観点からすれば、NATOが取り得る対中政策が浮かび上がる。たとえば、第4条（危機に対する協議）では、第5条の閾値に達しないサイバー・宇宙関連の攻撃や経済的手段を通じた脅迫などに対して、加盟国が対応を協議することができる。また、第2条（経済協力）や第3条（能力の維持）に基づけば、経済安全保障やレジリエンス（回復力）の強化など、広範な分野での協力を促進することが考えられる。しかし、実際にそれらの政策の主体となるのは加盟国政府と、ヨーロッパでいえば欧州連合（EU）である場合が多い。その意味で、NATOは米欧世界の一体性を示すためのフォーラムとして機能する一方、実態としては米・EU協力やNATO・EU協力が進められるだろう。2021年の米・EU間の貿易技術評議会（TTC）の設立は、その好例といえる。

このような、サイバー・宇宙の防衛、経済安全保障、新興・破壊的技術（EDTs）といった分野に関しては、中国のみならずロシアも活発な活動をしている。換言すれば、それらの分野でのNATOを通じた協力や政策に関しては、必ずしも特定の国を明確に対象とするものではなく、同盟自体のレジリエンスの強化につながるものであり、最大の脅威であるロシアに対する備えにもなる。つまり、NATOは独自に対中政策をとるのではなく、対ロ抑止・防衛のためにも同盟自体のレジリエンスの強化をはかることが、ひいては対中政策にもなり得るといった方が適切だろう。

（田中亮佑）

67

EUとの新たな関係

★補い合うのか、補うのか★

2022年3月24日、EUは新たな戦略概念である「戦略コンパス（Strategic Compass）」を欧州理事会（EUの最高意思決定機関である加盟国首脳会合）にて採択した。ウクライナに軍事侵攻したロシアを脅威として位置づけ、将来的に最大5000人規模の即応部隊を創設することを打ち出したことなどがその要点として報じられたが、NATOとの関係という観点からいえば、安全保障面でEUは「NATOを補完する（complementary to NATO）」とした表現が特徴的である。

EUは、これまで3回、安全保障戦略文書を策定している。2003年の「欧州安全保障戦略（ESS）」、2016年の「EUグローバル戦略（EUGS）」と今回の「戦略コンパス」である。毎回タイトルが変わるのが悩みどころであるが、継続的な文書と考えてよい。そして少なくともこれまでのEUの戦略文書では、「NATOを補う」との表現が盛り込まれたことはない。仔細に観察すると、後述する常設軍事協力枠組み（PESCO）関係の言説で2017年ごろから「補完」という用語法が徐々にみられるようになっていたが、そこに読み取れるのは、あくまでEUとNATOの相互的な補完である。

他方、NATOも2022年6月のマドリード北大西洋理事会で戦略概念を改定している。ここでも、「NATOとEUは国際の平和と安全のために補完的に（complementary）、一貫して、かつ相互強化的役割を演じる」との文言がみられる。文言上では相互性が読み取れるが、後述するように内容的にはEUがNATOを補完すると読むのが適切であろう。また、興味深いのは、2022年の前にNATO戦略概念が改定された2010年の際には、「（…）役割を演じることができるし、そうなるべきである（can and should）」となっている点である。微かな、しかし明確な意図が確認できる文言の変化である。

この「補完」の用語法の直近の初出は、2021年9月22日のバイデン米大統領とマクロン仏大統領の電話会談後の共同声明である。この電話会談は直前のAUKUS（米英豪安全保障協力）をめぐる米英豪とEUの関係緊張修復の動きとみられたものであるが、このなかで、「より強く、より能力を高めた欧州防衛が、環大西洋とグローバルな安全保障に前向きな貢献をするとともに、NATOの補完となるともアメリカは認識する」とされている。のち、「補完的に」の用語法は、ロシアによるウクライナ軍事侵攻開始後の2022年3月10〜11日にベルサイユで開催されたEU非公式首脳会議で発出されたベルサイユ宣言でも繰り返されたうえで、戦略コンパスに盛り込まれた。

このEUとNATOの関係、あるいは米欧関係の新たな仕切り直しは、米欧間の信頼性の危機が、極限まで高まったなかで模索されたものであった。2021年9月のAUKUS危機についてはすでにふれた。これは、以前から予定されていたEUのインド太平洋戦略発表予定日の2021年9月16日まさにその日に、米英豪三国間の原子力潜水艦に関する協力協定「AUKUS」が抜き打ちで発表されたという出来事である。特に仏豪間の原子力潜水艦合意を予告なしに反故にしてのものであったため、たいへんな衝撃を与えた。また、その直前、2021年8月の米軍アフガニスタン撤退も、米欧間の情報共有がまったく不十分な、アメリカ側の一方的なものだった。米欧関係は2021年1月までのトランプ政権の時代には特に冷え込んでいた。2017年5月にはトランプ米大統領が、アメリカ同時多発テロ対応の記念式典も兼ねていたNATO首脳会議、すなわちそれは初の北大西洋条約5条の集団防衛発動の記念式典でもあったのだが、そのような機会に集団防衛へのアメリカの関与にあえて言及せず、ひたすらヨーロッパ諸国の防衛費増額を要求したり、NATO首脳会議終了後にメルケル独首相が「ヨーロッパが米英などの長きにわたる同盟国を頼りきれていた時代は終わった」と発言したり、2019年にはマクロン仏大統領が雑誌インタビューで「NATOは脳死状態」と断じたりしていた。そのようななか、バイデン大統領の登場で米欧関係改善が期待されていただけに、この信頼性の危機はカウンターパンチになった。そこからの仕切り直しの開始が、2021年9月22日の米仏電話首脳会談であった。ちなみに、ロシアによるウクライナ軍事侵攻開始後、マクロン仏大統領は同軍事侵攻がNATOの「電気ショック」（となってNATOを蘇生させた）と語った。発言の趣旨は理解できるが、蘇生法の適切性には疑念が残る（あるいはまだ脳死にいたっていなかったということかもしれない）。

では、EUはNATOに対してどのように「補完的」になるのか。この点については、2010年のNATO戦略概念と2022年3月のEUの戦略コンパスではふれられていなかったEUとNATOの間の協力分野が、2022年のNATO戦略概念では具体的に列挙されていることが注意を引く。

ここで列挙されている内容は、「軍事的モビリティ（Military Mobility）、レジリエンス（強靭性）、安全保障に対する気候変動の影響、新興・破壊技術（ＥＤＴｓ）、人間の安全保障、女性、平和と安全保障のアジェンダ、そしてサイバーおよびハイブリッド脅威と中国が欧州・大西洋地域に及ぼす体制上の挑戦」である。総じて、集団防衛のようなハイエンドの任務ではなく、非軍事的ないしローエンドの任務である。

このうち、たとえば軍事的モビリティを取り上げてみよう。軍事的モビリティとは、通称「軍事のシェンゲン」とも呼ばれるＥＵ域内での軍の移動に関する問題であり、意味合いとしては軍の移動可能性を高めることを指す。大規模な軍の動員を想定し、道路や橋梁などの移動インフラの確認や整備、法や規則などの整備を含む。冷戦終焉後に後景に退いていた任務内容であり、冷戦後にＥＵ加盟した国々の存在を考えれば、まさにあらためて検討すべき課題であった。加盟各国の統治の問題であり、その意味でＥＵとして取り組むべき政策分野であるとともに、これなくしてはＮＡＴＯの集団防衛も空文化しかねない。

もちろん、ＥＵ独自の安全保障能力の追求が断念されたわけではないが、「ヨーロッパに戦争が戻ってきた」（「戦略コンパス」冒頭の一文）状況下で、ＮＡＴＯとの関係においては現実的な協力関係が構築される方向に向かっている。

（小林正英）

68

安全保障の新領域とNATO

――★サイバー、宇宙、認知、感染症、気候変動への取り組み★――

第二次世界大戦以降、圧倒的な破壊力を有する核兵器の登場もあって、国家間の問題を解決する手段として、大国間の軍事力による戦争は回避されるようになった。その代わりに、サイバー攻撃、欺瞞、妨害行為、偽情報の流布等の非軍事的攻撃と物理的な軍事攻撃を組み合わせ、対象国の情勢を不安定化し、その社会システムを脆弱化させたうえで、軍事作戦を、短期間かつ低コストで終わらせるハイブリッド（複合混成型）戦争に注目が集まっている。代表的な例として、２００８年、ロシアが、軍隊とは直接関係のない政府機関、メディア、銀行システムに対するサイバー攻撃により、ジョージア国内を混乱に陥れつつ、戦車や軍用機による軍事攻撃を開始し、１週間弱で作戦を終了させた事例が挙げられる。２０１４年のクリミア併合、２０２２年のウクライナ侵攻の際にも繰り返されたハイブリッド戦争は、情報通信技術（ＩＣＴ）の進化に象徴される先進技術の進歩とグローバルな相互依存の深化のなかで、陸海空という既存領域と仮想領域の連結性が強まりつつある現状に乗じたものである。一方、防衛を行う側は、これらの非物理的な攻撃が、民生依存度が高まるサイバー空間や宇宙空間を通じて、無防備な市民生活に直接かつ甚大な影響を及ぼすことになるため、従来と異なる、複雑かつ多様な対応を迫られることになっている。

ＮＡＴＯは、２０１６年のワルシャワ首脳会議において、サイバー空間を、陸海空と並ぶ第四の作戦領域と規定し、その防衛を集団防衛の一部として位置づけた。そして、２０１９年ロンドン首脳会議では「宇宙」を新たな第五の作戦領域として追認し、宇宙空間やサイバー空間における、同盟諸国間の相互運用性を確保するための努力を開始した。それは、具体的に、２０１８年以降の「サイバー作戦センター（Cyberspace Operations Center）」や「ＮＡＴＯ宇宙センター（NATO Space Center）」の開設へと結びついてゆく。

そして、現在、匿名性、利便性、即時性という特徴を有するSNS上で拡散する偽情報も、ＮＡＴＯが対応すべき新たな脅威の一つと認識されつつある。２０２２年のウクライナ侵攻においても、ＩＣＴの進化によって、サイバー空間上で偽情報が武器化されたといえるが、ＮＡＴＯとして、その攻撃対象となる認知空間を、陸、海、空、サイバー、宇宙空間に加えて、第六番目の作戦領域と位置づける可能性がある。この問題の本質は、それらが人々の判断に影響を与え、真実に関する認識をゆがめ、その行動を変えてしまうことにある。それは、軍隊の活動の基盤となる市民生活を不安定なものに変え、現代の作戦運用に与える影響をより大きくしてしまう。

その創設以来、ＮＡＴＯは、域内の社会システムが脆弱化することへの警戒を怠っていない。ＮＡＴＯ北大西洋条約第３条では「単独に及び共同して、継続的かつ効果的な自助及び相互援助により、武力攻撃に抵抗する個別的の及び集団的の能力を維持し発展させる」として、第５条の集団防衛任務を遂行する妨げとなる社会システムの「脆弱性」を排除し、その「レジリエンス（抗堪性、強靭性）」を高めるという努力義務を明らかにしている。最近も、2016年のワルシャワ首脳会議において「多様化するあらゆる種類の脅威に対して軍事同盟としてのレジリエンスを高める」ことを、同盟として改めて確認している。そして、2019年以来、世界的に大流行した新型コロナウイルス感染症（COVID－19）に際して、空輸統制や物品調整に関する指揮権限を与えられた欧州連合軍最高司令官（SACEUR）が、緊急的にCOVID－19任務部隊（CVTF）を編成し、軍事的な即応態勢をとったことは、このレジリエンス強化の対応を具現化したものであったと考えられる。

そして、現在、世界各地では、毎年のように、干ばつや大雨などの異常気象による甚大な影響が発生し、人々の住む土地や食料が奪われている。これらの地球規模の問題は、一見すると、軍の任務と直接関係しないようにみえるが、このような事態は、人類の生活や世界経済に大きな打撃を与え、連鎖反応的に深刻化するシステミック・リスクとして警戒されるべきである。特に、大気、海洋、雪氷、陸面が相互に関連する気候変動は、その不可逆的な影響の拡大により、相互接続される作戦領域全体に対して相乗効果的なインパクトを与えることが懸念される。そのため、軍隊は、サイバー空間や宇宙空間と同様に、気候変動を新たな作戦領域の一つとして位置づけ、軍事的アプローチを重視した、戦略的な対処方針を確立すべき時機を迎えつつあると考える。

2022年6月のマドリード首脳会議において、NATOは、事務総長レポート「気候変動と安全保障上の影響評価（Climate Change and Security Impact Assessment）」を受け入れ、2030年までに温室効果ガスを45％削減し、2050年までに実質ゼロを目指すという具体的な目標を決定した。それは、

NATOが、気候変動を安全保障上の重要な問題であると公式に認め、気候変動の影響に対して軍隊として適合し、温室効果ガス排出主体として、その削減を行うことを約束したに等しい。かねてより、軍事的な作戦や行動には継続性と安定性が最も重視され、化石燃料以外の再生可能エネルギーについては、その汎用性や取得安定性の点から受け入れが難しいと考えられてきた。しかし、今回、首脳会議の席上、NATO加盟30カ国が気候変動への対応に合意したことで、装備品の消費エネルギーの効率化、脱炭素化に対する取り組みが本格化し、軍事面における気候変動に対する影響への取り組みに弾みがつくことが期待される。

COVID－19のような新型ウイルスによる爆発的感染（パンデミック）や気候変動のような国境を超えるグローバルな脅威が、目に見える直接、短期、集中的な影響だけでなく、それらが複合的に組み合わさることで、ヨーロッパの安全保障に対していっそう深刻な影響を及ぼす可能性は高い。そうであれば、NATOとして、それらの新たな領域における問題解決のために、危機対処エコシステム（生態系）の頂点に立つ軍隊の活用を強めるのは必然であろう。

（長島　純）

日本とNATO

69

日本NATO協力のはじまり

★紆余曲折と試行錯誤を超えて★

現在、日本は、NATOのグローバル・パートナー（Partner across the globe）としてNATOとの関係を強化しつつあるが、振り返れば、2007年1月12日、安倍晋三総理大臣が北大西洋理事会（NAC）で行ったゲストスピーチがそのはじまりとなる。当時、筆者は防衛駐在官として現場に立ち会ったが、安倍総理による「自由、民主主義、人権、法の支配といった基本的価値を共有する日本とNATOはパートナーである」という発言は、NATO関係者に日本の存在感を再認識させ、具体的な日本との協力を真剣に考えさせるきっかけとなったことは間違いない。それ以降、実務レベルの日NATO高級事務レベル協議が重ねられるなかで、2013年4月には「日本・北大西洋条約機構（NATO）共同政治宣言」が署名され、2014年5月「国別パートナーシップ協力計画（IPCP）」の策定が実現するなど、日NATO間の関係強化の流れは着実に進んでいくことになった。

その一方で、ここにいたるまで、日本とNATOの外交・安全保障関係者による地道で粘り強いやりとりがあったことは、あまり知られていない。その背景には、戦後長らく、NATO

北大西洋理事会でスピーチをする安倍総理（2007年、NATO本部、筆者は後列左端）（NATO提供）

とは戦争を行う軍事組織であり、日本がＮＡＴＯと協力することは平和憲法の精神に反し、絶対許すことはできないという、政治的な雰囲気が国内にあったことは否めない。ＮＡＴＯ側においても、東西冷戦下では、旧ソ連を中心とする軍事同盟であるワルシャワ条約機構（ＷＰＯ）との対峙に専念し、冷戦後は、ＷＰＯ解体によって問われる軍事同盟としての存在意義を模索し続けるなかで、遠く離れたアジア太平洋の安全保障に関心を寄せる余裕はなかったはずである。

しかし、冷戦後の安全保障体制の再構築が急がれるなか、ＮＡＴＯは、「変革」への取り組みをはじめ、同盟としての対外姿勢にも変化がみられるようになる。変革は、１９９９年のコソボ紛争時の空爆作戦を通じて浮き彫りになった米欧間の軍事的な能力格差を解消するための試みであり、２００４年のイスタンブール首脳会議では、ＮＡＴＯはイラクやアフガニスタンにおける域外任務を拡大させることを決心し、コンタクト国（日本、オーストラリア、ニュージーランドなど）と呼ばれる価値観を共有する国々との連携を深める姿勢を明らかにした。その背景には、冷戦の呪縛から解き放たれたＮＡＴＯが、今後は、テロなどの非伝統的脅威への対応を優先し、地域の概念を超えたグローバルな機構になるべきであるという同盟としてのコンセンサスがあったものと考えられる。

その後、コンタクト諸国と総称される国々の間では、様々な思惑と動きが錯綜する状況がみられた。たとえば、2001年のアメリカ同時多発テロに際して、同盟国としてアメリカへのいち早い支持を表明していたオーストラリアは、それまで、NATOには軍事連絡官を派遣せず、軍事的なプレゼンスも高いものではなかった。しかし、本格的な国際治安支援部隊（ISAF）への参加にともない、NATOとの実務的な協力関係を強化する必要性を認識したオーストラリアは、急遽、作戦連合軍（ACO）司令部が所在するベルギーへの国防武官ポストを新設し、短期間で、NATO本部への連絡官として併任させることに成功した。その背景には、オーストラリアが、ファイブ・アイズ（アメリカ、イギリス、カナダ、オーストラリア、ニュージーランド5カ国から構成され、政治的、軍事的な情報を共有する同盟）の一員として保全上の信頼性という点で問題がなかったこと、また、同じ英連邦に属するカナダがオーストラリアのスポンサー国として名乗りをあげたことがあったとみられる。この経緯から、日本は、いわゆる、アングロ・サクソン諸国間の特別な団結の絆の強さを思い知らされるとともに、NATOのパートナーとして受け入れられるには、さらなる努力と長い時間が必要であることを再認識させられることになる。

その一方、日本では、2004年の防衛大綱のなかで、テロなどの新たな非対称脅威への対処の必要性が強調され、NATOと脅威認識の点で、歩み寄りをみせはじめる。さらに、2006年、イランの弾道ミサイル開発を安全保障上の重大な問題とするNATOは、北朝鮮がスカッド、ノドン、テポドン2号による日本海に向けての弾道ミサイル発射実験を行ったことをはじめてNACの定例会議

先崎統幕長とクヤット軍事委員長（2005年、NATO本部）（筆者撮影）

で議題として取り上げ、大量破壊兵器の拡散が進む東アジアの地域情勢への関心を向けるように変わってゆく。

そして、NATOがアフガニスタンでのISAFの活動を通じてアジアとの緊密な関係構築に関心を強めるなか、2005年の先崎一統合幕僚長のNATO本部、欧州連合軍最高司令部（SHAPE）への公式訪問を契機として、ハイレベルな軍事交流の幕が開かれる。それは、日本とNATOの間の軍事面における協力の機運を高める触媒ともなり、2006年以降のNATO国防大学への自衛官留学や2009年からの防衛当局実務者間協議の開始にとどまらず、NATOサイバー防衛協力センター（CCDCOE）への防衛省職員の派遣やNATO本部への女性自衛官のアドバイザー派遣など、人的交流の一層の拡大へと結びついてゆく。機構面でも、2018年7月に、NATO日本政府代表部が開設され、IPCPに基づいて、幅広い協力の可能性が広がる環境が整えられた。2007年のNACでの安倍総理のスピーチから15年という年月をかけて、昔はお互いに遠い存在だった日本とNATOの協力関係が大きく進化を遂げたことになる。

（長島　純）

70

オーストラリアとNATO

★日本への含意★

1950年代初頭、オーストラリアはイギリス支援の一環として、中東やヨーロッパで行われたNATOの演習に戦闘機を派遣した。もっともこれを除けば、冷戦期のオーストラリアとNATOの接点はきわめて限定的であった。1951年9月にアメリカ、ニュージーランドと締結したANZUS条約は、「太平洋地域におけるいずれかの締約国に対する武力攻撃」への共同対処を定めたものであり、ヨーロッパや中東はその対象外であった。むろん、オーストラリアは二国間や多国間の枠組みを通じてNATO加盟国との個別の関係を維持していたものの、NATOそのものとの協力を深化させる契機は、ほぼ皆無であった。

冷戦の終結は、こうした状況に変化をもたらした。1990年に勃発した湾岸危機後、対イラク海上封鎖に参加したオーストラリア海軍の任務部隊は、NATO軍とも協力しながらオマーン湾でのイラク船への警告射撃や臨検等を実施した。同年、オーストラリアは冷戦時代から存在したNATOのシースパロー艦対空ミサイル共同開発コンソーシアムに、非NATO諸国としてはじめて参加が認められた。オーストラリアはまた、

１９９４年にＮＡＴＯの低感度弾薬情報センター（Insensitive Munitions Information Centre、現軍需品安全情報分析センター：Munitions Safety Information Analysis Centre）の正式加盟国となり、また各国装備責任者（National Armaments Directors）による弾薬安全グループ（Ammunition Safety Group）のオブザーバー資格を得るなど、ＮＡＴＯとの軍事技術・能力面での協力を強めた。

２００１年９月11日に勃発したアメリカ同時多発テロ事件後、オーストラリアは戦後はじめてＡＮＺＵＳ条約を発動し、アメリカの主導する「不朽の自由作戦」に特殊部隊を含む軍を派遣した。オーストラリアはまた、２００５年以降アフガニスタンの国際治安支援部隊（ＩＳＡＦ）に、非ＮＡＴＯ諸国としては最多となる１５５０名（最大時）の部隊を派遣した。オーストラリア軍はＩＳＡＦでアフガニスタン国軍や警察の後方支援訓練等に従事したほか、地雷処理や対反乱戦にも参加した。さらに２０１５年１月より始まった「確固たる支援任務（ＲＳＭ）」に対しても、オーストラリアは最大時約３００名の部隊を派遣した。

アフガニスタンでの貢献により、オーストラリアとＮＡＴＯの関係は急速に縮まった。２００４年にはオーストラリアの外相がはじめて北大西洋理事会で演説を行い、豪ＮＡＴＯ関係の強化を提唱した。翌年ＮＡＴＯ事務総長がオーストラリアを訪問した際には、オーストラリアのＮＡＴＯ連絡官の設置が発表された。２００６年のＮＡＴＯリガ首脳会議には、オーストラリアの国防相がはじめて招待され、オーストラリアは日本や韓国、ニュージーランドといったアジア太平洋諸国とともに、ＮＡＴＯの「コンタクト国」として認定された。２００７年９月には豪ＮＡＴＯ間で秘密情報の保護に関する協定が署名され、翌年４月にはオーストラリアの首相がはじめてＮＡＴＯ首脳会議に参加した。

その後中国の台頭が顕在化し、オーストラリアの戦略的関心がグローバルな問題からアジア太平洋地域に回帰したことで、NATOとの関係が「ピークを過ぎた」ことを指摘する専門家もいた。ところが、豪NATO関係は2010年以降も継続的に進展した。2012年6月にはオーストラリアとNATOの間で共同政治声明が発表され、実務的な協力や政治対話の強化を通じたパートナーシップの強化にコミットした。2013年2月には「国別パートナーシップ協力計画（IPCP）」が署名され、対テロやサイバー安保を含む多様な分野での協力事項が決められた。また2014年にオーストラリアは、フィンランドやジョージア、ヨルダンやスウェーデンとともに「高次の機会が提供されるパートナー国（EOP）」としての地位を付与され、NATOとの相互運用性を強化するためのよりハイレベルの機会が提供された。

このように、オーストラリアとNATOの関係が2010年代以降も継続的に強化された背景には、テロやサイバーといったグローバルな安全保障課題の台頭に加え、中国の影響があった。2012年にはオーストラリアのブロードバンド・ネットワークから中国企業が実質上締め出されるなど、すでに情報やデジタル空間における中国の活動はオーストラリアで深刻な懸念となっていた。また2009年以降中国の台頭を念頭に国防力の強化を進めていたオーストラリアにとって、軍事技術・能力面を含むNATOとの協力は一定の重要性を持っていた。

2016年版のオーストラリア国防白書では、NATOとの協力の目的が「安定的なルールに基づくグローバルな秩序」の維持と強化に置かれていた。そこにおいて、東シナ海や南シナ海で力による現状の変更を進める中国の存在が念頭に置かれていたことは想像に難くない。NATOもまた、中国によるサイバー攻撃や「一帯一路」に基づくヨーロッパにおける影響力の拡大に対し、懸念を強めていた。２０１９年８月の訪豪の際にシドニーで講演したＮＡＴＯのストルテンベルグ事務総長は、中国の台頭がグローバルなルールに基づく秩序に対する挑戦をもたらし、その影響がすでにヨーロッパにまで及んでいるとの見方を示した。

マドリード首脳会議のAP4セッション（2022年6月）（NATO提供）

オーストラリアとＮＡＴＯの地域横断的な協力は、２０２２年２月のロシアによるウクライナ侵攻によってさらに強化された。オーストラリアのモリソン首相は中国とロシアが民主主義に対する「専制の孤」を形成していると非難し、地域をまたぐ民主主義国家同士の連携の強化を提唱した。その後発表されたＮＡＴＯの新戦略概念では、サイバー攻撃やインフラ、偽情報の拡散や経済的威圧などによって中国がヨーロッパの安全に「組織的な挑戦」を投げかけていると指摘し、オーストラリアや日本、韓国、ニュージーランドによる「ＡＰ４」と呼ばれるアジア太平洋諸国との関係強化を打ち出した。こうしたＮＡＴＯの方針を、オーストラリアが強く歓迎したことは言うまでもない。

もっとも、オーストラリアとＮＡＴＯの関係が強化されたからといって、ＮＡＴＯがインド太平洋地域の防衛に直接関与するわけではない。オーストラリアもまた、対中関係の悪化により地域の安全保障環境がこれまで以上に厳しくなるなかで、かつてのようにヨーロッパや中東に地上軍を派遣して戦闘に参加することは考えにくい。それゆえNATOとの協力は、対テロや情報戦、サイバー安保、災害対策や能力構築支援といった広範囲かつ多様な分野での連携を通じ、ルールに基づく秩序の維持に向けた西側諸国の結束と能力の強化を図っていくことが中核となるであろう。

そのことは、オーストラリア同様中国の台頭を念頭にNATOとの連携強化を図ってきた日本にとっても、重要な意味を持つ。日本とオーストラリアの安全保障協力は、「準同盟」と呼ばれるほどに強化されてきた。日豪はまた、アメリカや地域諸国、そしてヨーロッパ諸国を含んだより重層的な安全保障のネットワークの形成を図っている。そこにおいて、NATOとの協力強化は、日豪のヨーロッパ諸国との連携を強化し、西側の結束を維持していくうえでも重要な意義を有している。ヨーロッパとアジア双方で既存秩序への脅威が高まるなか、地域横断的なNATOとの協力が、日豪両国にとってこれまで以上に重要になっているのである。

（佐竹知彦）

71

「自由で開かれたインド太平洋」における日NATO協力

★アメリカの同盟国同士のパートナーシップ★

NATOにとって日本はヨーロッパ域外で最も古いパートナーである。1980年代の中距離核戦力（INF）をめぐって対話が始まったほか、冷戦終結を受けて1990年代には高級事務レベル協議などが定例化された。2000年代以降は、日本の総理や外相、防衛相などがNATO本部を訪問するようになり、歴代NATO事務総長も訪日している。2007年1月に日本の総理としてはじめてNATOを訪れたのは、第一次政権期の安倍晋三首相だった。NATOの演習やセミナーへの日本からの参加、共同訓練などの数も増えている。

ただし、本格的な対話が始まった1990年代、NATOは旧東側諸国との関係構築や加盟に向けた支援、あるいは旧ユーゴスラビアでの紛争への対処など、ヨーロッパ内の問題に忙殺されていた。日本の側でも、カンボジアでの国連平和維持活動（PKO）への参加などはあったものの、国際安全保障において大きな役割を果たす態勢は整っていなかった。

2001年9月11日のアメリカでの同時多発テロ事件は、そうした環境を大きく変えることになった。国際安全保障問題が、真の意味で地域を越えるものであることが示されたのである。

NATOは、「域外」の問題にいかに関与すべきかという論争を終え、アフガニスタンで国際治安支援部隊（ISAF）の指揮をとるにいたる。日本は自衛隊の地上部隊派遣こそ行わなかったものの、アフガニスタンには治安部門改革を含めて深くコミットすることになったほか、インド洋では有志連合諸国への補給活動に従事した。

その結果、日本とNATOのそれぞれの関心と活動の範囲が重なり合うことになった。アフガニスタン以外でも、たとえばイラクにおいて、南部サマワに派遣された陸上自衛隊部隊は現地でイギリスやオランダの部隊と連携したし、ソマリア沖・アデン湾での海賊対処においても、フランスやドイツ、スペインなどと協力することになった。日本がジブチに有する海賊対処のための施設は、NATO諸国との接点にもなっている。

多くのNATO加盟国が位置するヨーロッパと日本との間に横たわる広大なインド太平洋、中東、アフリカにおいて、日本とNATO（加盟国）が接する機会が急速に増えたのである。

日本は安倍政権期の2010年代半ばに「自由で開かれたインド太平洋（FOIP）」を打ち出し、オーストラリアやインドといったインド太平洋地域の同志諸国との外交・安全保障協力強化を進めた。インド太平洋が広大な地域であることから、FOIPを進めるために、他地域との関係も重視された。イギリス、フランスといった、従来からインド太平洋地域に深く関与してきた諸国を筆頭に、NATOやEUとの連携も強化されることになった。

並行して、NATO内でもインド太平洋への関心が高まることになった。当初これを推し進めたのはアメリカのトランプ政権だった。中国との戦略的競争が激化するなかで、それにヨーロッパを「巻き込む」狙いがあった。この流れは２０２２年の戦略概念に引き継がれた。こうしたＮＡＴＯ側におけるインド太平洋への関心、さらにいえば中国への懸念の増大は、日本との関係の追い風になった。台湾海峡や東シナ海で有事が発生した際に、ＮＡＴＯが直接の軍事的役割を果たすことは必ずしも期待されていない。それでも、米欧30カ国による同盟が中国の動向を含めてインド太平洋の安全保障課題に継続的に注意を払っていることは、日本にとっての政治的パートナーとしてのＮＡＴＯの価値を高めている。

さらに、近年はヨーロッパのＮＡＴＯ諸国によるインド太平洋への軍事的関与の拡大が顕著であり、日欧協力、日ＮＡＴＯ協力の大きな要素になっている。艦艇や航空機の展開は、各国レベルのものであり、ＮＡＴＯとしての活動ではない。それでも、日本の自衛隊と欧州各国軍隊の接点が増していることは、ＮＡＴＯとの将来のより実質的な協力の基盤になるだろう。

２０２１年にはイギリス海軍の最新鋭空母「クイーン・エリザベス」を中心とする空母打撃群がインド太平洋に展開し、日本にも寄港したほか、地域で数多くの共同訓練が行われた。同空母打撃群はイギリス主導だったものの、実際には米英合同であり、空母艦載機のうち、Ｆ35戦闘機の半数以上が米海兵隊の機体だった。空母打撃群には、米海軍駆逐艦のほか、オランダ海軍からもフリゲート艦が参加していた。同じく２０２１年にはフランスの強襲揚陸艦の部隊も日本を訪れ、日米仏の演習が実施された。これは、フランス軍が日本国内ではじめて行う陸上演習になった。２０２２年にはドイツ空軍のユーロファイター戦闘機などが来日した。

こうした機会の増加を日本が最大限に活用できているかについては疑問もある。共同訓練にしても、より実践的で高度な内容のものを実施できるはずであるにもかかわらず、相互理解の促進や親善の域を出ないことが少なくない。イギリスやフランスと、すぐに共同で高度な作戦を行う可能性は確かに低いかもしれない。それでも、それら諸国の部隊が今後も頻繁にインド太平洋に展開すると考えれば、何らかの有事が発生したときに、最も近くに位置する部隊が英仏だったという可能性は排除できない。また、前述の英空母打撃群のように、米英合同の部隊が近くに展開しているかもしれない。

インド太平洋において日本とＮＡＴＯをつなげるとすれば、最大の共通点はアメリカとの同盟である。インド太平洋に関与を深めるヨーロッパ諸国も、イギリスやフランス、ドイツなど、ＮＡＴＯの主要国である。そして、ＮＡＴＯと関係を強化する日本以外のインド太平洋の諸国も、オーストラリアや韓国など、アメリカの同盟国である。これは偶然ではない。そして、英仏などがインド太平洋に艦艇や航空機を展開する際には、米軍が様々な形で支援しているのが実態である。日本としては、ヨーロッパのＮＡＴＯ加盟国、つまりアメリカの同盟国を、インド太平洋において日米同盟や米豪同盟に「プラグイン」させ、いつでもともに行動できる準備をすること、そして互いに活用しあう姿勢が求められるだろう。

日ＮＡＴＯ間の実務協力については、「国別パートナーシップ協力計画（ＩＰＣＰ）」が存在し、数年に一度改訂されている。具体的な分野としては、サイバー防衛、海洋安全保障、人道支援・災害救援、軍備管理・軍縮、防衛科学・技術などが列挙され、なかでも特にサイバーは日本にとって関心が高い。エストニアに所在する同分野のＮＡＴＯの研究センター（ＣＯＥ）に参加しているほか、各種演習への参加実績も増えている。

（鶴岡路人）

ＮＡＴＯ国防大学への自衛官の留学

田村高直

日本はＮＡＴＯの加盟国ではないが「世界におけるパートナー」として緊密な関係を維持しており、その一環としてイタリアのローマにあるＮＡＴＯ国防大学（NATO Defense College）に２００６年から数えてこれまで34名の自衛官が留学をしている。

ＮＡＴＯはアフガニスタンやウクライナ情勢などの経験を踏まえ、加盟国のみならず、パートナー国との関係を非常に重視しており、今回私が留学したＮＡＴＯ国防大学にも加盟国およびパートナー国から約60名の軍人や文官が参加し、２０２１年２月から６カ月間にわたって机を並べることとなった。

講義は、ヨーロッパおよび北大西洋地域の安全保障をはじめ、ＮＡＴＯが直面する課題について、その分野において著名な研究者が世界各

NATO 国防大学庁舎（筆者撮影）

国から招待されて実施された。また、学生間によるディスカッションが頻繁に行われ、講義の前には、学生間で当日実施される講義内容に関する問題点を事前に議論して問題意識を共有し、

講義を通じて理解・解決されたことを、さらに講義後にもディスカッションするといった具合だ。特に、ロシアや中国と隣接し、かつNATO諸国と共通の価値観を有する日本の考え方や視点には、非常に高い関心が寄せられ、常に意見を求められた。場合によっては、ディスカッションが終了しても、引き止められて意見交換を続けることもあるほどである。このような意見交換を通じて、各国の代表と同じ土台に立って認識を共有するとともに相互理解を深めることは、NATOとの協力を行ううえで非常に有意義だと感じた。

こうしたディスカッションにおいて一番印象深かったのは、グループで課題に取り組む場合、必ず議論の後に全員が一致して納得できる解決策（ときには妥協案）を探し出すことである。NATOの意思決定はコンセンサスが原則であるため、それを踏まえた教育方針であるが、参加者全員が問題の解決を念頭に、アイデアや知見を出し合って解決策に向かってアプローチしていくという非常に建設的な議論が行われた。実際、NATO加盟30カ国（2022年現在）がコンセンサスで合意するということは容易ではない。たとえば、ロシアへの対応も地理的な位置関係や経済関係により、その認識や思惑に温度差があるのが現実である。しかしながら、そのようななかでもNATOが一致団結して対応するためには、合意できる事項とできない事項を切り分け、合意できない部分は議論を重ねて解決策を導き出す必要がある。NATO国防大学では、その点を念頭に教育段階からコンセンサス形成に向けたトレーニングを実施していることが非常に興味深かった。

とはいえ、コンセンサスに到達するには、案件によっては時間を要する。現に、私が参加したNATOの意思決定プロセスを模擬する机上演習においては、あしかけ4日間にわたり議論を重ね、最終日にようやく合意案にこぎつけた

グループでのディスカッション（筆者提供）

ほどであった。一方で、軍事的な対応には迅速性が求められる。その点について教官に質問したことがあるが、答えは非常に印象的であった。いわく、「そのためにNATO国防大学では意見交換を活発に行い、加盟国のみならず、パートナー国とも相互理解を深めることに重点を置いている。加盟国や協力するパートナー国の考え方やその置かれている状況をあらかじめ理解したうえで議論を実施することが、合意形成への一番の近道になる」とのことであった。

国際舞台において活動の機会が増加している自衛隊がNATOとの協力関係を構築していくためには、このようなNATOのコンセプトを認識し、NATO加盟国との相互理解に努め、そのうえで調整を実施していく必要がある。そういった意味で、NATO国防大学への留学は、日本とNATOとの相互理解の促進を担う有意義なものであったといえる。

◉ＮＡＴＯ・ヨーロッパ安全保障を知るための日本語文献リスト

第Ⅰ部　ＮＡＴＯとはどのような組織か

金子讓『ＮＡＴＯ北大西洋条約機構の研究――米欧安全保障関係の軌跡』彩流社、２００８年

佐瀬昌盛『ＮＡＴＯ――21世紀からの世界戦略』文藝春秋（文春新書）、１９９９年

第Ⅱ部　冷戦期の展開

板橋拓巳「ＮＡＴＯ『二重決定』の成立と西ドイツ――シュミット外交研究序説」『成蹊法学』第88号、２０１８年、３４１～３６８頁

今井宏平『トルコ現代史――オスマン帝国崩壊からエルドアンの時代まで』中央公論新社（中公新書）、２０１７年

岩間陽子『ドイツ再軍備』中央公論社、１９９３年

岩間陽子『核の１９６８年体制と西ドイツ』有斐閣、２０２１年

岩間陽子編著『核共有の真実』信山社、２０２３年（予定）

臼井実稲子編『ヨーロッパ国際体系の史的展開』南窓社、２０００年

合六強「ＮＡＴＯ『二重決定』とＩＮＦ条約」森本敏・高橋杉雄編著『新たなミサイル軍拡競争と日本の防衛――ＩＮＦ条約後の安全保障』並木書房、２０２０年、１５０～２００頁

齋藤嘉臣『冷戦変容とイギリス外交――デタントをめぐる欧州国際政治　１９６４～１９７５年』ミネルヴァ書房、２００６年

細谷雄一『戦後国際秩序とイギリス外交――戦後ヨーロッパの形成　１９４５年～１９５１年』創文社、２００１年

益田実・池田亮・青野利彦・齋藤嘉臣編著『冷戦史を問いなおす――「冷戦」と「非冷戦」の境界』ミネルヴァ書房、

２０１５年
益田実・齋藤嘉臣・三宅康之編著『デタントから新冷戦へ――グローバル化する世界と揺らぐ国際秩序』法律文化社、２０２２年
松尾秀哉『ヨーロッパ現代史』筑摩書房（ちくま新書）、２０１９年
森井裕一編『ヨーロッパの政治経済・入門』有斐閣、２０２２年
山本健『同盟外交の力学――ヨーロッパ・デタントの国際政治史１９６８－１９７３』勁草書房、２０１０年
山本健『ヨーロッパ冷戦史』筑摩書房（ちくま新書）、２０２１年
渡邊啓貴編『ヨーロッパ国際関係史――繁栄と凋落、そして再生』有斐閣、２００２年
渡邊啓貴『アメリカとヨーロッパ――揺れる同盟の80年』中央公論新社（中公新書）、２０１８年

第Ⅲ部　冷戦の終焉

板橋拓己『分断の克服１９８９－１９９０――統一をめぐる西ドイツ外交の挑戦』中央公論新社、２０２２年
遠藤乾編『ヨーロッパ統合史』名古屋大学出版会、２００８年。
佐瀬昌盛「ＮＡＴＯとロシア」（上・中・下）『海外事情』（拓殖大学海外事情研究所）２００２年11月号、２～15頁／２００２年12月号、64～81頁／２００３年１月号、66～84頁
高橋進『歴史としてのドイツ統一――指導者たちはどう動いたか』岩波書店、１９９９年
広瀬佳一「冷戦の終焉とヨーロッパ」『国際政治』（日本国際政治学会）第１５７号、２００９年９月、１～12頁
広瀬佳一「ＮＡＴＯと地中海・中東――ＭＤ、ＩＣＩの展開を中心に」『中東研究』（中東調査会）第５１０号、２０１１年１月、33～41頁
細谷雄一『倫理的な戦争――トニー・ブレアの栄光と挫折』慶應義塾大学出版会、２００９年
吉留公太『ドイツ統一とアメリカ外交』晃洋書房、２０２１年

第Ⅳ部　冷戦後の危機管理

伊東孝之監修、広瀬佳一・湯浅剛編『平和構築へのアプローチ――ユーラシア紛争研究の最前線』吉田書店、2013年
小松志朗『人道的介入――秩序と正義、武力と外交』早稲田大学出版部、2014年
櫻田大造『カナダ外交政策論の研究――トルドー期を中心に』彩流社、1999年
月村太郎編著『解体後のユーゴスラヴィア』晃洋書房、2017年
広瀬佳一・小笠原高雪・上杉勇司編著『ユーラシアの紛争と平和』明石書店、2008年
広瀬佳一・宮坂直史編著『対テロ国際協力の構図――多国間連携の成果と課題』ミネルヴァ書房、2010年
広瀬佳一・吉崎知典編著『冷戦後のNATO――〝ハイブリッド同盟〟への挑戦』ミネルヴァ書房、2012年
広瀬佳一編著『現代ヨーロッパの安全保障――ポスト2014：パワーバランスの構図を読む』ミネルヴァ書房、2019年
吉崎知典「米国の同盟政策とNATO――冷戦後の『戦略概念』を中心として」『国際政治』（日本国際政治学会）第150号、2007年11月、115～134頁

第Ⅴ部　冷戦後の拡大をめぐって

アンドレーアス・ピットラー（青山孝徳訳）『オーストリア現代史1918－2018』成文社、2021年
石野裕子『物語フィンランドの歴史――北欧先進国「バルト海の乙女」の800年』中央公論新社（中公新書）、2017年
大庭千恵子「国名改称の歴史的意義――南東欧地域における『マケドニア』名称」『歴史学研究』第986号、2019年8月、26～37頁
大庭千恵子「プレスパ湖からみる南東欧国際関係――三国国境地帯としての変遷と2018年プレスパ協定」『広島国際研究』第28号、2022年、45～71頁
荻野晃『NATOの東方拡大――中・東欧の平和と民主主義』関西学院大学出版会、2012年

踊共二『図説 スイスの歴史』河出書房新社、2011年
北野充『アイルランド現代史――独立と紛争、そしてリベラルな富裕国へ』中央公論新社（中公新書）、2022年
柴宜弘『図説 バルカンの歴史（増補4訂新装版）』河出書房新社、2019年
柴宜弘『ユーゴスラヴィア現代史（新版）』岩波書店、2021年
スイス文学研究会編『スイスを知るための60章』明石書店、2014年
中津孝司『新生アルバニアの混乱と再生（第二版）』創成社、2004年
羽場久美子・小森田秋夫・田中素香編『ヨーロッパの東方拡大』岩波書店、2006年
広瀬佳一・今井顕編著『ウィーン・オーストリアを知るための57章（第2版）』明石書店、2011年
広瀬佳一「NATO創設70年――錯綜するヨーロッパ加盟国の思惑」『世界』岩波書店、2019年6月、23～27頁。
六鹿茂夫「トランスニストリアをめぐる諸大国の攻防」『外交フォーラム』2007年7月号、52～57頁。
六鹿茂夫「拡大後のEUが抱えるもう一つの難題――欧州近隣諸国政策vs近い外国政策」『外交フォーラム』2004年7月号、68～75頁
六鹿茂夫編著『ルーマニアを知るための60章』明石書店、2007年
吉武信彦「中立・非同盟諸国とヨーロッパの再編成――スウェーデンを中心として」植田隆子編『現代ヨーロッパ国際政治』岩波書店、2003年、139～166頁

第Ⅵ部　ウクライナ危機とNATO主要国の対応

アンドレアス・カセカンプ（小森宏美・重松尚訳）『バルト三国の歴史――エストニア・ラトヴィア・リトアニア 石器時代から現代まで』明石書店、2014年
今井宏平「トルコの西洋化の現在地――公正発展党政権期の米国およびEUとの関係」『中東研究』545号、2022年9月、37～48頁
梅川正美編著『比較安全保障――主要国の防衛戦略とテロ対策』成文堂、2013年
荻野晃「ハンガリー外交とロシア・ウクライナ戦争」『法と政治』第73巻第3号、2022年11月、91～119頁

小泉悠『現代ロシアの軍事戦略』筑摩書房（ちくま新書）、2021年
小泉悠『ウクライナ戦争』筑摩書房（ちくま新書）、2022年
小林正英「外交・安全保障政策」津田由美子・松尾秀哉・正躰朝香・日野愛郎編著『現代ベルギー政治——連邦化後の20年』ミネルヴァ書房、2018年、235～250頁
櫻田大造・伊藤剛編著『比較外交政策——イラク戦争への対応外交』明石書店、2004年
櫻田大造『対米同盟とは何か——ノーラッドと米加関係』勁草書房、2021年
中井和夫『ウクライナ・ナショナリズム——独立のディレンマ』東京大学出版会、1998年
中村登志哉『ドイツの安全保障政策——平和主義と武力行使』一藝社、2006年
ハンス・クンドナニ（中村登志哉訳）『ドイツ・パワーの逆説——〈地経学〉時代の欧州統合』一藝社、2019年
細谷雄一編『ウクライナ戦争とヨーロッパ』東京大学出版会、2023年（予定）
六鹿茂夫「ウクライナ危機とモルドヴァ共和国」『ユーラシア研究』第51号、2014年11月、22～26頁
六鹿茂夫編『黒海地域の国際関係』名古屋大学出版会、2017年
吉崎知典「NATO結束のディレンマ——ウクライナ、ポピュリズム、コロナ危機」『国際安全保障』（国際安全保障学会）第48巻4号、2021年3月、59～75頁

第Ⅶ部　集団防衛への回帰——今後のNATO

池内恵・宇山智彦・川島真・小泉悠・鈴木一人・鶴岡路人・森聡『ウクライナ戦争と世界のゆくえ』東京大学出版会、2022年
岡部みどり編『世界変動と脱EU／超EU——ポスト・コロナ、米中覇権競争下の国際関係』日本経済評論社、2022年
田中亮佑「NATOの対中政策の可能性と限界——同盟機能からの検討」『国際安全保障』第49巻第3号、2021年12月、78～96頁（※第66章「NATOの対中姿勢——同盟の認識の変化とあり方」の内容は、基本的に本論文に基づく）
鶴岡路人「ロシア・ウクライナ戦争とNATO」『安全保障研究』第4巻第2号、2022年6月、39～50頁

広瀬佳一「変貌を遂げるＮＡＴＯと中国」『治安フォーラム』立花書房、２０２１年8月、32～39頁
広瀬佳一「ＮＡＴＯの変貌とエスカレーション・リスク」『世界（臨時増刊ウクライナ侵略戦争）』岩波書店、２０２２年4月、１０９～１１８頁
広瀬佳一「集団防衛に回帰するＮＡＴＯ」『外交』第73号、２０２２年5月、42～47頁
森本敏・秋田浩之編著『ウクライナ戦争と激変する国際秩序』並木書房、２０２２年
吉崎知典「ウクライナ危機とＮＡＴＯ――新戦略概念への含意」『ＣＩＳＴＥＣジャーナル』第１９９号、２０２２年6月、１７９～１８８頁
渡部恒雄・長島純・熊野英生・田中理・柏村祐『デジタル国家ウクライナはロシアに勝利するか？』日経ＢＰ、２０２２年

第Ⅷ部　日本とＮＡＴＯ

岩間陽子「『戦後』秩序　再構築の条件――連動するＮＡＴＯ＝インド太平洋秩序への戦略」『外交』第73号、２０２２年5月、6～13頁
佐竹知彦『日豪の安全保障協力――「距離の専制」を越えて』勁草書房、２０２２年
佐竹知彦「ウクライナ戦争と豪州――民主主義vs.『専制の弧』」増田雅之編著『ウクライナ戦争の衝撃』インターブックス、２０２２年、77～95頁
長島純「ＮＡＴＯ変革の深化と日本――日・ＮＡＴＯ防衛協力へのインプリケーション」『海外事情』（拓殖大学海外事情研究所）第53巻第11号、２００５年11月、94～１０５頁

巻末資料①

北大西洋条約

データベース『世界と日本』
日本政治・国際関係データベース
東京大学東洋文化研究所　田中明彦研究室
［文書名］北大西洋条約
［場所］ワシントンＤＣ
［年月日］１９４９年４月４日作成、１９４９年８月24日発効
［出典］日本外交主要文書・年表（１）、１０３～１０８頁　主要条約集、１６９７～１７０３頁.

前　文

この条約の締約国は、国際連合憲章の目的及び原則に対する信念並びにすべての国民及び政府とともに平和のうちに生きようとする願望を再確認する。

締約国は、民主主義の諸原則、個人の自由及び法の支配の上に築かれたその国民の自由、共同の遺産及び文明を擁護する決意を有する。

締約国は、北大西洋地域における安定及び福祉の助長に努力する。

締約国は、集団的防衛並びに平和及び安全の維持のためにその努力を結集する決意を有する。

よって、締約国は、この北大西洋条約を協定する。

第一条

締約国は国際連合憲章に定めるところに従い、それぞれが関係することのある国際紛争を平和的手段によって、国際の平和及び安全並びに正義を危うくしないように解決し、並びに、それぞれの国際関係において、武力による威嚇又は武力の行使を、国際連合の目的と両立しないいかなる方法によるものも慎むことを約束する。

第二条

締約国は、その自由な諸制度を強化することにより、これらの制度の基礎をなす原則の理解を促進することにより、並びに安定及び福祉の条件を助長することによって、平和的かつ友好的な国際関係の一層の発展に貢献する。締約国は、その国際経済政策における食違いを除くことに努め、また、いずれかの又はすべての締約国の間の経済的協力を促進する。

第三条

締約国は、この条約の目的を一層有効に達成するために、単独に及び共同して、継続的かつ効果的な自助及び相互援助により、武力攻撃に抵抗する個別的の及び集団的の能力を維持し発展させる。

第四条

締約国は、いずれかの締約国の領土保全、政治的独立又は安全が脅かされているといずれかの締約国が認めたときはいつでも、協議する。

第五条

締約国は、ヨーロッパ又は北アメリカにおける一又は二以上の締約国に対する武力攻撃を全締約国に対する攻撃とみなすことに同意する。したがつて、締約国は、そのような武力攻撃が行われたときは、各締約国が、国際連合憲章第五十一条の規定によって認められている個別的又は集団的自衛権を行使して、北大西洋地域の安全を回復し及び維持するためにその必要と認める行動（兵力の使用を含む。）を個別的に及び他の締約国と共同して直ちに執ることにより、その攻撃を受けた締約国を援助することに同意する。

前記の武力攻撃及びその結果として執ったすべての措置は、直ちに安全保障理事会に報告しなければならない。その措置は、安全保障理事会が国際の平和及び安全を回復し及び維持するために必要な措置を執ったときは、終止しなければならない。

第六条

第五条の規定の適用上、一又は二以上の締約国に対する武力攻撃とは、次のものに対する武力攻撃を含むものとみなす。

（i）ヨーロッパ若しくは北アメリカにおけるいずれかの締約国の領域、フランス領アルジェリアの諸県、トルコの領土又は北回帰線以北の北大西洋地域におけるいずれかの締約国の管轄下にある島

（ii）いずれかの締約国の軍隊、船舶又は航空機で、前記の地域、いずれかの締約国の占領軍が条約の効力発生の日に駐とんしていたヨーロッパの他の地域、地中海若しくは北回帰線以北の北大西洋地域又はそれらの上空にあるもの

第七条

この条約は、国際連合の加盟国たる締約国の憲章に

基づく権利及び義務又は国際の平和及び安全を維持する安全保障理事会の主要な責任に対しては、どのような影響も及ぼすものではなく、また、及ぼすものと解釈してはならない。

第八条
各締約国は、自国と他のいずれかの締約国又はいずれかの第三国との間の現行のいかなる国際約束もこの条約の規定に抵触しないことを宣言し、及びこの条約の規定に抵触するいかなる国際約束をも締結しないことを約束する。

第九条
締約国は、この条約の実施に関する事項を審議するため、各締約国の代表が参加する理事会を設置する。理事会は、いつでもすみやかに会合することができるように組織されなければならない。理事会は、必要な補助機関を設置し、特に、第三条及び第五条の規定の実施に関する措置を勧告する防衛委員会を直ちに設置する。

第十条
締約国は、この条約の原則を促進し、かつ、北大西洋地域の安全に貢献する地位にある他のヨーロッパの国に対し、この条約に加入するよう全員一致の合意により招請することができる。このようにして招請された国は、その加入書をアメリカ合衆国政府に寄託することによってこの条約の締約国となることができる。アメリカ合衆国政府は、その加入書の寄託を各締約国に通報する。

第十一条
締約国は、各自の憲法上の手続に従って、この条約を批准し、その規定を実施しなければならない。批准書は、できる限りすみやかにアメリカ合衆国政府に寄託するものとし、同政府は、その寄託を他のすべての署名国に通告する。この条約は、ベルギー、カナダ、フランス、ルクセンブルグ、オランダ、連合王国及び合衆国の批准書を含む署名国の過半数の批准書が寄託された時に、この条約を批准した国の間で効力を生じ、その他の国については、その批准書の寄託の日に効力を生ずる。

第十二条
締約国は、この条約が十年間効力を存続した後に又はその後いつでも、いずれかの締約国の要請があったときは、その時に北大西洋地域の平和及び安全に影響を及ぼしている諸要素（国際連合憲章に基づく国際の平和及び安全の維持のための世界的及び地域的取極の発展を含む。）とを考慮して、この条約を再検討するために協議するものとする。

第十三条

締約国は、この条約が二十年間効力を存続した後は、アメリカ合衆国政府に対し廃棄通告を行ってから一年後に締約国であることを終止することができる。アメリカ合衆国は、各廃棄通告の寄託を他の締約国政府に通知する。

第十四条

この条約は、英語及びフランス語の本文をともに正文とし、アメリカ合衆国政府の記録に寄託する。この条約の認証謄本は、同政府により他の署名国政府に送付される。

以上の証拠として、下名の全権委員は、この条約に署名した。

千九百四十九年四月四日にワシントンで作成した。

巻末資料②　歴代の NATO 事務総長
Secretary General of NATO

氏名		在任期間	国籍	主要閣僚歴
Hastings Ismay	ヘイスティングス・イズメイ	1952–1957	イギリス	英連邦関係相
Paul–Henri Spaak	ポール＝アンリ・スパーク	1957–1961	ベルギー	首相、外相
Dirk Stikker	ディルク・スティッケル	1961–1964	オランダ	外相
Manlio Brosio	マンリオ・ブロージオ	1964–1971	イタリア	国防相
Joseph Luns	ジョセフ・ルンス	1971–1984	オランダ	外相
Peter Carrington	ピーター・キャリントン	1984–1988	イギリス	国防相、エネルギー相、外相
Manfred Wörner	マンフレート・ヴェルナー	1988–1994	ドイツ	国防相
Willy Claes	ウィリー・クラース	1994–1995	ベルギー	外相
Javier Solana	ハビエル・ソラーナ	1995–1999	スペイン	外相
George Robertson	ジョージ・ロバートソン	1999–2003	イギリス	国防相
Jaap de Hoop Scheffer	ヤープ・デ・ホープ・スヘッフェル	2004–2009	オランダ	外相
Anders Fogh Rasmussen	アナス・フォー・ラスムセン	2009–2014	デンマーク	首相
Jens Stoltenberg	イェンス・ストルテンベルグ	2014–	ノルウェー	首相

巻末資料③　歴代の欧州連合軍最高司令官（※）
Supreme Allied Commander Europe (SACEUR)

氏　名		在任期間	軍種・階級
Dwight Eisenhower	ドワイト・アイゼンハワー	1951–1952	陸軍元帥
Matthew Ridgway	マシュー・リッジウェイ	1952–1953	陸軍大将
Alfred Gruenther	アルフレッド・グランサー	1953–1956	陸軍大将
Lauris Norstad	ローリス・ノースタッド	1956–1963	空軍大将
Lyman Lemnitzer	ライマン・レムニツァー	1963–1969	陸軍大将
Andrew Goodpaster	アンドリュー・グッドパスター	1969–1974	陸軍大将
Alexander Haig, Jr.	アレクサンダー・ヘイグ	1974–1979	陸軍大将
Bernard Rogers	バーナード・ロジャース	1979–1987	陸軍大将
John Galvin	ジョン・ガルビン	1987–1992	陸軍大将
John Shalikashvili	ジョン・シャリカシュヴィリ	1992–1993	陸軍大将
George Joulwan	ジョージ・ジョルワン	1993–1997	陸軍大将
Wesley Clark	ウェズリー・クラーク	1997–2000	陸軍大将
Joseph Ralston	ジョセフ・ラルストン	2000–2003	空軍大将
James Jones	ジェームス・ジョーンズ	2003–2006	海兵隊大将
John Craddock	ジョン・クラドック	2006–2009	陸軍大将
James Stavridis	ジェームス・スタヴリディス	2009–2013	海軍大将
Philip M.Breedlove	フィリップ・ブリードラブ	2013–2016	空軍大将
Curtis M. Scaparrotti	カーティス・スカパロッティ	2016–2019	陸軍大将
Tod D. Walters	トッド・ウォルターズ	2019–2022	空軍大将
Christopher G. Cavoli	クリストファー・カボリ	2022–	陸軍大将

※すべてアメリカ軍人

巻末資料④　歴代の大西洋連合軍／変革連合軍最高司令官

Supreme Allied Commander Atlantic/Transformation (SACLANT/SACT)

氏	名	在任期間	国籍	軍種・階級
Lynde McCormick	リンド・マックコーミック	1952–1954	アメリカ	海軍大将
Jerauld Wright	ジェラウド・ライト	1954–1960	アメリカ	海軍大将
Robert Dennison	ロバート・デニソン	1960–1963	アメリカ	海軍大将
Harold Page Smith	ヘラルド・ページ・スミス	1963–1965	アメリカ	海軍大将
Thomas Moorer	トーマス・モーナー	1965–1967	アメリカ	海軍大将
Ephraim Holmes	エフライム・ホームズ	1967–1970	アメリカ	海軍大将
Charles Duncan	チャールズ・ダンカン	1970–1972	アメリカ	海軍大将
Ralph Cousins	ラルフ・カズンズ	1972–1975	アメリカ	海軍大将
Isaac Kidd Jr.	イサック・キッド	1975–1978	アメリカ	海軍大将
Harry Train II	ハリー・トレイン	1978–1982	アメリカ	海軍大将
Wesley McDonald	ウェズリー・マクドナルド	1982–1985	アメリカ	海軍大将
Lee Baggett Jr.	リー・バジェット	1985–1988	アメリカ	海軍大将
Frank Kelso II	フランク・ケルソー	1988–1990	アメリカ	海軍大将
Leon Edney	レオン・エドニー	1990–1992	アメリカ	海軍大将
Paul Miller	ポール・ミラー	1992–1994	アメリカ	海軍大将
John Sheehan	ジョン・シーハン	1994–1997	アメリカ	海兵隊大将
Harold Gehman, Jr.	ハロルド・ゲーマン	1997–2000	アメリカ	海軍大将
William Kernan	ウィリアム・ケルナン	2000–2002	アメリカ	陸軍大将
Edmund Giambastiani Jr.	エドモンド・ジャンバスティアーニ	2002–2003	アメリカ	海軍大将
※2002年のNATOプラハ首脳会議の決定により、大西洋連合軍は変革連合軍に改組され、その結果、大西洋連合軍最高司令官（SACLANT）は2003年6月より変革連合軍最高司令官（SACT）となった。				
Edmund Giambastiani Jr.	エドモンド・ジャンバスティアーニ	2003–2005	アメリカ	海軍大将
Lance Smith	ランス・スミス	2005–2007	アメリカ	空軍大将
James Mattis	ジェームス・マティス	2007–2009	アメリカ	海兵隊大将
Stéphane Abrial	ステファン・アブリアル	2009–2012	フランス	空軍大将
Jean-Paul Paloméros	ジャン=ポール・パロメロ	2012–2015	フランス	空軍大将
Denis Mercier	ドゥニ・メルシエ	2015–2018	フランス	空軍大将
André Lanata	アンドレ・ラナタ	2018–2021	フランス	空軍大将
Philippe Lavigne	フィリップ・ラヴィーン	2021–	フランス	空軍大将

巻末資料⑤　NATO・ヨーロッパ安全保障関連年表

年	月	NATO、ヨーロッパ安全保障関連のできごと
1947	3月	アメリカ、ギリシャとトルコへの軍事援助決定（トルーマン・ドクトリン）
	6月	アメリカ、全ヨーロッパへの経済援助計画発表（マーシャル・プラン）
1948	2月	チェコスロバキアの共産党、クーデタにより政権奪取
	3月	ベルギー、フランス、ルクセンブルク、オランダ、イギリス、ブリュッセル条約（西方同盟）調印
	6月	ベルリン封鎖はじまる
	7月	北大西洋防衛の設立をめぐる議論をブリュッセル条約加盟国とアメリカ、カナダが開始
	11月	軍事同盟参加の条件などを定めたバンデンバーグ決議、米上院で採択
	12月	北大西洋条約をめぐる交渉開始（ワシントン）
1949	4月	北大西洋条約調印（ベルギー、カナダ、デンマーク、フランス、アイスランド、イタリア、ルクセンブルク、オランダ、ノルウェー、ポルトガル、イギリス、アメリカ）
	5月	ベルリン封鎖、解除される
	8月	北大西洋条約発効
	10月	トルーマン米大統領が相互防衛援助法に署名
1950	6月	朝鮮戦争勃発
	12月	アイゼンハワー元帥（米）が初代NATO欧州連合軍最高司令官（SACEUR）に就任
	12月	ブリュッセル条約加盟国、西方同盟防衛機構（WUDO）をNATOの欧州連合軍最高司令部（SHAPE）へ統合することに同意
1951	4月	欧州連合軍最高司令部（SHAPE）、パリ近郊で運用開始
	4月	欧州石炭鉄鋼共同体（ECSC）条約調印
1952	2月	ギリシャ、トルコ、NATO加盟
	3月	イズメイ卿（英）がNATOの初代事務総長に就任
1954	10月	西ドイツ、パリ協定により主権回復
1955	5月	西ドイツ、NATO加盟
	5月	ブリュッセル条約加盟国、西ドイツ、イタリアが西欧同盟条約に調印し、西方同盟は西欧同盟となる
	5月	ワルシャワ条約機構成立（アルバニア、ブルガリア、チェコスロバキア、東ドイツ、ハンガリー、ポーランド、ルーマニア、ソ連）
1956	10月	ハンガリーで自由化を求める運動発生（ハンガリー動乱）
	10月	ソ連、人工衛星スプートニク打ち上げに成功（スプートニク・ショック）
1957	3月	ローマ条約（欧州経済共同体および欧州原子力共同体を設立する条約）調印
1961	8月	東ドイツ政府、「ベルリンの壁」の建設開始
1966	3月	ドゴール大統領（仏）、フランスのNATO統合軍事機構からの脱退を公式表明
	12月	防衛計画委員会（DPC）が、核防衛問題委員会（NDAC）と核計画グループ（NPG）を設立
1967	3月	欧州連合軍最高司令部（SHAPE）、パリからモンス（ベルギー）に移転

	7月	ECSC、EEC、EAECの執行機関融合条約発効によりEC（欧州共同体）誕生
	10月	NATOの新しい本部、ブリュッセルに移転
	12月	北大西洋理事会、同盟の将来に関する「アルメル報告」採択
	12月	防衛計画委員会（DPC）が柔軟反応戦略を承認
1968	1月	チェコスロバキアで自由化運動「プラハの春」（8月に弾圧）
1973	1月	イギリス、アイルランド、デンマークがEC加盟
	7月	ヘルシンキにおいてCSCE（欧州安全保障協力会議）開催
1974	4月	ギリシャにおいて軍事クーデタ発生
	8月	ギリシャ、NATOの統合軍事機構から脱退．
1975	8月	CSCE首脳会議（ヘルシンキ）、最終議定書を採択
1979	12月	NATO、中距離核戦力（INF）に関する「二重決定」発表
	12月	ソ連、アフガニスタン侵攻
1980	10月	ギリシャ、NATOの統合軍事機構へ復帰
1981	1月	ギリシャ、EC加盟
	12月	ポーランド、戒厳令発布により自由労組「連帯」運動弾圧
1982	5月	スペイン、NATO加盟（ただし統合軍事機構参加は1998年）
1985	3月	ソ連、ゴルバチョフ書記長就任
1986	1月	スペイン、ポルトガルがEC加盟
	4月	ソ連でチェルノブイリ原発事故発生
1987	12月	米ソ、中距離核戦力（INF）全廃条約調印
1989	5月	ソ連軍、アフガニスタンから撤退（1989年完了）
	9月	ハンガリー、東ドイツ市民に対し西部国境を開放
	10月	プラハとワルシャワの西ドイツ大使館に東ドイツ市民殺到
	11月	「ベルリンの壁」崩壊
1990	7月	NATO首脳会議、同盟の変革に関するロンドン宣言発表
	8月	イラク、クウェートへ侵攻
	10月	ドイツ統一
	11月	NATO加盟国、ワルシャワ条約加盟国、ヨーロッパ通常戦力条約（CFE）に調印
1991	1月	NATO、トルコ南東に防空部隊展開（～3月）
	1月	米主導の多国籍軍、「砂漠の嵐（Desert Storm）」作戦開始（湾岸戦争～3月）
	6月	スロベニアとクロアチア、旧ユーゴスラビアからの独立宣言
	7月	ワルシャワ条約機構の正式解散
	11月	NATO首脳会議（ローマ）開催、戦略概念発表
	11月	欧州理事会（マーストリヒト）、「共通外交安全保障政策（CFSP）」の条項を含むEU条約を承認
	12月	北大西洋協力理事会（NACC）、初会合
	12月	ソ連邦解体
1992	2月	ユーゴ紛争への対応として国連防護軍（UNPROFOR）創設
	4月	ユーゴスラビア解体。ボスニア・ヘルツェゴビナ紛争勃発

1992	6月	NATO外相会議（オスロ）開催、CSCEの責任の下、NATOが平和維持活動を支援すると発表
	6月	WEU加盟国の外相・国防相会議開催（ボン近郊のペータースベルク）
	7月	NATO、アドリア海での「海上監視（Maritime Monitor）」作戦開始
	10月	NATO、ボスニア・ヘルツェゴビナ上空の飛行禁止空域の監視のための「航空監視（Sky Monitor）」作戦開始
	11月	NATO、「海上監視（Maritime Monitor）」作戦終了、「海上警備（Maritime Guard）」作戦開始
	12月	NATO外相会議、CSCEないし国連安保理の委任のもとでの平和維持活動支援に合意
1993	4月	NATO、ボスニア・ヘルツェゴビナ上空の飛行禁止空域の強制的実施のための「飛行禁止（Deny Flight）」作戦開始（～95年12月）
	8月	北大西洋理事会、ボスニア・ヘルツェゴビナにおける国連の権限下での空爆計画を承認
	11月	マーストリヒト条約発効、欧州連合（EU）発足
1994	1月	NATO首脳会議（ブリュッセル）、PfP、CJTF概念を承認
	2月	ボスニア・ヘルツェゴビナ上空の飛行禁止空域へ侵入した航空機をNATOが撃墜（NATO史上初の武力行使）
	12月	CSCEをOSCE（欧州安全保障協力機構）に改組
	12月	NATO、「地中海対話（Mediterranean Dialogue）」開始
1995	1月	オーストリア、フィンランド、スウェーデンがEU加盟
	1月	CSCE、欧州安全保障機構（OSCE）に改称
	8月	NATO、ボスニアでの空爆「デリバレート・フォース（Deliberate Force）」作戦開始
	11月	ボスニア紛争の停戦合意がデイトンのライト・パターソン米空軍基地で成立
	12月	北大西洋理事会、「ジョイント・エンデバー（Joint Endevour）」作戦を承認し、6万人の部隊のボスニア派遣に同意
	12月	ボスニアの和平合意、パリにて調印
	12月	国連決議のもと、ボスニアにIFOR（和平履行部隊）展開
1996	2月	ロシア、欧州評議会加盟
	12月	SFOR（安定化部隊）が結成され、IFORを継承
1997	5月	NATOロシア基本文書調印、NATOロシア常設合同理事会（PJC）設立
	5月	NACC、EAPC（欧州大西洋パートナーシップ理事会）に改組
	10月	EU加盟国、アムステルダム条約調印
1998	6月	欧州中央銀行（ECB）発足
	12月	英仏首脳会議（仏・サンマロ）、欧州防衛に関するサンマロ合意を発表
1999	1月	単一通貨「ユーロ」導入
	1月	スペイン、NATO統合軍事機構へ参加
	3月	チェコ、ハンガリー、ポーランド、NATO加盟
	3月	コソボ紛争に対する「アライド・フォース（Allired Force）」作戦開始（～6月）
	3月	NATO首脳会議（ワシントン）、新戦略概念発表、また「加盟のための行動計画（MAP）」を承認

1999	5月	EU、アムステルダム条約発効
	6月	KFOR（コソボ治安維持部隊）をコソボに展開
	12月	欧州理事会開催（ヘルシンキ）、EUは、ペータースベルク任務を実施するための欧州緊急展開部隊創設を発表
	12月	ヘルシンキ欧州理事会、トルコを加盟候補国として承認
2000	3月	EU、リスボン戦略採択
	5月	ロシア連邦でプーチン大統領就任
2001	8月	マケドニアで武装解除のための「エッセンシャル・ハーベスト（Essential Harvest）」作戦開始（～9月）
	9月	アメリカにおいて同時多発テロ発生
	9月	マケドニアで「アンバー・フォックス（Amber Fox）」作戦開始（～2002年12月）
	10月	北大西洋理事会、アメリカの同時多発テロに関して、史上初の北大西洋条約第5条発動を確認
	10月	NATO、アメリカ支援のための8項目の個別的または集団的措置に同意
	10月	アメリカ、「不朽の自由（Enduring Freedom）作戦」開始
	10月	アメリカ本土上空を監視する「イーグル・アシスト（Eagle Assist）」作戦開始（～2002年5月）
	10月	東地中海の海域を監視する「アクティブ・エンデバー（Active Endeavour）」作戦開始
	12月	NATO、「テロに対するNATOの対応（NATO's Response to Terrorism）」を発表
	12月	G8のボン合意によりアフガニスタンにISAF（国際治安支援部隊）設立
2002	5月	北大西洋理事会（レイキャビク）、NATO任務における地理的制約を実質的に削除
	5月	NATOロシア常設合同理事会に代わり、NATOロシア理事会（NRC）設立
	11月	NATO首脳会議（プラハ）、プラハ能力コミットメント（PCC）、NATO即応部隊（NRF）について合意
	12月	マケドニアの「アライド・ハーモニー（Allied Harmony）」作戦、「アンバー・フォックス」作戦を継承
2003	2月	イラク戦争勃発に備えるトルコ防衛計画をめぐり北大西洋理事会が決裂し、防衛計画委員会（DPC）にて承認
	2月	トルコ防衛のための「ディスプレイ・デターランス（Display Deterrence）」作戦開始（～4月）
	3月	EU=NATO間での「ベルリン・プラス」、最終合意
	3月	米主導の多国籍軍、「イラクの自由作戦（Operation Iraqi Freedom）」開始（イラク戦争）
	3月	「アライド・ハーモニー」作戦をEUが引き継ぎ、「コンコルディア（Concordia）」作戦開始（～12月）
	5月	アメリカ、イラクにおける主要戦闘作戦の終了を宣言
	6月	大西洋連合軍（SACLANT）が閉鎖され、変革連合軍（ACT）設立
	8月	NATOがISAFの指揮権継承
	9月	欧州連合軍（ACE）が閉鎖され、作戦連合軍（ACO）設立

2003	12月	欧州理事会、「欧州安全保障戦略（ESS）」採択
2004	3月	マドリードにて列車爆破テロ
	3月	「アクティブ・エンデバー（Active Endeavour）」作戦を地中海全体に拡大
	3月	ブルガリア、エストニア、ラトビア、リトアニア、スロバキア、スロベニア、ルーマニア、NATO 加盟
	3月	NATO、バルト三国領空監視任務開始
	5月	中・東欧のポーランド、チェコ、スロバキア、ハンガリー、スロベニア、エストニア、ラトビア、リトアニアとキプロス、マルタの計10カ国が EU 加盟
	6月	NATO、イラク治安部隊の訓練任務開始（2011年まで）
	11月	ウクライナ危機、オレンジ革命
	12月	EU が EUFOR Althea（欧州連合部隊アルテア作戦）を設立し、ボスニアでの SFOR のミッションを継承
	12月	EU、欧州防衛機関（EDA）設立
2005	2月	NATO 首脳会議（ブリュッセル）、イラクの治安部隊訓練の支援で合意
	6月	ダルフールのアフリカ連合（AU）ミッションに対して空輸および訓練支援（～2007年12月）
	7月	ロンドンにて同時爆破テロ事件
	9月	NATO/NRF、米ハリケーン・カトリーナへの支援
	10月	NATO/NRF、パキスタン地震への人道支援
2006	12月	NATO 首脳会議（リガ）、太平洋諸国との域外協力を協議
2007	1月	安倍晋三総理、日本の首脳として初めて北大西洋理事会で演説
	1月	ブルガリア、ルーマニアが EU 加盟
	12月	ロシアが欧州通常戦力（CFE）条約の履行を停止
2008	4月	NATO 首脳会議（ブカレスト）、アルバニアとクロアチアの加盟で合意、アフガニスタン復興・安定化に向けた「戦略ビジョン」を採択
	5月	NATO 加盟国、合同でサイバー防衛協力センター（CCDCOE）をエストニアに設置
	8月	ジョージア紛争発生、NATO 緊急外相会議が「従来の関係維持は不可能」と対ロ警告
	9月	NATO、国連との間で事務局間協力に関する共同宣言調印
	11月	マケドニア、NATO 加盟を妨害しているとしてギリシャを国際司法裁判所に提訴
2009	1月	ジョージアとアメリカが「戦略的パートナーシップ宣言」
	2月	集団安全保障条約機構（CSTO）、合同部隊の創設を決定
	3月	フランス国民議会が NATO 軍事機構への復帰を承認
	4月	アルバニアとクロアチア、NATO に正式加盟（加盟国は28カ国に）
	4月	NATO 創設60周年記念首脳会議（ストラスブールとケール）、フランス、NATO 統合軍事機構へ復帰
		ジョージア紛争によって停止していた NATO ロシア理事会（NRC）、再開
	12月	EU、リスボン条約発効により欧州安全保障防衛政策（ESDP）に代わって共通安全保障防衛政策（CSDP）を開始

2009	12月	NATO・ISAF 合同外相会議、アフガニスタンへ増派を表明
2010	4月	ユーロ危機発生
	5月	新戦略概念に関する専門家会合勧告発表
	11月	NATO 首脳会議（リスボン）、新戦略概念を採択、MD 構築と対ロ協力を承認、2014年にアフガニスタンの治安権限を現地政府へ移譲決定
	12月	EU の欧州対外活動庁始動
2011	3月	北大西洋理事会が対リビア軍事作戦「ユニファイド・プロテクター（Unified Protector）」の開始を承認
	6月	西欧同盟（WEU）終了（機能は EU の CSDP へ移行）
	10月	リビア国民評議会がシルト制圧、内戦終結、「ユニファイド・プロテクター」作戦終了
	12月	国際司法裁判所、国名を理由にギリシャがマケドニアの NATO 加盟を阻んでいるのは違法と認定する判決
2013	1月	NATO、シリア国境近くのトルコ領内にペトリオット・ミサイル配備（2015年まで）
	7月	クロアチア、EU 加盟（加盟国は28カ国に）
2014	2月	ウクライナ危機
	3月	ロシア、クリミア（およびセバストポリ）を併合
	4月	NATO ロシア理事会（NRC）停止
	5月	日本、NATO との国別パートナーシップ協力計画（IPCP）署名
	9月	NATO 首脳会議（ウェールズ）、「即応行動計画（RAP）」および軍事費 GDP 比2%目標の10年以内達成について合意
	12月	NATO、ISAF 終了
2015	1月	NATO、アフガニスタンにおいて新たに「確固たる支援任務（RSM）」開始
	11月	パリ、同時多発テロ発生
	11月	トルコ、領空侵犯のロシア空軍機撃墜
2016	4月	2014年以来、停止していた NATO ロシア理事会（NRC）再開
	6月	イギリス、国民投票により EU 離脱派が勝利（離脱52%、残留48%）
	7月	NATO ワルシャワ首脳会議、バルト三国とポーランドにそれぞれ1個大隊規模の戦闘群を配備する「強化された前方プレゼンス（eFP）」の実施決定、またサイバー空間を陸、海、空に加えて第4の作戦領域として承認
2017	5月	欧州理事会、CSDP の強化を目指す EU グローバル戦略を採択
	6月	モンテネグロ、29番目の NATO 加盟国に
	9月	トルコ、ロシアから防空ミサイルシステム S400導入を決定
	12月	EU の安全保障防衛政策を強化するための「常設軍事協力枠組み（PESCO）」、25カ国で開始
2018	6月	ヨーロッパ介入イニシアティブ（EI2）設立
	7月	NATO 日本政府代表部開設
	7月	NATO、イラク軍の訓練任務（NMI）を開始
2019	2月	アメリカ、INF 破棄をロシアに通告
	7月	トルコ、ロシアの防空ミサイルシステム S400の配備開始

年	月	事項
2019	8月	INF 条約失効
	12月	NATO ロンドン首脳会議、宇宙空間を陸、海、空、サイバーに加えて第5の作戦領域として承認、また共同声明で中国について「機会と挑戦」と言及
2020	1月	イギリス、EU から離脱
	2月	新型コロナウイルス、ヨーロッパに広がる
	3月	北マケドニア、国名変更の上で30番目の NATO 加盟国に
2021	8月	米軍、アフガニスタンから撤収
	9月	NATO、アフガニスタンにおける RSM 終了
	9月	AUKUS（米英豪安全保障協力）発足
	10月	NATO ロシア理事会（NRC）停止
2022	2月	ロシア、ウクライナに全面侵攻開始
	2月	NATO 緊急首脳会議（オンライン）でロシア非難声明
	3月	国連総会、ロシア軍の即時撤退を求める決議採択
	3月	NATO、ポーランド、バルト三国の戦闘群増強と新たにスロバキア、ハンガリー、ルーマニア、ブルガリアへの戦闘群展開を決定
	3月	欧州評議会、ロシアを除名
	3月	欧州理事会、「戦略コンパス」採択
	4月	ロシア軍、キーウ周辺から撤退（ブチャなどでの虐殺発覚）
	4月	国連総会、ロシアの人権理事会理事国資格停止の決議採択
	6月	EU、ウクライナとモルドバを加盟候補国に認定
	6月	NATO 首脳会議（マドリード）、新戦略概念採択、フィンランドとスウェーデンの加盟招致を決定（オーストラリア、韓国などとともに日本も参加）
	10月	「欧州政治共同体」第1回首脳会議
2023	4月	フィンランド、NATO 加盟
	7月	NATO 首脳会議（ビリニュス）、NATO ウクライナ理事会設立
	12月	EU 首脳会議、ウクライナとの加盟交渉開始で合意
2024	1月	NATO、冷戦後最大規模の軍事演習「ステッドファスト・ディフェンダー」開始（～5月まで）
	3月	スウェーデン、NATO 加盟

湯浅　剛（ゆあさ・たけし）［18］
上智大学外国語学部 教授
専門分野：ポスト・ソ連空間の安全保障、政治変動、地域機構
主な著作：『現代中央アジアの国際政治――ロシア・米欧・中国の介入と新独立国の自立』（明石書店、2015年）、『世界変動と脱EU／超EU――ポスト・コロナ、米中覇権競争下の国際関係』（共著、日本経済評論社、2022年）。

吉崎知典（よしざき・とものり）［8, 25］
東京外国語大学大学院総合国際学研究院 特任教授
専門分野：NATO、同盟研究、戦略論
主な著作：「米国の同盟政策とNATO ――冷戦後の『戦略概念』を中心として」（『国際政治』第150号、2007年）、『冷戦後のNATO――"ハイブリッド同盟"への挑戦』（共編著、ミネルヴァ書房、2012年）。

吉留公太（よしとめ・こうた）［17, コラム3］
神奈川大学経営学部 教授
専門分野：国際政治史、国際関係論、冷戦終結期の米欧関係
主な著作：『危機の国際政治史 1873–2012』（共著、亜紀書房、2013年）、「メイジャー政権の国際秩序構想とその挫折――ボスニア紛争への国連の関与をめぐる英米対立」（『国際政治』第173号、2013年）、『ドイツ統一とアメリカ外交』（晃洋書房、2021年）。

渡部恒雄（わたなべ・つねお）［47］
笹川平和財団 上席研究員
専門分野：安全保障政策、米国政治外交
主な著作：『2021年以後の世界秩序――国際情勢を読む20のアングル』（新潮新書、2020年）、『防衛外交とは何か――平時における軍事力の役割』（共編著、勁草書房、2021年）、『デジタル国家ウクライナはロシアに勝利するか？』（共著、日経BP、2022年）。

渡邊啓貴（わたなべ・ひろたか）［12, 51］
帝京大学 教授、東京外国語大学 名誉教授、国際歴史学委員会（CISH）理事
専門分野：フランス政治外交、欧州国際関係論、米欧関係
主な著作：『米欧同盟の協調と対立――二十一世紀国際社会の構造』（有斐閣、2008年）、『現代フランス――「栄光の時代」の終焉、欧州への活路』（岩波書店、2015年）、『アメリカとヨーロッパ――揺れる同盟の80年』（中公新書、2018年）、『ユーラシアダイナミズムと日本』（監修、中央公論新社、2022年）、『フランス現代外交史』（有斐閣、2023年刊行予定）。

Existence of Pacifist Culture in Japan -," in Michal Kolmas & Yoichiro Sato, eds., *Identity, Culture, and Memory in Japanese Foreign Policy,* PETER LANG, 2021, New York; "Considering New Geopolitical Analysis on Japan-China Equivocal Relations," in Nuno Morgado, eds., *Geopolitics in the Twenty-First Century*, Nova Science Publisher, 2021.

細田晴子（ほそだ・はるこ）[15, 56]
日本大学商学部 教授
専門分野：スペイン研究
主な著作：『戦後スペインと国際安全保障——米西関係に見るミドルパワー外交の可能性と限界』（千倉書房、2012年）、『カザルスと国際政治——カタルーニャの大地から世界へ』（吉田書店、2013年）、*Castro and Franco: The Backstage of Cold War Diplomacy*, Routledge, 2019.

松尾秀哉（まつお・ひでや）[53]
龍谷大学法学部 教授
専門：ベルギー政治
主な著作：『物語ベルギーの歴史 —— ヨーロッパの十字路』（中公新書、2014年）、『ヨーロッパ現代史』（ちくま新書、2019年）、『ベルギーの歴史を知るための50章』（編著、明石書店、2022年）。

六鹿茂夫（むつしか・しげお）[34, 46, 61]
一般財団法人霞山会 常任理事、静岡県立大学 名誉教授
専門分野：広域ヨーロッパ国際政治（ロシア、東欧、黒海地域を含むヨーロッパ）
主な著作：「モルドヴァ『民族』紛争とロシア民族派・軍部の台頭」（『国際問題』1992年12月号）、『ルーマニアを知るための60章』（編著、明石書店、2007年）、『黒海地域の国際関係』（編著、名古屋大学出版会、2017年）。

森井裕一（もりい・ゆういち）[50]
東京大学大学院総合文化研究科 教授
専門分野：ドイツ研究、EU 研究
主な著作：『現代ドイツの外交と政治』（信山社、2008年）、『ヨーロッパの政治経済・入門［新版］』（編者、有斐閣、2022年）。

八十田博人（やそだ・ひろひと）[52]
共立女子大学国際学部 教授
専門分野：イタリア政治外交、EU 研究
主な著作：『比較外交政策——イラク戦争への対応外交』（共著、明石書店、2004年）、『よくわかる EU 政治』（共編、ミネルヴァ書房、2020年）、『ヨーロッパの政治経済・入門［新版］』（共著、有斐閣、2022年）。

月村太郎（つきむら・たろう）[35, 40]
同志社大学政策学部 教授
専門分野：バルカン近現代政治史、比較地域紛争
主な著作：『ユーゴ内戦――政治リーダーと民族主義』（東京大学出版会、2006年）、『民族紛争』（岩波新書、2013年）、『解体後のユーゴスラヴィア』（編著、晃洋書房、2017年）。

鶴岡路人（つるおか・みちと）[24, 49, 64, 71]
慶應義塾大学総合政策学部 准教授
専門分野：現代欧州政治、国際安全保障
主な著作：『EU 離脱――イギリスとヨーロッパの地殻変動』（ちくま新書、2020年）、『ウクライナ戦争と世界のゆくえ』（共著、東京大学出版会、2022年）、『欧州戦争としてのウクライナ侵攻』（新潮選書、2023年）。

冨永麻美（とみなが・あさみ）[コラム1]
陸上自衛隊２等陸佐 陸上幕僚監部人事教育部補任課

長島　純（ながしま・じゅん）[3, 4, 68, 69, コラム4]
日本宇宙安全保障研究所 理事
専門分野：欧州安全保障、新領域（宇宙、サイバー、電磁波）、防衛技術イノベーション
主な著作：*UK-Japan cooperation in response to electronic warfare*, Chatham House, the Royal Institute of International Affairs, March 2021,『台湾有事のシナリオ――日本の安全保障を検証する』（共著、ミネルヴァ書房、2022年）、『デジタル国家ウクライナはロシアに勝利するか？』（共著、日経 BP、2022年）、『ウクライナ戦争と激変する国際秩序』（共著、並木書房、2022年）。

＊**広瀬佳一**（ひろせ・よしかず）[1, 2, 5, 6, 16, 21, 26, 29, 62, 63, 65]
編著者紹介を参照。

藤森信吉（ふじもり・しんきち）[41]
個人投資家
専門分野：ウクライナ地域研究、沿ドニエストル地域研究
主な著作：「ウクライナと NATO の東方拡大」（『スラヴ研究』第47号、2000年）、『ロシア・拡大 EU』（共著、ミネルヴァ書房、2011年）。

細田尚志（ほそだ・たかし）[31, 58]
チェコ国防大学インテリジェンス研究所 助教
専門分野：安全保障論、欧州安全保障情勢、海洋安全保障
主な著作：“National Identity, National Pride, and ‘Armed Force’ in Japan - How to Verify the

『「強国」中国と対峙するインド太平洋諸国』（共著、千倉書房、2022年）。

篠﨑正郎（しのざき・まさお）［22, 23, 27, 28］
防衛大学校防衛学教育学群 准教授
専門分野：イギリス外交史・帝国史、米欧関係
主な著作：『引き留められた帝国――戦後イギリス対外政策におけるヨーロッパ域外関与、1968〜82年』（吉田書店、2019年）、『現代ヨーロッパの安全保障――ポスト2014：パワーバランスの構図を読む』（共著、ミネルヴァ書房、2019年）、「イギリス帝国の終焉と現地の危機――ポスト帝国時代のヨーロッパ域外政策、1975-82年」（『国際政治』第199号、2020年）。

清水　謙（しみず・けん）［39］
立教大学法学部 兼任講師
専門分野：スウェーデン政治外交史、国際政治学
主な著作：「スウェーデンにおける「移民の安全保障化」――非伝統的安全保障における脅威認識形成」（『国際政治』第172号、2013年）、「スウェーデンにおける国籍不明の潜水艦による領海侵犯事件についての分析――「中立」と西側軍事協力と武力行使基準に着目して」（『IDUN －北欧研究－』第21号、2015年）、「変わりゆく世界秩序のメルクマール――試練の中のスウェーデン」（『アステイオン』第92号、2020年）。

仙石　学（せんごく・まなぶ）［30, 57］
北海道大学スラブ・ユーラシア研究センター 教授
専門分野：中東欧比較政治、政治経済、社会政策
主な著作：『中東欧の政治』（東京大学出版会、2021年）、「ジェンダーと反欧州――ポーランドにおける若年層の政治指向」（日本政治学会編『年報政治学 2021-II　新興デモクラシー諸国の変容』筑摩書房、2021年）。

田中亮佑（たなか・りょうすけ）［66］
防衛研究所 研究員
専門分野：欧州安全保障、英国政治外交
主な著作：「危機管理と能力向上における EU・英国関係――ブレグジット後の欧州の『戦略的自律』の行方」（『安全保障戦略研究』第1巻第1号、2020年）、「NATO の対中政策の可能性と限界――同盟機能からの検討」（『国際安全保障』第49巻第3号、2021年）、『東アジア戦略概観 2021』（共著、防衛研究所、2021年）。

田村高直（たむら・たかなお）［コラム5］
航空自衛隊 1 等空佐 在ベルギー防衛駐在官

合六　強（ごうろく・つよし）［14］
二松学舎大学国際政治経済学部 准教授
専門分野：米欧関係史、欧州安全保障
主な著作：『新たなミサイル軍拡競争と日本の防衛――INF 条約後の安全保障』（共著、並木書房、2020年）、『防衛外交とは何か――平時における軍事力の役割』（共著、勁草書房、2021年）、『ハンドブック・ヨーロッパ外交史――ウェストファリアからブレグジットまで』（共著、ミネルヴァ書房、2022年）。

小林正英（こばやし・まさひで）［7, 13, 19, 20, 67］
尚美学園大学総合政策学部 教授
専門分野：国際関係論
主な著作：『変わりゆく EU――永遠平和のプロジェクトの行方』（共著、明石書店、2020年）、『よくわかる EU 政治』（共著、ミネルヴァ書房、2020年）、『ヨーロッパの政治経済・入門（新版）』（共著、有斐閣、2022年）。

小森宏美（こもり・ひろみ）［33, 60］
早稲田大学教育・総合科学学術院 教授
専門分野：エストニア近現代史
主な著作：『エストニアを知るための59章』（編著、明石書店、2012年）、『現代ヨーロッパの安全保障――ポスト2014：パワーバランスの構図を読む』（共著、ミネルヴァ書房、2019年）、『王のいる共和政――ジャコバン再考』（共著、岩波書店、2022年）。

五月女律子（さおとめ・りつこ）［54］
神戸市外国語大学外国語学部 教授
専門分野：国際政治学、現代北欧政治
主な著作：『北欧協力の展開』（木鐸社、2004年）、『欧州統合とスウェーデン政治』（日本経済評論社、2013年）。

櫻田大造（さくらだ・だいぞう）［48］
関西学院大学国際学部 教授
専門分野：国際関係論、戦後カナダ外交
主な著作：『NORAD 北米航空宇宙防衛司令部』（中央公論新社、2015年）、『対米同盟とは何か――ノーラッドと米加関係』（勁草書房、2021年）、『「定年後知的格差」時代の勉強法――人生100年。大学で学び、講師で稼ぐ』（中公新書ラクレ、2021年）。

佐竹知彦（さたけ・ともひこ）［70］
青山学院大学国際政治経済学部 准教授
専門分野：国際関係論、アジア太平洋の安全保障
主な著作：『日豪の安全保障協力――「距離の専制」を越えて』（勁草書房、2022年）、

内田　州（うちだ・しゅう）［42］
早稲田大学地域・地域間研究機構 研究院講師
専門分野：国際政治、旧ソ連地域研究
主 な 著 作："Georgia as a Case Study of EU Influence, and How Russia Accelerated EU-Russian relations." (Rick Fawn eds., *Managing Security Threats along the EU's Eastern Flanks*. Palgrave Macmillan, Springer Nature, 2019),「文明の衝突を越えて――EU の倫理的資本主義とパブリック・リーダーシップ」(『ワセダアジアレビュー』No. 24、2022年)。

大庭千恵子（おおば・ちえこ）［37］
広島市立大学国際学部 教授
専門分野：国際関係史
主な著作：『周縁に目を凝らす――マイノリティの言語・記憶・生の実践』（共著、彩流社、2021年)、「プレスパ湖からみる南東欧国際関係――三国国境地帯としての変遷と2018年プレスパ協定」(『広島国際研究』第28巻、2022年)。

荻野　晃（おぎの・あきら）［32, 59］
長崎県立大学国際社会学部 教授
専門分野：国際政治学、国際関係史
主な著作：『NATO の東方拡大――中・東欧の平和と民主主義』（関西学院大学出版会、2012年)、『現代世界とヨーロッパ――見直される政治・経済・文化』（共著、中央経済社、2019年)、「ハンガリーにおける非リベラル・デモクラシーと外交・安全保障政策」(『国際安全保障』第48巻第3号、2020年12月)。

金森俊樹（かなもり・としき）［36］
大東文化大学法学部 非常勤講師等
専門分野：「アルバニア人居住圏地域」研究、国際政治学、平和学
主な著作：『苦悶する大欧州世界』（共著、創成社、2016年)、『21世紀国際関係の新構図』（共著、創成社、2019年)、『新しい国際協力論［第三版］』（共著、明石書店、2023年)。

北野　充（きたの・みつる）［45］
前駐アイルランド特命全権大使
専門分野：アイルランド現代史、外交全般、軍縮・不拡散、パブリック・ディプロマシー
主な著作：『核拡散防止の比較政治――核保有に至った国、断念した国』（ミネルヴァ書 房、2016年)、"Ireland's neutrality policy and Japan's alliance policy," *Irish Studies in International Affairs*, Vol. 31, 2020,『アイルランド現代史――独立と紛争、そしてリベラルな富裕国へ』(中公新書、2022年)。

◉執筆者紹介（50音順、＊は編著者、［　］内は担当章）

穐山洋子（あきやま・ようこ）［43］
同志社大学グローバル地域文化学部 教授
専門分野：スイス近現代史
主な著作：*Das Schächtverbot von 1893 und die Tierschutzvereine. Kulturelle Nationsbildung der Schweiz in der zweiten Hälfte des 19. Jahrhunderts*, Berlin: Metropol Verlag, 2019,『中立国スイスとナチズム——第二次大戦と歴史認識』（共著、京都大学学術出版会、2010年）、『教養としてのヨーロッパ政治』（共著、ミネルヴァ書房、2019年）。

石野裕子（いしの・ゆうこ）［38］
国士舘大学文学部 教授
専門分野：フィンランド史
主な著作：『「大フィンランド」思想の誕生と変遷——叙事詩カレワラと知識人』（岩波書店、2012年）、『物語フィンランドの歴史——北欧先進国「バルト海の乙女」の800年』（中公新書、2017年）。

今井宏平（いまい・こうへい）［9, 55］
日本貿易振興機構アジア経済研究所 研究員
専門分野：現代トルコの政治・外交、国際関係論
主な著作：『トルコ現代史——オスマン帝国崩壊からエルドアンの時代まで』（中公新書、2017年）、*The Possibility and Limit of Liberal Middle Power Policies: Turkish Foreign Policy toward the Middle East during the AKP Period (2005-2011)*, Lexington Books, 2017,『教養としての中東政治』（編著、ミネルヴァ書房、2022年）。

岩間陽子（いわま・ようこ）［10, 11, コラム2］
政策研究大学院大学 教授
専門分野：欧州安全保障
主な著作：John Baylis and Yoko Iwama (ed.), *Joining the Non-Proliferation Treaty: Deterrence, Non-Proliferation and the American Alliance,* Routledge, 2019,『核の一九六八年体制と西ドイツ』（有斐閣、2021年）。

上原史子（うえはら・ふみこ）［44］
岩手県立大学総合政策学部 講師
専門分野：ヨーロッパ国際関係・地域研究
主な著作：「冷戦の終焉とオーストリアの中立」（『国際政治』157号、2009年）、「原子力をめぐるEUのジレンマ——気候変動対策とエネルギー安全保障の狭間で揺れる欧州」（『海外事情』2011年2月）、『アントロポセン時代の国際関係』（共著、中央大学出版部、2022年）。

●編著者紹介

広瀬佳一（ひろせ・よしかず）

筑波大学大学院社会科学研究科満期退学（法学博士）、在オーストリア日本大使館政務班専門調査員、山梨学院大学法学部助教授を経て、現在、防衛大学校人文社会科学群国際関係学科教授。

専門分野：ヨーロッパ安全保障、ヨーロッパ国際政治史

主な著作：『ユーラシアの紛争と平和』（共編著、明石書店、2008年）、『冷戦後のNATO――"ハイブリッド同盟"への挑戦』（共編著、ミネルヴァ書房、2012年）、『現代ヨーロッパの安全保障――ポスト2014：パワーバランスの構図を読む』（編著、ミネルヴァ書房、2019年）、『よくわかる国際政治』（共編著、ミネルヴァ書房、2021年）、「NATO創設70年――錯綜するヨーロッパ加盟国の思惑」（『世界』2019年6月号、岩波書店）、「NATOの変貌とエスカレーション・リスク」（『世界』〔臨時増刊ウクライナ侵略戦争〕岩波書店、2022年4月）。

エリア・スタディーズ　195

NATO（北大西洋条約機構）を知るための71章

2023年2月24日　初版第1刷発行
2024年5月15日　初版第3刷発行

編著者　広瀬佳一
発行者　大江道雅
発行所　株式会社明石書店
〒101-0021 東京都千代田区外神田6-9-5
電話 03（5818）1171
FAX 03（5818）1174
振替　00100-7-24505
http://www.akashi.co.jp/

装丁／組版　明石書店デザイン室
印刷／製本　モリモト印刷株式会社

（定価はカバーに表示してあります）　ISBN978-4-7503-5538-2

エリア・スタディーズ

1 **現代アメリカ社会を知るための60章**
明石紀雄、川島浩平 編著

2 **イタリアを知るための62章【第2版】**
村上義和 編著

3 **イギリスを旅する35章**
辻野功 編著

4 **モンゴルを知るための65章【第2版】**
金岡秀郎 著

5 **パリ・フランスを知るための44章**
梅本洋一、大里俊晴、木下長宏 編著

6 **現代韓国を知るための61章【第3版】**
石坂浩一、福島みのり 編著

7 **オーストラリアを知るための58章【第3版】**
越智道雄 著

8 **現代中国を知るための54章【第7版】**
藤野彰 編著

9 **ネパールを知るための60章**
日本ネパール協会 編

10 **アメリカの歴史を知るための65章【第4版】**
富田虎男、鵜月裕典、佐藤円 編著

11 **現代フィリピンを知るための61章【第2版】**
大野拓司、寺田勇文 編著

12 **ポルトガルを知るための55章【第2版】**
村上義和、池俊介 編著

13 **北欧を知るための43章**
武田龍夫 著

14 **ブラジルを知るための56章【第2版】**
アンジェロ・イシ 著

15 **ドイツを知るための60章**
早川東三、工藤幹巳 編著

16 **ポーランドを知るための60章**
渡辺克義 編著

17 **シンガポールを知るための65章【第5版】**
田村慶子 編著

18 **現代ドイツを知るための67章【第3版】**
浜本隆志、髙橋憲 編著

19 **ウィーン・オーストリアを知るための57章【第2版】**
広瀬佳一、今井顕 編著

20 **ハンガリーを知るための60章【第2版】** ドナウの宝石
羽場久美子 編著

21 **現代ロシアを知るための60章【第2版】**
下斗米伸夫、島田博 編著

22 **21世紀アメリカ社会を知るための67章**
明石紀雄 監修　赤尾千波、大類久恵、小塩和人、
落合明子、川島浩平、高野泰 編

23 **スペインを知るための60章**
野々山真輝帆 著

24 **キューバを知るための52章**
後藤政子、樋口聡 編著

25 **カナダを知るための60章**
綾部恒雄、飯野正子 編著

26 **中央アジアを知るための60章【第2版】**
宇山智彦 編著

27 **チェコとスロヴァキアを知るための56章【第2版】**
薩摩秀登 編著

28 **現代ドイツの社会・文化を知るための48章**
田村光彰、村上和光、岩淵正明 編著

29 **インドを知るための50章**
重松伸司、三田昌彦 編著

30 **タイを知るための72章【第2版】**
綾部真雄 編著

31 **パキスタンを知るための60章**
広瀬崇子、山根聡、小田尚也 編著

32 **バングラデシュを知るための66章【第3版】**
大橋正明、村山真弓、日下部尚徳、安達淳哉 編著

33 **イギリスを知るための65章【第2版】**
近藤久雄、細川祐子、阿部美春 編著

34 **現代台湾を知るための60章【第2版】**
亜洲奈みづほ 著

35 **ペルーを知るための66章【第2版】**
細谷広美 編著

36 **マラウィを知るための45章【第2版】**
栗田和明 著

37 **コスタリカを知るための60章【第2版】**
国本伊代 編著

38 **チベットを知るための50章**
石濱裕美子 編著

39 **現代ベトナムを知るための63章【第3版】**
岩井美佐紀 編著

40 **インドネシアを知るための50章**
村井吉敬、佐伯奈津子 編著

41 **エルサルバドル、ホンジュラス、ニカラグアを知るための45章**
田中高 編著

エリア・スタディーズ

42 パナマを知るための70章【第2版】 国本伊代 編著

43 イランを知るための65章 岡田恵美子、北原圭一、鈴木珠里 編著

44 アイルランドを知るための70章【第3版】 海老島均、山下理恵子 編著

45 メキシコを知るための60章 吉田栄人 編著

46 中国の暮らしと文化を知るための40章 東洋文化研究会 編

47 現代ブータンを知るための60章【第2版】 平山修一 著

48 バルカンを知るための66章【第2版】 柴宜弘 編著

49 現代イタリアを知るための44章 村上義和 編著

50 アルゼンチンを知るための54章 アルベルト松本 著

51 ミクロネシアを知るための60章【第2版】 印東道子 編著

52 アメリカのヒスパニック＝ラティーノ社会を知るための55章 大泉光一、牛島万 編著

53 北朝鮮を知るための55章【第2版】 石坂浩一 編著

54 ボリビアを知るための73章【第2版】 真鍋周三 編著

55 コーカサスを知るための60章 北川誠一、前田弘毅、廣瀬陽子、吉村貴之 編著

56 カンボジアを知るための60章【第3版】 上田広美、岡田知子、福富友子 編著

57 エクアドルを知るための60章【第2版】 新木秀和 編著

58 タンザニアを知るための60章【第2版】 栗田和明、根本利通 編著

59 リビアを知るための60章【第2版】 塩尻和子 編著

60 東ティモールを知るための50章 山田満 編著

61 グアテマラを知るための67章【第2版】 桜井三枝子 編著

62 オランダを知るための60章 長坂寿久 著

63 モロッコを知るための65章 私市正年、佐藤健太郎 編著

64 サウジアラビアを知るための63章【第2版】 中村覚 編著

65 韓国の歴史を知るための66章 金両基 編著

66 ルーマニアを知るための60章 六鹿茂夫 編著

67 現代インドを知るための60章 広瀬崇子、近藤正規、井上恭子、南埜猛 編著

68 エチオピアを知るための50章 岡倉登志 編著

69 フィンランドを知るための44章 百瀬宏、石野裕子 編著

70 ニュージーランドを知るための63章 青柳まちこ 編著

71 ベルギーを知るための52章 小川秀樹 編著

72 ケベックを知るための56章【第2版】 日本ケベック学会 編

73 アルジェリアを知るための62章 私市正年 編著

74 アルメニアを知るための65章 中島偉晴、メラニア・バグダサリヤン 編著

75 スウェーデンを知るための60章 村井誠人 編著

76 デンマークを知るための70章【第2版】 村井誠人 編著

77 最新ドイツ事情を知るための50章 浜本隆志、柳原初樹 著

78 セネガルとカーボベルデを知るための60章 小川了 編著

79 南アフリカを知るための60章 峯陽一 編著

80 エルサルバドルを知るための66章【第2版】 細野昭雄、田中高 編著

81 チュニジアを知るための60章 鷹木恵子 編著

82 南太平洋を知るための58章 メラネシア ポリネシア 吉岡政德、石森大知 編著

83 現代カナダを知るための60章【第2版】 飯野正子、竹中豊 総監修 日本カナダ学会 編

エリア・スタディーズ

84 現代フランス社会を知るための62章
三浦信孝、西山教行 編著

85 ラオスを知るための60章
菊池陽子、鈴木玲子、阿部健一 編著

86 パラグアイを知るための50章
田島久歳、武田和久 編著

87 中国の歴史を知るための60章
並木頼壽、杉山文彦 編著

88 スペインのガリシアを知るための50章
坂東省次、桑原真夫、浅香武和 編著

89 アラブ首長国連邦（UAE）を知るための60章
細井長 編著

90 コロンビアを知るための60章
二村久則 編著

91 現代メキシコを知るための70章【第2版】
国本伊代 編著

92 ガーナを知るための47章
高根務、山田肖子 編著

93 ウガンダを知るための53章
吉田昌夫、白石壮一郎 編著

94 ケルトを旅する52章　イギリス・アイルランド
永田喜文 著

95 トルコを知るための53章
大村幸弘、永田雄三、内藤正典 編著

96 イタリアを旅する24章
内田俊秀 編著

97 大統領選からアメリカを知るための57章
越智道雄 著

98 現代バスクを知るための60章【第2版】
萩尾生、吉田浩美 編著

99 ボツワナを知るための52章
池谷和信 編著

100 ロンドンを旅する60章
川成洋、石原孝哉 編著

101 ケニアを知るための55章
松田素二、津田みわ 編著

102 ニューヨークからアメリカを知るための76章
越智道雄 著

103 カリフォルニアからアメリカを知るための54章
越智道雄 著

104 イスラエルを知るための62章【第2版】
立山良司 編著

105 グアム・サイパン・マリアナ諸島を知るための54章
中山京子 編著

106 中国のムスリムを知るための60章
中国ムスリム研究会 編

107 現代エジプトを知るための60章
鈴木恵美 編著

108 カーストから現代インドを知るための30章
金基淑 編著

109 カナダを旅する37章
飯野正子、竹中豊 編著

110 アンダルシアを知るための53章
立石博高、塩見千加子 編著

111 エストニアを知るための59章
小森宏美 編著

112 韓国の暮らしと文化を知るための70章
舘野晳 編著

113 現代インドネシアを知るための60章
村井吉敬、佐伯奈津子、間瀬朋子 編著

114 ハワイを知るための60章
山本真鳥、山田亨 編著

115 現代イラクを知るための60章
酒井啓子、吉岡明子、山尾大 編著

116 現代スペインを知るための60章
坂東省次 編著

117 スリランカを知るための58章
杉本良男、高桑史子、鈴木晋介 編著

118 マダガスカルを知るための62章
飯田卓、深澤秀夫、森山工 編著

119 新時代アメリカ社会を知るための60章
明石紀雄 監修　大類久恵、落合明子、赤尾千波 編著

120 現代アラブを知るための56章
松本弘 編著

121 クロアチアを知るための60章
柴宜弘、石田信一 編著

122 ドミニカ共和国を知るための60章
国本伊代 編著

123 シリア・レバノンを知るための64章
黒木英充 編著

124 EU（欧州連合）を知るための63章
羽場久美子 編著

125 ミャンマーを知るための60章
田村克己、松田正彦 編著

エリア・スタディーズ

126 カタルーニャを知るための50章
立石博高、奥野良知 編著

127 ホンジュラスを知るための60章
桜井三枝子、中原篤史 編著

128 スイスを知るための60章
スイス文学研究会 編

129 東南アジアを知るための50章
今井昭夫 編集代表 東京外国語大学東南アジア課程 編

130 メソアメリカを知るための58章
井上幸孝 編著

131 マドリードとカスティーリャを知るための60章
川成洋、下山静香 編著

132 ノルウェーを知るための60章
大島美穂、岡本健志 編著

133 現代モンゴルを知るための50章
小長谷有紀、前川愛 編著

134 カザフスタンを知るための60章
宇山智彦、藤本透子 編著

135 内モンゴルを知るための60章
ボルジギン・ブレンサイン 編著 赤坂恒明 編集協力

136 スコットランドを知るための65章
木村正俊 編著

137 セルビアを知るための60章
柴宜弘、山崎信一 編著

138 マリを知るための58章
竹沢尚一郎 編著

139 ASEANを知るための50章
黒柳米司、金子芳樹、吉野文雄 編著

140 アイスランド・グリーンランド・北極を知るための65章
小澤実、中丸禎子、高橋美野梨 編著

141 ナミビアを知るための53章
水野一晴、永原陽子 編著

142 香港を知るための60章
吉川雅之、倉田徹 編著

143 タスマニアを旅する60章
宮本忠 著

144 パレスチナを知るための60章
臼杵陽、鈴木啓之 編著

145 ラトヴィアを知るための47章
志摩園子 編著

146 ニカラグアを知るための55章
田中高 編著

147 台湾を知るための72章【第2版】
赤松美和子、若松大祐 編著

148 テュルクを知るための61章
小松久男 編著

149 アメリカ先住民を知るための62章
阿部珠理 編著

150 イギリスの歴史を知るための50章
川成洋 編著

151 ドイツの歴史を知るための50章
森井裕一 編著

152 ロシアの歴史を知るための50章
下斗米伸夫 編著

153 スペインの歴史を知るための50章
立石博高、内村俊太 編著

154 フィリピンを知るための64章
大野拓司、鈴木伸隆、日下渉 編著

155 バルト海を旅する40章 7つの島の物語
小柏葉子 著

156 カナダの歴史を知るための50章
細川道久 編著

157 カリブ海世界を知るための70章
国本伊代 編著

158 ベラルーシを知るための50章
服部倫卓、越野剛 編著

159 スロヴェニアを知るための60章
柴宜弘、アンドレイ・ベケシュ、山崎信一 編著

160 北京を知るための52章
櫻井澄夫、人見豊、森田憲司 編著

161 イタリアの歴史を知るための50章
高橋進、村上義和 編著

162 ケルトを知るための65章
木村正俊 編著

163 オマーンを知るための55章
松尾昌樹 編著

164 ウズベキスタンを知るための60章
帯谷知可 編著

165 アゼルバイジャンを知るための67章
廣瀬陽子 編著

166 済州島を知るための55章
梁聖宗、金良淑、伊地知紀子 編著

167 イギリス文学を旅する60章
石原孝哉、市川仁 編著

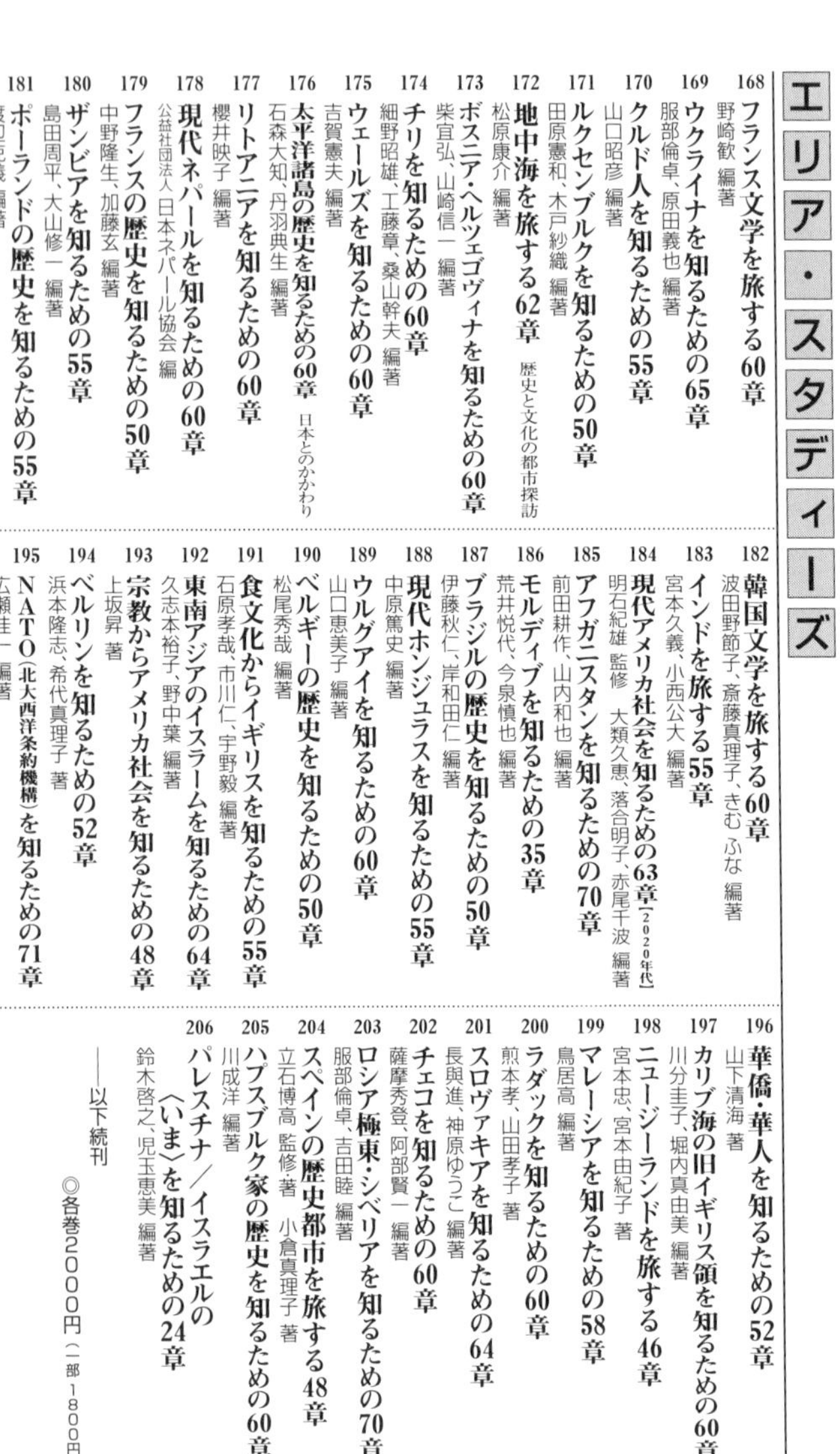

エリア・スタディーズ

168 フランス文学を旅する60章
野崎歓 編著

169 ウクライナを知るための65章
服部倫卓、原田義也 編著

170 クルド人を知るための55章
山口昭彦 編著

171 ルクセンブルクを知るための50章
田原憲和、木戸紗織 編著

172 地中海を旅する62章 歴史と文化の都市探訪
松原康介 編著

173 ボスニア・ヘルツェゴヴィナを知るための60章
柴宜弘、山崎信一 編著

174 チリを知るための60章
細野昭雄、工藤章、桑山幹夫 編著

175 ウェールズを知るための60章
吉賀憲夫 編著

176 太平洋諸島の歴史を知るための60章 日本とのかかわり
石森大知、丹羽典生 編著

177 リトアニアを知るための60章
櫻井映子 編著

178 現代ネパールを知るための60章
公益社団法人 日本ネパール協会 編

179 フランスの歴史を知るための50章
中野隆生、加藤玄 編著

180 ザンビアを知るための55章
島田周平、大山修一 編著

181 ポーランドの歴史を知るための55章
渡辺克義 編著

182 韓国文学を旅する60章
波田野節子、斎藤真理子、きむ ふな 編著

183 インドを旅する55章
宮本久義、小西公大 編著

184 現代アメリカ社会を知るための63章【2020年代】
明石紀雄 監修 大類久恵、落合明子、赤尾千波 編著

185 アフガニスタンを知るための70章
前田耕作、山内和也 編著

186 モルディブを知るための35章
荒井悦代、今泉慎也 編著

187 ブラジルの歴史を知るための50章
伊藤秋仁、岸和田仁 編著

188 現代ホンジュラスを知るための55章
中原篤史 編著

189 ウルグアイを知るための60章
山口恵美子 編著

190 ベルギーの歴史を知るための50章
松尾秀哉 編著

191 食文化からイギリスを知るための55章
石原孝哉、市川仁、宇野毅 編著

192 東南アジアのイスラームを知るための64章
久志本裕子、野中葉 編著

193 宗教からアメリカ社会を知るための48章
上坂昇 著

194 ベルリンを知るための52章
浜本隆志、希代真理子 著

195 NATO（北大西洋条約機構）を知るための71章
広瀬佳一 編著

196 華僑・華人を知るための52章
山下清海 著

197 カリブ海の旧イギリス領を知るための60章
川分圭子、堀内真由美 編著

198 ニュージーランドを旅する46章
宮本忠、宮本由紀子 著

199 マレーシアを知るための58章
鳥居高 編著

200 ラダックを知るための60章
煎本孝、山田孝子 著

201 スロヴァキアを知るための64章
長與進、神原ゆうこ 編著

202 チェコを知るための60章
薩摩秀登、阿部賢一 編著

203 ロシア極東・シベリアを知るための70章
服部倫卓、吉田睦 編著

204 スペインの歴史都市を旅する48章
立石博高 監修・著 小倉真理子 著

205 ハプスブルク家の歴史を知るための60章
川成洋 編著

206 パレスチナ／イスラエルの〈いま〉を知るための24章
鈴木啓之、児玉恵美 編著

――以下続刊

◎各巻2000円（一部1800円）

〈価格は本体価格です〉